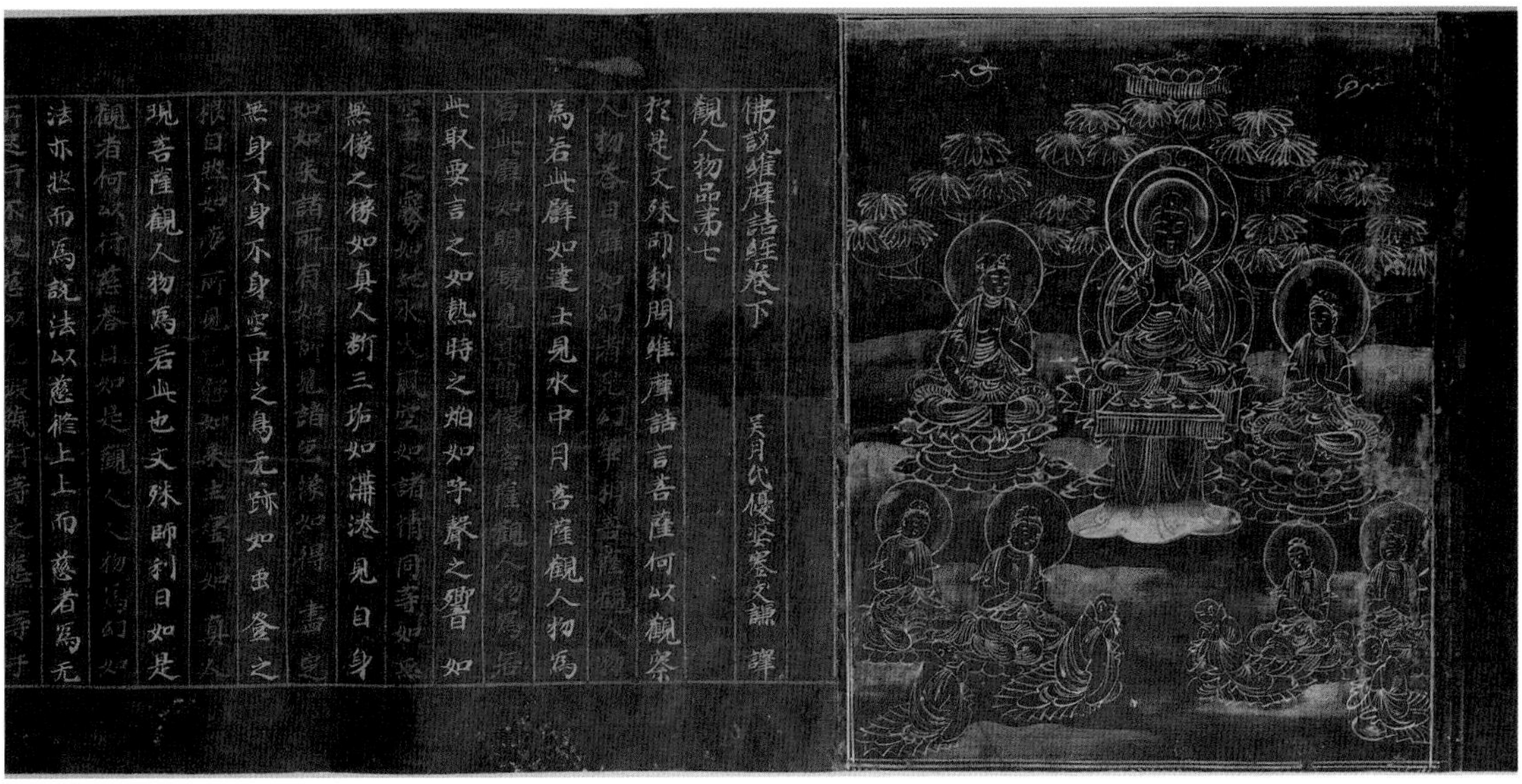

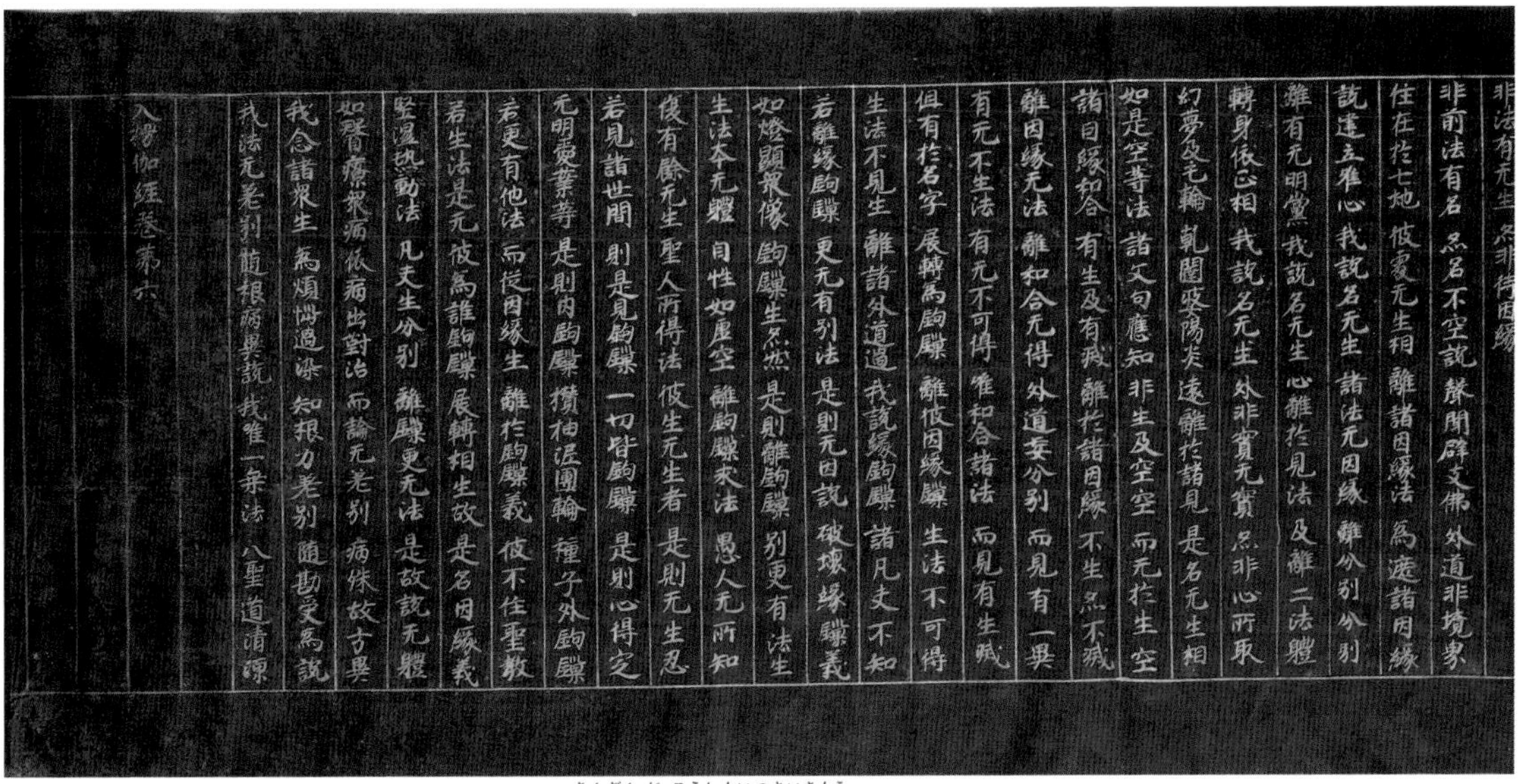

中尊寺金銀《きんぎん》字《じ》交書《こうしょ》一切経《いっさいきょう》（国宝、中尊寺蔵）

初代藤原清衡が、天治3年（1126）に供養した一切経である。金字と銀字で交書された一切経は日本では類例がなく、そのルーツとして中国の金字・銀字一切経と金銀字混書《こんしょ》一切経が想定される（第二章）。

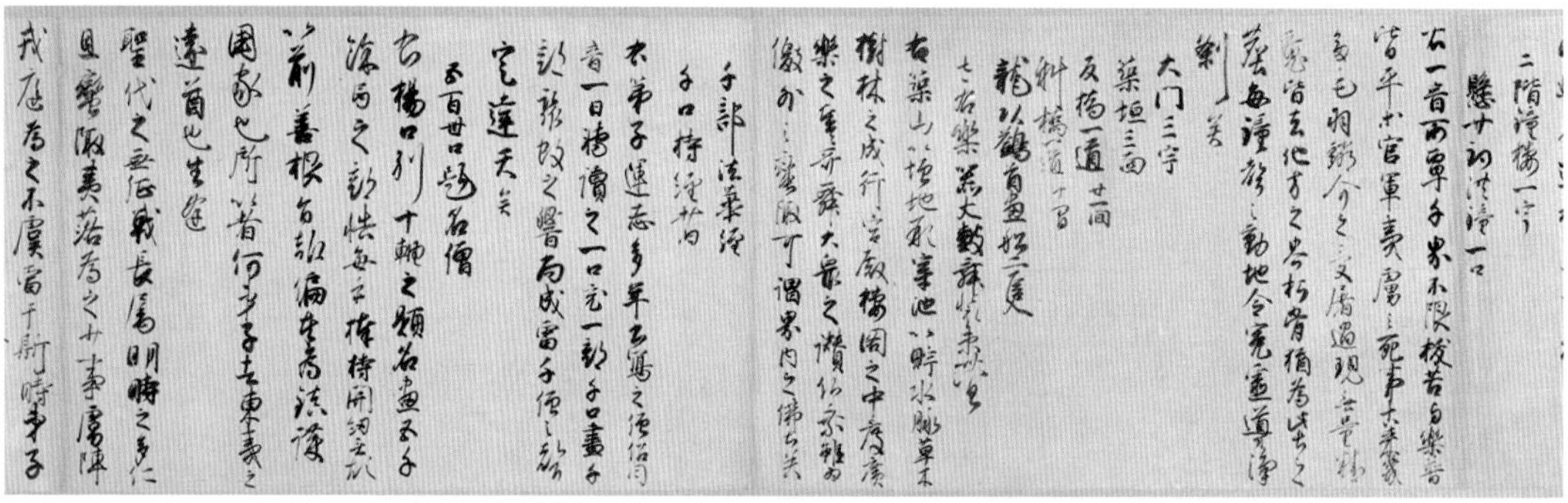

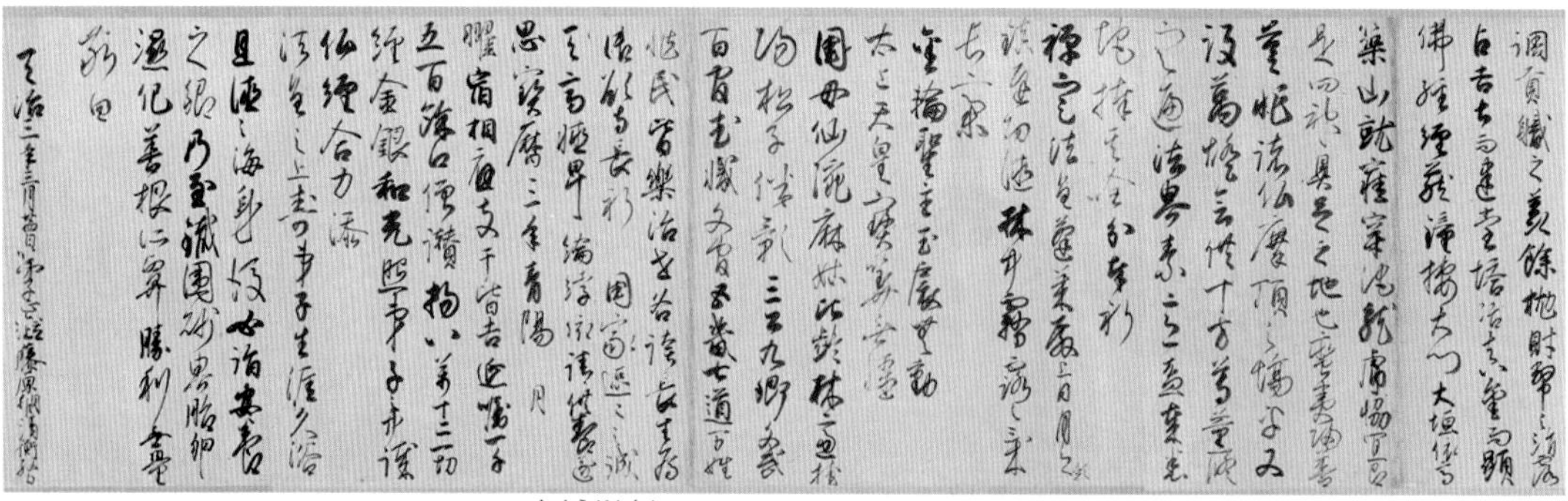

中尊寺供養願文《くようがんもん》（輔方《すけかた》本、重要文化財。中尊寺蔵）

中尊寺創建の由緒を伝える平泉研究第一級の文書で、輔方《すけかた》本と顕家《あきいえ》本の2通が伝わる。近年、14世紀偽作説が再三唱えられ、その是非と作者の確定および法会の復元などが求められる（第一、第三章）。

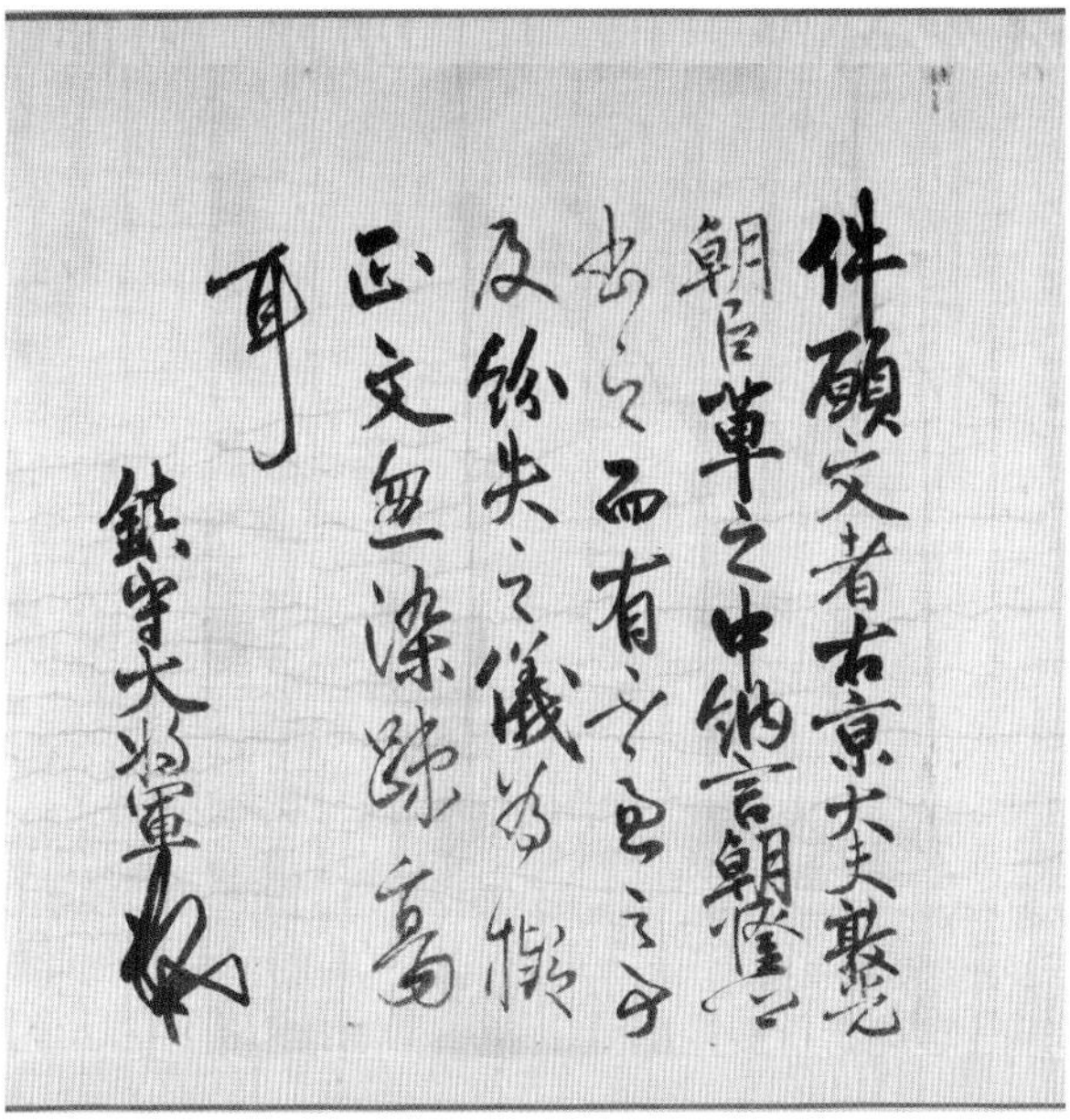

同（顕家《あきいえ》本奥書、重要文化財。中尊寺蔵）

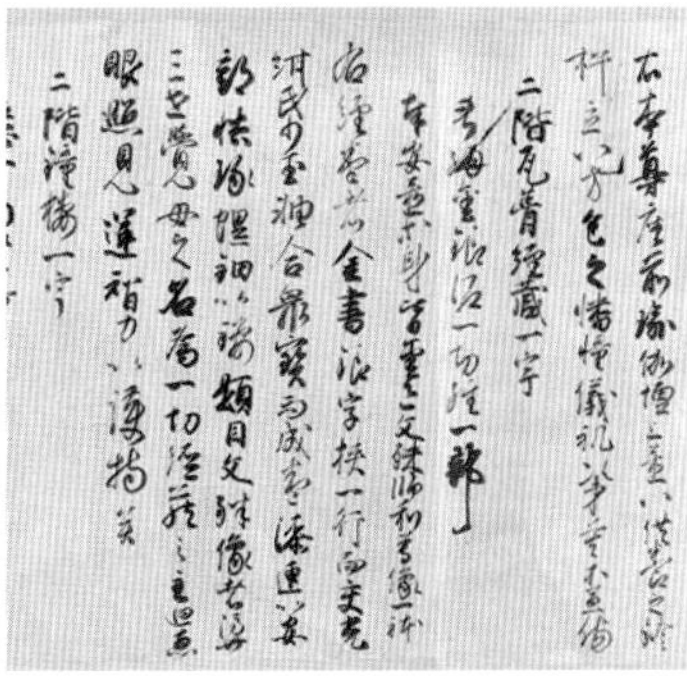

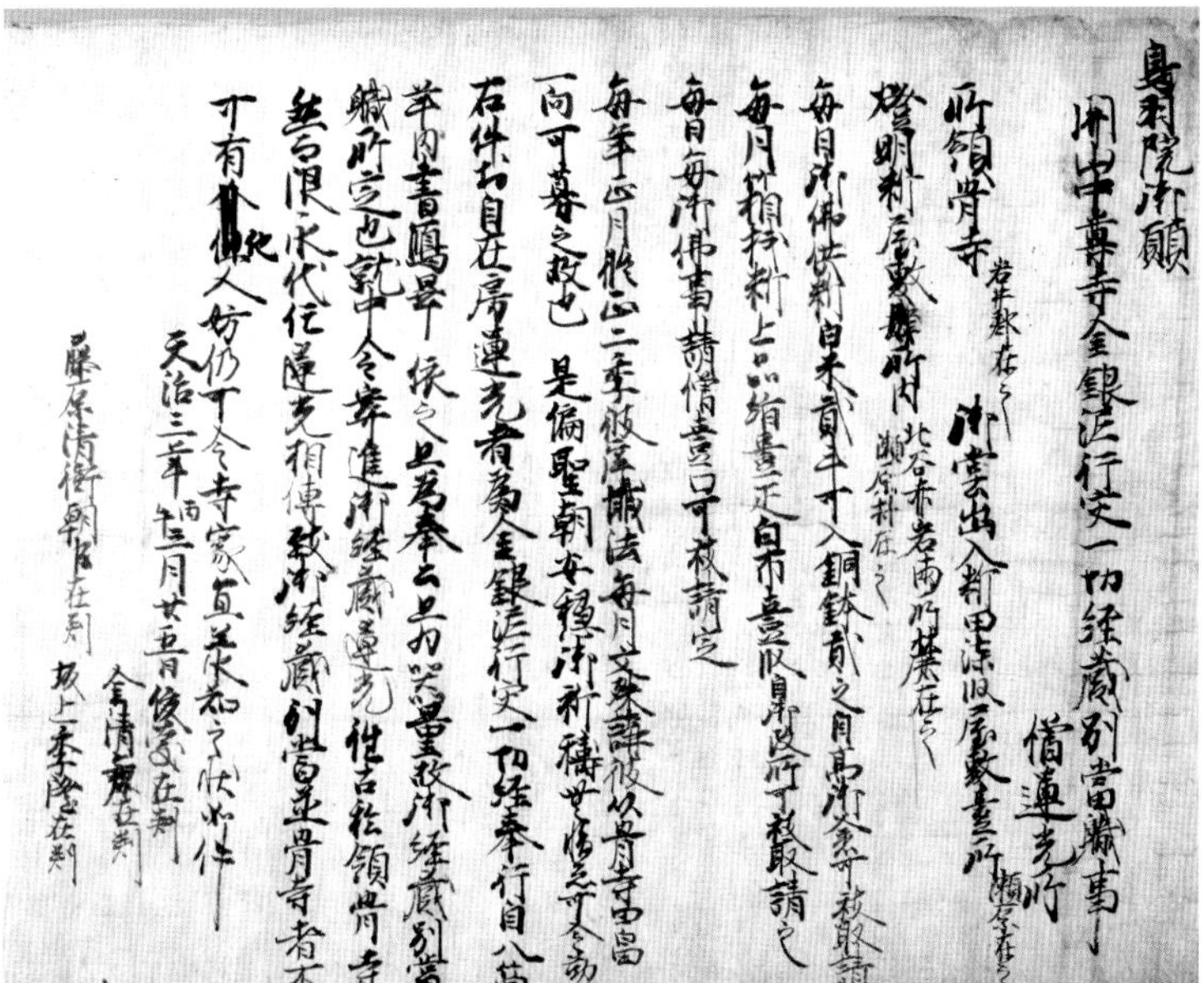

中尊寺経蔵別当補任状案（中尊寺蔵）

中尊寺落慶供養の翌日付けの経蔵別当の補任状案である。長らく偽文書として顧みられなかったが、近年の中尊寺文書調査で、新たな研究上の沃野が拓かれようとしている（第七章）。

中尊寺金色堂《こんじきどう》（1124年上棟、国宝。中尊寺金色院蔵）

初代清衡創建の阿弥陀堂で、阿弥陀極楽浄土の超リアルな再現を試みた王朝文化の代表的なモニュメントである。三基の須弥壇《すみだん》内に藤原氏歴代の遺体を納める。最近、この金色堂を含む阿弥陀堂＝顕密《けんみつ》空間説が主張された（第五章）。

無量光院《むりょうこういん》ＣＧ（ＣＧ制作：竹川浩平・平泉町）

無量光院は、モデルの平等院鳳凰堂のプランをはるかに超越した、現世浄土化と現世往生化を試みた三代秀衡の独創的な阿弥陀堂構想であった（第五章）。現在、歴史庭園として復元整備中である。

天台会《てんだいえ》（中尊寺本堂）

天台大師智顗《ちぎ》の命日、例年11月24日に全国の天台宗寺院で催される。中尊寺では、僧侶が造花で梅・桜・椿を作り、天台大師の画像を祀って供物《くもつ》を供え、「天台大師御影供《みえく》」の法会を営む（第三章コラム）。

毛越寺延年《えんねん》（毛越寺常行堂《じようぎようどう》）

延年は、寺院の法会《ほうえ》に付随した芸能儀礼で、饗宴をともなった。毛越寺の延年はその古態を伝えたもので、例年正月20日の常行堂摩多羅神《またらじん》祭に奉納される。現在、田楽・路舞・祝詞《のつと》・若女禰宜《にやくによねぎ》・老女・花折などが伝わる（第四章、コラム）。

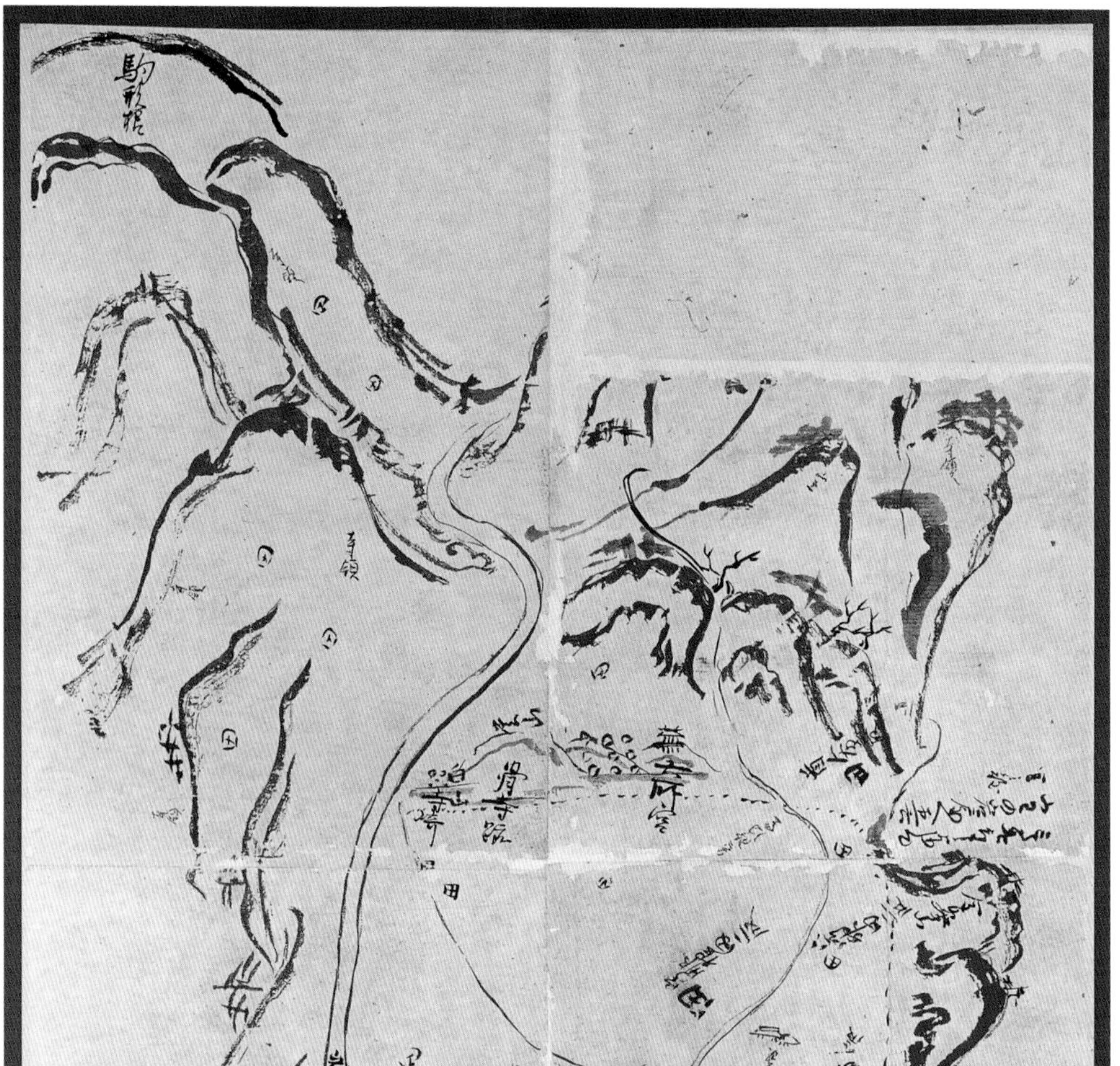

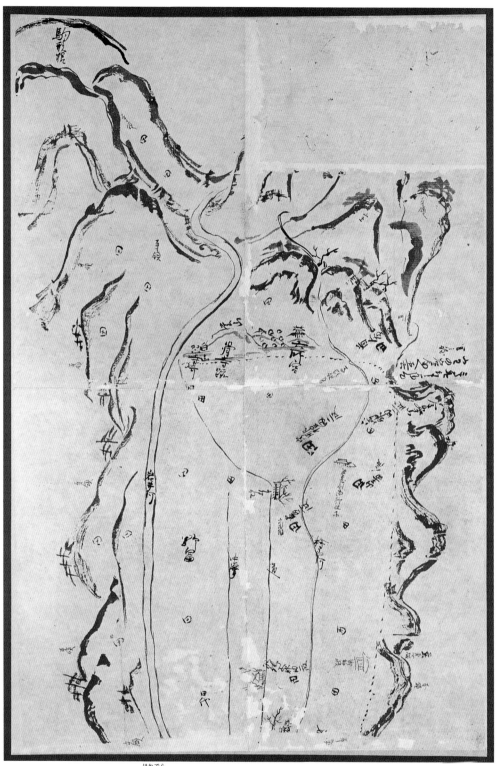

骨寺《ほねでら》村絵図（簡略絵図、重要文化財。中尊寺蔵）

陸奥国磐井郡の骨寺村を寺領とした、中尊寺経蔵別当《きようぞうべつとう》家《け》（大長寿院）に伝わる。本図は仏神絵図とも呼ばれるが（総説）、2点とも磐井郡の地頭との係争に関わる裁判資料と見られている。

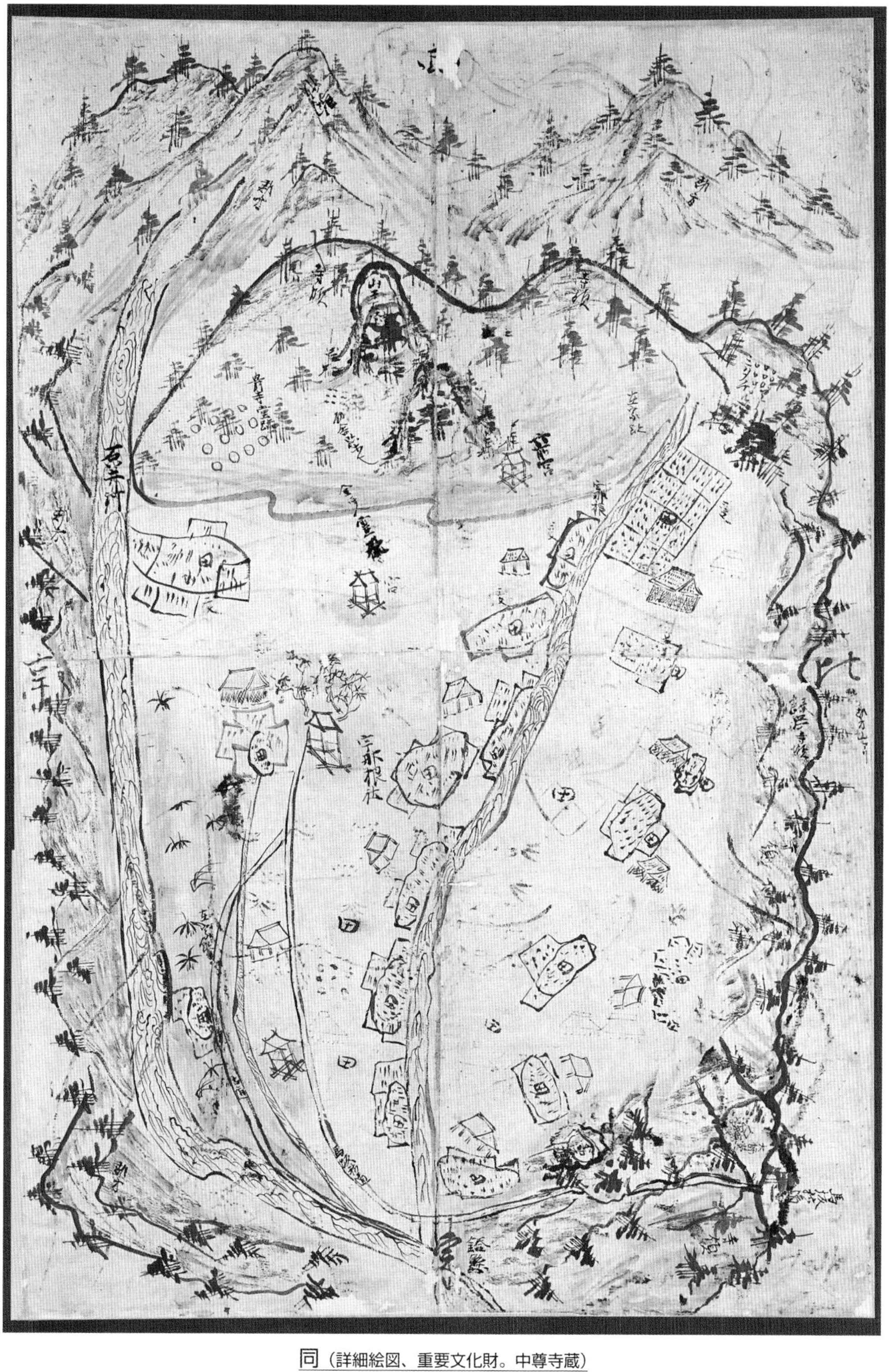

同（詳細絵図、重要文化財。中尊寺蔵）

在家《ざいけ》絵図とも呼ばれ、成立は簡略絵図より若干遅れる。檜山《ひやま》河（本寺川）沿いに水田と在家が展開し、骨寺村における農業基盤が整いつつある様を如実に示す（第八章、コラム）。

有壁五輪塚《ありかべごりんづか》（宮城県栗原市金成有壁熊口。編者撮影）

熊口《くまくち》五輪塔とも呼ばれ、平泉の南方約15キロに所在する経塚《きょうづか》遺構。経石をともなう積石塚上に石造製の平泉型宝塔（右）と五輪塔を安置し、平泉藤原氏の家臣造営の伝承を伝える（総説）。

五輪塚の経石の一部（編者撮影）

左の経石には「中有一長老《ちゅうういちちょうろう》（長者)」「三寶《さんぼう》？」ほかの墨書が、右の経石の上部には種子らしき墨書が認められるが、いまのところ12世紀の経塚信仰と結びつく『法華経《ほけきょう》』などの用語ではない。

平泉の文化史 2

平泉の仏教史

歴史・仏教・建築

菅野成寛 監修・編

Kanno Seikan

吉川弘文館

刊行のことば

平安末期の京都貴族社会に花開き、美麗さを競った院政文化。今や「平泉」がその一大宝庫として二〇一一年にはユネスコの世界文化遺産に登録され、改めてその面目を一新することになりました。

まずその真価として、奥州藤原氏初代清衡が創建した中尊寺金色堂の圧倒的な造形と意匠の独創性、次いで二代基衡による毛越寺庭園の豪壮にして細やかな造園の企て、さらに三代秀衡が営んだ無量光院の現世浄土化と現世往生の革新的な景観構想など時代の美と宗教の精髄を体現したものばかりで、それが初めて世界的な評価を得たわけです。

この世界遺産登録への経緯を学術面から振り返れば、一九八八年から開始された柳之御所遺跡の発掘調査と、一九九六年から実施された中尊寺金色堂諸仏ほか平泉文化圏の仏像調査の成果があります。前者は遺跡の保存運動が実り一九九七年に国史跡に、そして後者の金色堂諸仏は、二〇〇四年に重要文化財から新たに国宝へと指定替えになりました。また二〇一三年からは中尊寺文書群の調査も開始され、いまや平泉文化の研究は、列島の仏教文化は言うに及ばず東アジア仏教文化との比較すら可能な段階にいたりつつあります。

こうした平泉文化の最新の研究成果を平易な形で広く公表すべく、歴史と考古と美術の諸分野をクロスオーバーした初の試み、シリーズ『平泉の文化史』（全三巻）を刊行することとなりました。その第一巻「平泉を掘る」においては藤原氏歴代の居館にあたる柳之御所遺跡の調査成果をはじめ、毛越寺と無量光院跡に代表される平安時代寺院庭園群や、平泉の仏教文化に先行する国見山廃寺跡などの発掘調査の実例について詳しく述べます。続く第二巻「平泉の仏教史」では、これまで類書がなかった一二世紀の平泉時代とその前後期における仏教史を初めて掘り起こし、さらに第三巻「中尊寺の仏教美術」においては中尊寺に代表される平泉文化圏に展開した仏教美術史の大要を、これまた初めて論じたものです。

二〇一一年に勃発した東日本大震災と福島第一原発事故、そして同年における平泉の世界文化遺産登録に改めて深く思いをいたし、本シリーズの刊行が広く院政文化と平泉文化の理解のみならず東北地域復興の一助にもなれば、と強く願うものです。

二〇二〇年二月

監修者　菅野成寛

目次

執筆者一覧

総説　平泉藤原氏と仏教

菅野成寛

はじめに

〈平泉の仏教史〉を掲げる論集は、今回の企画が初めてのものであろう。平泉研究の最重要史料が天治三年（一一二六）の「中尊寺供養願文《くようがんもん》」と文治五年（一一八九）の『吾妻鏡《あずまかがみ》』「寺塔已下注文《じとういかちゅうもん》」であれば、しごく当然のことである。だがそれが正面から問われはじめたのは、一九八八～九三年間の平泉・柳之御所《やなぎのごしょ》遺跡の発掘調査と保存運動のなかでのことであった。「寺塔已下注文」に記された三代藤原秀衡《ひでひら》の政庁、平泉館《ひらいずみのたち》と柳之御所遺跡との関係がにわかに注目され、それが平泉の諸寺院、その仏教史の究明へと波及していったのである。従来、中尊寺は主に仏教美術や建築史の研究、毛越寺《もうつうじ》および無量光院《むりょうこういん》は庭園史の研究がメインであったものが、歴史学的な解明へと大きく転換する契機となった。

柳之御所遺跡の保存運動のなかで、「寺塔已下注文」に記載された平泉の鎮守《ちんじゅ》をめぐる議論や無量光院の仏教文化史上の意義、同遺跡と平泉館との関係などが熱く論議されることとなった。保存後それは中尊寺金色堂をはじめとする平泉諸寺院や中尊寺領の骨寺《ほねでら》村、そして『中尊寺供養願文』とそこに記された金銀字一切経《きんぎんじいっさいきょう》などの仏教史的な究明、平泉諸寺院の建築・法会・延年などの復元、あるいは平泉前史にあたる国見山廃寺跡（岩手県北上市）の発掘調査を踏まえた歴史学的な検証や鎌倉期中尊寺史の解明などへと拡大し、現在にいたっている。

そうした新たな〈平泉の仏教史〉像へと誘うにあたって、まずは各章のあらましを簡潔に述べておこう。**総説、拙稿「平泉藤原氏と仏教」**においては、平泉文化の前史にあたる国見山廃寺の成り立ちと磐座信仰との関係、中尊寺創建時の地域信仰の不在と骨寺村との関わり、あるいは毛越寺法会などの考古学的な復元や平泉域における鎮守の成立問題など新知見をも提示して、平泉藤原氏の仏教文化像を改めて鳥瞰する。**第一章、拙稿「『中尊寺供養願文』の歴史学」**は、中尊寺伽藍の評価に直結する『中尊寺供養願文』の信憑性および史料性について論じたものである。近年、この願文に対する偽文書説が唱えられたため、それを逐一検証して改めて願文の作者を藤原敦光《あつみつ》に定め、あわせて願文伽藍の成立にいたる政治的背景（源氏歴代の奥州への野望阻止）をも推論したもので、是非ご批判いただきたい。

続く**第二章、劉海宇「中尊寺金銀字一切経と東アジアの王権」**は、右の『中尊寺供養願文』に記載された金銀字一切経の先行例を多くの中国史料や高麗史料からはじめて網羅的に収集し、東アジア仏教史のなかに位置づける。さらに金銀字経の日本化の一環として比叡山延暦寺に伝来する一一世紀の金銀字『法華経』に着目し、中尊寺の金銀字一切経への道すじを新たに歴史学サイドから提起する。ちなみにこの金銀字『法華経』の先行史料は、天暦三年（九四九）銘の金銀字交書の『法華経』第七が尾道の浄土寺に存在し（『平安遺文』題跋編一二六号）、また一〇世紀末成立の『落窪《おちくぼ》物語』には、「四部（の『法華経』）には色〳〵の色紙にいろ〳〵のこがね（金）、しろかね（銀）まぜて書かせ給て」（第三）と見え、すでに一〇世紀代には金銀字交書の『法華経』が成立していたことが知られ、改めて同期における大陸仏教文化との交流と「唐物《からもの》」指向が問われる。

第三章、上島享「平泉の寺院と法会」において上島は、藤原三代の事績をこう評価する。初代清衡は天治三年、中尊寺の一部を「鎮護国家大伽藍」として供養し、そこに招かれた僧侶千五百余人による法会は都でも先例がない空前のものだったが、寺院組織の整備はいまだ不十分であった。これが二代基衡期には平泉全体が一つの寺院組織となり、法会などを支える学侶集団がおよそ整う。そして三代秀衡期には、平泉の寺院群を囲繞するように四方鎮守社と惣社とが置かれ、平泉の〈宗教都市〉としての完成を見た、と。ただ、大きな論点となるのが、右の「鎮護国家大伽藍」の評価である。大伽藍の金堂（釈迦堂）が、『中尊寺供養願文』の釈迦堂なのか『吾妻鏡』の中尊寺釈迦堂かの旧くて新しい問題なのだが、第一章の拙稿が大きくこれと関わる。なお現行の法会については**コラム、北嶺澄照「中尊寺と毛越寺の法会」**で触れる。

第四章、沖本幸子「平泉の延年」は寺院法会にともなう延年《えんねん》についてのもので、特に毛越寺常行堂に伝わる正月恒例の法会（修正会《しゅしょうえ》）に付随した摩多羅《またら》神祭《じんさい》に注目する。中世の頃、各地の寺院で大流行した延年も大半が消滅したなか、毛越寺に伝わるそれが「中世に流行した芸能を再現的に捉えるための大きな手がかり」となり、「今やまぼろしとなった中世芸能の沃野」であることを軽やかな筆づかいで描きだす。さらに**コラム、藤里明久「延年を舞う」**は実演者の立場から現行の毛越寺延年に触れたもの、同じく**菅野澄円「中尊寺の祭礼」**は中尊寺に伝わる延年について述べたものであり、あわせてご参照いただきたい。

第五章、冨島義幸「奥州藤原氏の阿弥陀信仰と建築造形」は、従来、浄土教世界を具現化した阿弥陀堂は顕教の施設とされてきた通説に対し、初代清衡の中尊寺金色堂と二代基衡妻の観自在王院は密教信仰とも融合した顕密一体の空間と捉え、浄土教＝顕教説へのアンチテーゼを提示し、あわせてこの観自在王院を阿弥陀聖衆の来迎空間との新知見を示す。さらに中尊寺大長寿院の一〇体の阿弥陀像に地獄界からの救済を託したとする卑見を踏まえ、そこに殺生を生業とした武士層である平泉藤原氏のアイデンティティを見いだす。また無量光院についても極楽往生の疑似体験空間とする卑見を推し進め、当麻曼荼羅などに見られる幾何学的な中国の極楽浄土の景観とは異なる、自然の風景のただなかに営まれた日本独自の極楽浄土イメージの成立を平等院鳳凰堂と無量光院に読みとる。

第六章、菅野文夫「鎌倉時代の中尊寺」は、文治五年の藤原氏滅亡後、平泉諸寺院が新たな鎌倉幕府支配体制に組み込まれた経緯を近年の新たな研究潮流を踏まえつつ叙述する。その文治五年以来、幕府による両寺（中尊寺・毛越寺）総別当体制が平泉諸寺院との確執を多く生んだため弘安十年には大きく体制改編がなされ、両寺それぞれに新たに惣別当と両寺出身の権別当とが置かれ、対立が収束化したことを遺された鎌倉中期以降の中尊寺文書から改めて掘り起こす。その中尊寺文書はなぜか鎌倉初期のものが遺存しないが、そこにも弘安十年の体制改編にともなう文書の散逸をあわせて想定する。

第七章、堀裕「**『偽文書』からみた中尊寺経蔵別当職**」は、これまで偽文書として正面から取り上げられることがなかった天治三年三月二十五日付けの中尊寺経蔵別当補任状案の偽文書生成の過程をたどり、そこに記された文殊信仰や経蔵毎日仏供料などについても初めての考察を試みる。この仏供米については本総説の1節で述べる通り初代清衡時代にまで遡るものと見られ、また同補任状案に署判《しょばん》（署名と花押《かおう》）した「金清兼」「坂上季隆」の金氏と坂上氏は、『陸奥話記』や『吾妻鏡』文治五年八月十日条、成島毘沙門堂（岩手県花巻市東和町）の承徳二年銘・十一面観音像の胎内墨書（『平安遺文』金石文編一五五号）に登場し、いかに創作とはいえども、もはや本案文を単なる偽文書として打ち棄てることはできまい。

第八章、佐藤健治「**『骨寺村荘園絵図』の社会史**」は、二幅の鎌倉期の骨寺村絵図と主に二通の骨寺村関係文書から同村の在家《ざいけ》（住居と耕作地）および水田の特定など、その社会史的な復元を試みたオーソドックスで手堅い論述であり、本総説における筆者の宗教史的なアプローチとあわせてお読みいただきたい。ところでこのたび、この村絵図に描かれた在家と水田の成り立ちに関する通説に批判的な見解も示され（木村茂光、二〇一九）、さらに入間田宣夫の新著、『中尊寺領骨寺村絵図を読む』（入間田宣夫、二〇一九）も刊行され、骨寺村をめぐる議論の新たな展開には今後目が離せない。なお**コラム、菅原光聴**「**骨寺村荘園絵図を歩く**」は、現在の骨寺村荘園景観と諸行事の簡潔なスケッチである。

1　中尊寺の創建と平泉前史

国見山廃寺の成立―平泉前史―

平泉の前史といえば、すぐさま一一世紀半ば以降の前九年・後三年合戦から説き起こされるのが常で、その文化史的な前提が問いただされることはなかった。だが二〇〇〇年代に入り、まず提起されたのが鎮守府の付属寺院の問題であった（菅野成寛、二〇〇五）。鎮守府《ちんじゅふ》とは、平安期の陸奥国府（多賀城）による北方支配の前線基地のことだが、その付属寺院と見られるのが国見山廃寺《くにみさんはいじ》（岩手県北上市稲瀬町）で、鎮守府跡（同奥州市水沢）の真北、約八キロの国見山の山中に所在した。同廃寺の存続は、九世紀半ばから一二世紀後期（盛期は一〇世紀後期から一二世紀初期）のことで、標高二四四メートルほどの国見山の尾根すじに堂塔が点在し、東北最大の山林伽藍を誇っていた（二〇〇四年、国史跡指定）。

盛期の尾根上には九棟もの堂塔が営まれ、金堂・七間堂、仏塔、経蔵、地主社など主要な堂塔は礎石建物で、他は掘立柱建物が営まれ、経蔵跡からは瓦類が多く検出された。特に金堂は、創建当初は五間×一間規模の掘建柱建物が盛時には七間×一間規模の礎石建物へと拡張されたものだが、立地だけは九世紀半ばの成立時のままを踏襲していた（北上市教育委員会、二〇〇三・杉本良、二〇一一・二〇二〇）。おそらくこれは金堂のすぐ背後、小丘陵の頂部に幾重にも露頭した岩塊の存在と、その後方に屹立した数多の岩塊群による巨大な山容を強く意識した結果と見られ、古《いにしえ》の磐座《いわくら》信仰にもとづく選地、聖地への創建であったことがまずは知られる。

だがそれに反して金堂の前面はあまりにも狭隘で（それゆえ金堂の梁間が一間規模）、前庭部の大半がいきなり急傾斜となって落ち込み、僧侶衆や結縁集団の結集にはまったく不向きな地形となっていた。これは国見山廃寺を後援する知識《ちしき》層、いわゆる信者集団の不在を示唆し、同廃寺の成立が特に政治的理由によったことを暗に浮き彫りにする。その点で、同廃寺の盛期が鎮守府官人トップの安倍氏と鎮守府将軍清原氏の治下と重なり、しかも建築構造は掘立柱建物から格上の礎石建物へと改められ、そのうえ仏塔までも備えた東北随一の山林伽藍を誇った点から推せば、同廃寺を鎮守府の付属寺院と評価するのが妥当であろう。なおこの鎮守府付属寺院の始原は、貞観十八年（八七六）、鎮守府庁にはじめて認められた国家法会（『類聚三代格』巻二）に由来するものと見られる。また九世紀半ばから一一世紀後期、国見山麓の遠近には相次いで仏堂が営まれて国見山廃寺を中心とした一つの仏教文化圏が形成され（北上市教育委員会、二〇〇三・杉本良、二〇二〇）、平泉仏教文化をはぐくむ揺籃期にあたっていた。

　では国見山廃寺の宗派、宗教は何か。そのヒントが、金堂・七間堂跡から出土した半丈六像サイズの土製の螺髪《らほつ》にあった。そもそも螺髪は如来像の頭髪部に装着されるもので、これが土製であれば本尊は旧い形式の如来塑像と見なされ、創建当初の小規模な金堂時代から祀られ続けてきた半丈六の安置仏（杉本良、二〇一二）、とされている。創建年代となるこの九世紀代、東北の寺院では圧倒的に法相宗の仏教が主流と見られ（菅野成寛、二〇一〇）、国見山廃寺金堂の本尊像が旧い形態のものであれば、その法相宗の影響下にあったことが察せられる。時代は下るが、後三年合戦直前の一一世紀後期、鎮守府の清原真衡の許では、「奈良法師」の「五そうのきみ（五僧の君）」が「護持僧《ごじそう》」を務めていたというから（『奥州後三年記』上）、鎮守府の仏教環境はいまだに伝統的な〈奈良仏教〉によって覆われていたことがうかがわれ、国見山廃寺の宗教が法相宗と見られることとリンクする。

　ところが後三年合戦による清原氏滅亡後の一二世紀初期、突如として同廃寺の金堂のみを遺していきなりすべてが廃絶し、これと交差して平泉に成立したのが藤原清衡の中尊寺であった。

中尊寺の創建

　長治二～天仁元年（一一〇五～八）創建の中尊寺（『南北朝遺文』東北編一〇〇号）は、国見山廃寺から約三五キロ南方の平泉、標高約一四〇メートルほどの関山《かんざん》丘陵に営まれた山林寺院だが、その成立には国見山廃寺からの継承と断絶の両面があった。まず前者の継承面だが、両寺の選地と伽藍配置とが驚くほど似ていたことである。国見山廃寺は、陸奥国の江刺郡と和賀郡の郡境および北上川と和賀川との合流点に近接して選地したが、同様に中尊寺も胆沢郡と磐井郡の郡境および北上川と衣川との合流点に隣接し、ともに山林伽藍として山頂には仏塔が、そして尾根すじには仏堂が点在した点でもまったく共通していた。つまり一二世紀初期の国見山廃寺の急激な衰退とともに成立した藤原清衡の中尊寺は、同廃寺の選地と仏塔・仏堂の配置そのままを直接的に受け継いだものであり、実はそれは前述した同廃寺の政治的権能の継承でもあったことを暗に語っていよう。

それが清衡に可能であったのは、平泉移住前の彼が鎮守府領の江刺郡豊田館《とよだのたち》を居館とし、安倍・清原氏以来の鎮守府公権を継承（『吾妻鏡』文治五年九月二十三日条）した同類の兵《つわもの》として鎮守府官人のトップに位置し、国見山廃寺の権能をよく熟知していたからであろう。清衡の中尊寺は、安倍氏や清原氏など鎮守府権力に直結した国見山廃寺の政治的な権威と機能を継承、吸収したものと考えられ、それゆえ同廃寺伽藍の大半が廃絶するにいたったものであろう。

その背景には、後三年合戦後の清衡が磐井郡の平泉に移住（『吾妻鏡』同条）して柳之御所を居館とし、「陸奥国押領《おうりよう》使《し》」（『尊卑分脈』）として軍事力をより高め、この時期、文官貴族出身の陸奥国守が初めて兼任した鎮守府将軍の武力的な実質を掌握、補完する立場にあったことだ（大石直正、一九七八）。この兼任体制のスタート（一〇九九年任の藤原実宗《さねむね》と一一〇四年任の藤原基頼《もとより》）と、彼の平泉移住期（一〇九四～一一〇四年）および中尊寺創建期（一一〇五～八年）とが符合することは、新たに始動した陸奥国政治体制（これについては改めて第一章でも触れる）のもと誕生したのが清衡の中尊寺であったことを意味し、それゆえ国見山廃寺と同様の政治的な伽藍が求められるにいたったものであろう。武力を基盤とした一介の地方官人にしか過ぎぬ清衡に、私に伽藍を建立する名目や実力などいまだ備わるはずはない（菅野成寛、二〇〇五・二〇一五）。

中尊寺の仏教

次に国見山廃寺との断絶面だが、清衡の中尊寺には旧来の国見山廃寺系の法相宗が踏襲されることはまったくなかった。鎌倉幕府の記録、『吾妻鏡』文治五年（一一八九）九月十七日条の「寺《じ》塔《とう》已《い》下《か》注文《ちゆうもん》」によって、その中尊寺仏教の具体相を知ることができる。この堂塔リストによれば、中尊寺の関山の山頂には一基の仏塔が立ち、寺院の中央には多宝寺（釈迦・多宝像）が、そのほか釈迦堂（百余体の釈迦像）、両界堂（多数の密教像）、二階大堂大長寿院（一〇体の阿弥陀像）、金色堂（阿弥陀三尊像ほか)、一切経蔵(宋本の一切経)、そして日吉社と白山宮などが尾根すじに展開し、これら堂塔は比叡山延暦寺からもたらされた天台顕密仏教の伽藍そのものであった。このうち多宝寺および二階大堂大長寿院と釈迦堂が、前述した一一〇五～八年間建立の中尊寺(多宝寺)第一期伽藍であった。

さらに清衡は最晩年の天治三年(大治元、一一二六)、白河法皇に献納すべく同じ関山の山中に新たな政治性をおびた伽藍を建立することとなった。そのリストにあたる「中尊寺供養願文」によれば、釈迦堂(釈迦三尊像)、三基の三重塔(毘盧遮那如来三尊像ほか)、二階造りの経蔵(文殊菩薩像、金銀泥の一切経)、二階造りの鐘楼《しようろう》などが営まれ、第二期の中尊寺伽藍の結構が整うこととなった。本来これは不要なものであったが、実はこの伽藍は奥州に対する野心をあらわにした源為義《ためよし》を牽制、阻止すべく白河王権の威を振りかざして建立した平泉の安全保障のための施設と考えられ、ここに清衡は白河王朝への伽藍献納を契機として新たな飛躍をとげ、奥羽社会への影響力を確実なものにすることとなった。詳しくは、第一章の拙稿で触れる。

これら第一・第二期中尊寺伽藍の基調となったのは多宝寺や両釈迦堂、さらに二階大堂や金色堂に代表される比叡山延暦寺の法華経と浄土教の信仰であったが、第一・二期伽藍ともに山中に苑池(三重池と大池)を伴う点で延暦寺とは異なっていた。当時の京都での主流は、法華経と浄土教と密教による顕密の信仰空間に苑池が付随したものだったが、このうち密教信仰が希薄であったのは清衡独自の選択によるものであったろう。こうして中尊寺に移植された比叡山の天台仏教が列島中に展開するのは意外と遅く、一一世紀から一二世紀の頃と見られるが(菅野成寛、二〇一〇)、その上昇気流を鋭くもいち早く察知し、旧来の伝統的な法相宗《ほつそうしゆう》仏教(国見山廃寺)と決別したのが清衡の中尊寺で、東日本初で最大規模の天台顕密伽藍が導入されたことは実に画期的な出来事であった。それは延暦寺がこれまで集積した巨大な知と技術の諸体系、あわせてヒト・人脈や情報なども一挙に獲得できる、最短で確実な手段であっただろう。

両伽藍の特性としては、浄土教と経典への信仰がとりわけ際立っている。まず第一期伽藍の二階大堂(大長寿院)と金色堂（一一二四年上棟）だが、比叡山の浄土教信仰に由来しながらも清衡独自の創意に満ちた破格の信仰空間であった。前者は、かつての奥羽の戦乱などで、あえなく地獄に堕ちた亡者達の鎮魂と救済を史上はじめて一〇体もの阿弥陀如来像に託した二階造りの独創的な阿弥陀堂。また後者は阿弥陀極楽浄土の超リアルな再現を試み、極楽往生を体現した清衡の身心を包摂した唯一無二の阿弥陀堂として、両堂ともに時代を席巻した阿弥陀信仰の最先端文化を実現した革新的で斬新な信仰空間となっていた（菅野成寛、二〇一五）。

次いで第二期伽藍で特に注目すべきは、二階造りの経蔵に安置された金銀字一切経（『平安遺文』題跋編九九〇号ほか）の存在であろう。これは白河法皇による金字一切経をモデルとしたものだが（第一章3節）、清衡のそれは、金字と銀字とで一行ごとに書き分けた我が国の文化史上まったく類例を見ない希有な一切経であり、その成立背景については第二章の劉論考をご参照いただきたい。

骨寺村の開発と窟信仰

こうしたさなか清衡は、骨寺村の開発にも着手することとなった。その初見史料となる『吾妻鏡』文治五年九月十日条によれば、清衡の金銀字一切経を納めた中尊寺二階経蔵の寺領として開発されたのが磐井郡の骨寺村で、東が鎰懸《かぎかけ》、西は山王窟、南が岩井河、北は峯山堂馬坂《まさか》を境界としたことが記される。この経蔵領の実景を今に伝える、二幅の著名な「骨寺村絵図」（ともに鎌倉期）のほぼ中央には「宇那根社」や「山王石屋《いわや》」などが描写され、骨寺村の地域的な基層信仰がとりわけ強調されていた。

ところが一方の清衡の中尊寺には、前述の通り延暦寺の鎮守にあたる日吉山王社と加賀の白山宮が勧請されたが、平泉独自の地方神が祀られることはなかった。この中尊寺創建以前の一〇世紀初期の頃、同寺が営まれた関山の南麓には衣関《ころものせき》が設置されたと見られるが（菅野成寛、二〇〇一）、その前後の平泉に大規模集落が営まれた形跡は現在、確認されていない。それゆえ清衡による中尊寺創建の頃、平泉には在地のめぼしい神々の鎮座はなく、こうした新開地ゆえ、同寺への外来神の勧請も在地社会の信仰によって阻まれることはなかったのではないか。この点で清衡による骨寺村の開発と、宇那根社などその地域神の存在は実に意味深い。

二〇一一年度の同村（現、岩手県一関市厳美町本寺地区）の地質調査によれば、九一五年前からアサの栽培がはじめられ、さらにイネ、クリ、ソバなどの栽培開始は九一五年以降の一〇世紀からで（一関市博物館二〇一三、神谷美和二〇一三、平塚明二〇一七）、また二〇〇九年度の発掘調査では平泉野《へいせんの》遺跡から九世紀後期から一〇世紀の須恵器片と内黒土師器片が出土したという（一関市教育委員会、二〇一〇・二〇一七）。つまり骨寺村は、おそらく九世紀後期に始動し、続く一〇世紀代から稲作など小規模と見られる開発行為がなされたわけで、一二世紀前期の清衡は改めてそこに再開発の鋤を入れ直したことになろう。

こうした骨寺村における清衡以前の信仰痕跡こそが〈窟〉の存在と考えられ、右の『吾妻鏡』に記された「山王窟」は、骨寺村絵図に描かれた「山王石屋」にあたる（口絵。第八章図8―1、2）。同じく『吾妻鏡』の「峯山堂」は、同村絵図に記された「金峯山」「ミたけたう」（金峯山堂）と「ミタケ」のことで、『吾妻鏡』同二十八日条には「象王岩屋」とも記された〈蔵王権現の窟〉の謂で、ここから峯山（金峯山）堂にも窟が存在したことが復元される（菅野成寛、二〇〇九）。

そもそもこの山王と金峯山は、一二世紀の中尊寺と毛越寺の鎮守であった日吉山王《ひえさんのう》社と金峯山《きんぷせん》社（前掲『吾妻鏡』「寺塔已下注文」）が平泉との縁で骨寺村にも相次いで勧請され、旧来の窟信仰と習合、重層化したものであろう。この時代、特に窟は『法華経』などの奉納空間として神聖視され、高野山や鰐淵《がくえん》寺あるいは立石《りつしやく》寺をはじめとする「霊窟」への納経がなされていた（『経塚遺文』六四・二一一号、『平安遺文』金石文編三〇一号）。これを遡る八世紀成立の『出雲国風土記』には在地の神々がいます「窟」が存在し（島根・出雲・飯石郡）、同時代の『古事記』（上巻）と『日本書紀』（巻一・神代上）における「天石屋・天石窟」はあまりにも有名であろう。さらに三世紀の『三国志』（巻三〇）と五世紀の『後漢書』（巻八五）の「高句麗伝」には「隧《すい》神」という窟の神が登場し、汎東アジア的な洞窟をめぐるプリミティブな宗教観があらわとなるが（洞窟信仰自体は大古以来の人類史的なものであろう）、それゆえ骨寺村の窟にも後に平泉寺院の鎮守神があえて勧請され、信仰が重層化するにいたったものと思われる。

ウナネは水神か

こうした骨寺村の信仰世界の古層は、同村絵図（簡略絵図）に記された「首人《おびと》」の存在からもうかがえる（一三一八年の『骨寺村所出物《しょしゅつもつ》日記』にも「首人」が登場する）。そもそも首人とは、『日本書紀』大化二年（六四六）春正月甲子朔・三月甲申の両日条に「村首《むらのおびと》」「首とは長《おさ》なり」（巻二五）、九世紀半ばの『令集解』「儀制令」春時祭田条には「社首《やしろのおびと》」（巻二八）と見えるもので、村長兼神主のことであった（義江彰夫、一九九六・入間田宣夫、二〇一九ａ）。骨寺村絵図のそれが七世紀以来の旧い由緒をもつ首人であれば、おそらく一〇世紀代からの磐井郡骨寺村開発の系譜に連なる人物ではないか。清衡によって一二世紀前期に再開発された骨寺村の首長として、新たに首人が投入されたとはどうも考え難い。

かくなる首人は、「宇那根《うなね》」とともに建長四年（一二五二）の他村の史料にも登場するが（三浦澄応、一九〇四）、特に後者は二幅の骨寺村絵図のなかに「うなね」「宇那根社」として描かれていた（一四世紀後期とされる『骨寺村在家《ざいけ》日記』にも「うなね」が記される）。このウナネ神は湧水、用水の神で、成立は一二世紀ともそれ以前ともされ（大石直正、一九八四・吉田敏弘、一九八九、一関市教育委員会、二〇〇四・入間田宣夫、二〇一九ａ）、確かに二幅の骨寺村絵図には「うなね」「宇那根社」に近接して「檜山河」が東流する。だが改めて両村絵図を先入観なく見つめ直すと、同社がピタリと寄り添ったのは〈道路〉の存在で、ウナネ社は、幹線道の起（終）点もしくは屈曲部の要所に選地していた（口絵。第八章図8―1、2）。であれば同社は通説とされる水神などではなく、骨寺村の物流と往来の交通路を扼する主要な地域神ではなかったか。その両村絵図のうち、右の『吾妻鏡』の骨寺村記事に近いものが一三世紀半ば成立とされる《簡略絵図》（仏神絵図とも）とよばれるもので（大石直正、一九八四・一関市教育委員会、二〇〇四）、同絵図の中心部に位置した「うなね」社は「道」と「檜山河」の二つの屈曲部、特に中央部を真っすぐに貫く道路の急カーブ地点に直に接した立地であった。さらにその神名「うなね（宇那根）」から推せば、『吾妻鏡』に見える日吉山王社や金峯山社といった一二世紀の平泉寺院からの勧請神ではあるまい。

　ではふたたび、「うなね」とは何か。大石直正はこれを後頸部と用水溝の意味のうち後者で、古語の用水溝「うなで」に根元の「ね」を加えた〈ウナデ＋ネ＝ウナネ〉で、用水溝の根元、その水神として次の伊賀国名張郡の事例を示され、入間田宣夫もこれを支持された（大石直正、一九九〇・一関市教育委員会、二〇〇四・入間田宣夫、二〇一九a）。だがはたして古語の「うなで」＝用水溝（『日本書紀』推古十五年是歳冬条ほか）＋「ね（根）」が「うなね」へと音韻変化したのか、史料上まったく不詳であり、しかも何より問題なのは二幅の骨寺村絵図からは用水溝の図像が確認できず、また中尊寺の骨寺村関係文書にも「溝《うなで》」の記述が見られぬ点も問題である。

　少なくとも、以上の《簡略絵図》に即した図像の観察から確実なのは幹線道および河川の曲折部、特にその幹線道がいきなり大きく蛇行した地点に選地したのが「うなね」社なのであり、改めて前者の〈後頸部〉の謂は検討に値しよう。この点で清水潔は、貞観三年（八六一）前成立の伊賀国名張郡の宇奈根社（名張市・宇流富志弥神社）に触れ、この「宇奈根」を、九条家本『延喜式《えんぎしき》』祈年祭祝詞式では「頸根」を「ウナネ」と訓じたことから〈首の付け根〉の意で、同社が旧名張川河道の屈曲点の先端に立地したことによる神名とされた。さらにこれを踏まえた牛山佳幸は、武蔵国の宇那根地区（東京都世田谷区と神奈川県川崎市高津区）も多摩川の屈曲点の先端に突き出た地形からの〈宇那根〉名称であったことを想定される（清水潔、一九九〇・牛山佳幸、二〇〇〇）。これは近世資料ではあるが、骨寺村とも近い狐禅寺《こぜんじ》村（現、一関市狐禅寺）の村絵図（一六九九年）に描かれた宇南社は北上川と道路との蛇行部に所在し、同じく近辺の赤萩《あこうぎ》村（現、同市赤萩）の村絵図（一八一八年）に見える雲南権現社も河川と道路のカーブ地点に立地したことが知られ（岩手日日新聞社、二〇〇三）、この宇南と雲南は宇那根のことであった（神谷美和氏による）。それら近世絵図に描かれた宇南・雲南社の所在地も、《簡略絵図》の「うなね」社や右の伊賀・宇奈根社の選地とも符合し、もはやこれら〈ウナネ〉地形は偶然の一致などでは決してあるまい。

つまり《簡略絵図》の「うなね」の「うな」とは折り曲がった頸部、うなだれた首のように道路および河川が屈曲した地勢に由来した神名で、その曲折点「ね」に位置したゆえ「うなね」＝「頸根《ウナネ》」と命名されたもので、即物的でシンプルな名称から一二世紀平泉からの勧請神を遡る来歴、一〇世紀の骨寺村開発時代以来の地域神と考えられよう。そこで改めてウナネ社の立地を再確認すると、二幅の骨寺村絵図のうち成立が古い《簡略絵図》では、「檜山河」と「中澤」とに近接した「道」の急カーブ地点に密着して「うなね」社が同絵図のど真ん中に設定されている（口絵。第八章図8―1）。一方、成立が半世紀ほど遅れる《詳細絵図》（在家絵図とも。一四世紀前後の成立とされる。大石直正、一九八四）でも、檜山河と中澤に近い「古道」と「馬坂新道」の起点および終点上に「宇那根社」が営まれ（同、図8―2）、ウナネ社が村社会の交通に直結した幹線道を扼し、さらに稲作に関わる河川などとも結びついたことが浮かび上がる。村の開発・発展と生存に不可欠な幹線道の開設と河川の掌握は首長でもあった首人の大きな要件であったはずで、おそらく入間田の推察（入間田宣夫、二〇一九a）の通り、首人とウナネ社とは一体的に成立したものであろう。同社を用水溝（水神）と関連づけた通説は二幅の骨寺村絵図の図像に即した読解とはならず、そこから村社会の成り立ちを復元することは叶わない。

若御子社の成立と選地

しかもそれだけではない。両村絵図に描かれた「若御子《わかみこ》」社の選地である。その神名から村の地域神と見られる若御子社も、ウナネ社と同一の幹線路に密着して設けられ（ウナネ社手前の直線路上）、さらに檜山河および中澤とも近接した点は図像から明白で（口絵。図8―1、2）、骨寺村の地域神と水陸路との結びつきはこれまた深いものがあった。入間田は、上野国の諸帳簿類の草案を集成した『上野国交替実録帳《こうずけのくにこうたいじつろくちょう》』（一〇三〇年）などから「御子」神→「若」神→「若御子」神への時代的な変遷を推定され、若御子社の成立は一一世紀前半から後半の頃で、はるか後方に聳える駒形山（『延喜式』〈巻一〇〉陸奥国栗原郡の駒形根神社）の分霊、その若御子神とされた（入間田宣夫、二〇一九b）。この若御子社の本宮が駒形根神社であったか不明と言うほかないが、若御子の成立自体は、右の神名の変遷を参考にすれば、ウナネ社より後れることは確かであろう。

だが若御子社の選地も、ウナネ社と同じく骨寺村の開発と交通および稲作と関わる水陸路上であった点から推せば、一一世紀を下る一二世紀前期の清衡による村の再開発期の成立ではあるまいか。ウナネ社と若御子社の造営地が、ともに村社会の生活と直接リンクした幹線道や河川などとの結節点、その要所であった側面こそ評価すべきで、両社と水陸路、特に道路との一体的な結びつきは二幅の図像から一目瞭然であろう。これら鎌倉期の骨寺村絵図にもとづき、ウナネ社を用水溝の根元の〈水神〉とする通説は、それを表象する図像や墨書はもとより骨寺村関係史料（中尊寺経蔵文書）にも微証すら見いだせず、成り立つまい。

窟信仰と稲作信仰

さらにもう一つ、骨寺村の窟についても、その窟への勧請神にあたる山王と金峯山とが重層して習合した点から窟信仰そのものも旧く、村社会の開発および交通と関係したウナネ社をより遡る由緒であっただろう。事実、《詳細絵図》に描かれた「不動窟《ふどうのいわや》」の入り口付近からは縄文土器片と弥生土器片が出土し、これが小片である点から周辺部からの流れ込みともされるが（一関市教育委員会、二〇一二・二〇一七）、この土器年代そのままに窟自身の旧い由来の証左と捉えることも可能であろう。

ここでは窟そのものの年代的な問題はさておくとしても、《簡略絵図》では右の山王社や金峯山社が骨寺村内には営まれずに、あえて遠く人里離れた山稜の窟に勧請されていたこと自体、旧くからの窟信仰が依然として存続していたことの明証と言えよう。清衡が同村に着目したのは、すでにそこが窟信仰を核とした地域社会を代表する聖地、霊地と見なされていたからで、それは中尊寺の鎮守に欠けた磐井郡内の地域信仰の表徴、その代替ともなったものではあるまいか。しかも前述の通り、骨寺村の発掘調査で清衡時代以前からの稲作の開始が確認された点から推せば、その聖地で収穫された初穂米《はつほまい》奉納の問題とももリンクし、右の首人とウナネ社との一体的な成立背景には、もう一つ檜山河などを源とした水田開発にともなう稲作信仰が伏在したものではないか（これら一連の動向をふくむ磐井郡開発の考古学的な究明が急務であろう）。

そこで改めて同村の地勢を見ると、いまだに辺鄙で狭隘かつ寒冷で雪深い農山間地域であり、首人らが開拓したとおぼしき一〇世紀当時、はたしてどれほどの稲作が期待できたか疑問でならない（約四〇〇年後の《詳細絵図》の成立に近い、一三一八年の『骨寺村所出物日記』では籾五石七斗、白米一斗八升の収穫量であった）。そこにあえて神主でもあった首人らが入植したのにはそれ相応の理由があったからで（この入植が、磐井郡の地域開発に伴う主要な在地信仰の掘り起こし策であれば納得がいく）、そこには基層的な竈信仰を核とした新たな水田耕作にともなう初穂米の信仰が内在したからではあるまいか（石母田正、一九八九）。ちなみに九世紀半ばの『令集解』「儀制令」春時祭田条（巻二八）によれば、「社首」が、「家たびに状を量りて（家ごとの収穫量に応じて）稲を取り斂《おさ》め（初穂を神々に捧げ）」たというから（義江彰夫、一九九六・入間田宣夫、二〇一九a）、その後裔とみられる骨寺村の首人層も、ウナネ社や山王社はもとより在地の首長たる清衡などへの初収穫された初穂に関わったと見て大過はあるまい。事実、一三世紀半ばの《簡略絵図》では、両社の神田にあたる「宇那根田二段」と「山王田三段」が設定され、さらに「首人分二段」との墨書から首人もいまだ健在であったことが知られる（口絵。第八章図8—1）。

こうした初穂行為が、稲作が開始され、首人が入植したであろう一〇世紀以降にまで遡るのであれば、それは竈神とウナネ社および在地首長層に奉納されたものであったろう。村長をも兼ねた首人の登場が磐井郡開発の一環であった場合、その背後には磐井郡司の存在が想定され、後の清衡による同郡への進出と骨寺村の再開発もこの先例に則った政教政策であった旨の措定も可能となるが、如何か。骨寺村と磐井郡の新たな歴史像の解明に直結する、磐井郡域の発掘調査が大いに切望される所以なのである。

ともあれ、《簡略絵図》を遡る一二世紀前期の清衡による再開発時代についても、はたして荘園制の収取体系に組み込まれた村落構造だけの想定と復元でよいのか大きな問題であろう。骨寺村の竈信仰と習合した山王神や金峯山神への初穂米の奉納はもとより、両神の本寺にあたる中尊寺および同寺経蔵や毛越寺、そして藤原氏歴代への献納つまり初穂米や仏供米《ぶつくまい》がなされぬはずはなく、こうした稲作に関わる信仰的な側面を捨象した既往の経済史的な荘園史観、稲作中心史観は改めて大きなバイアスを抱え込んではいまいか。

骨寺村絵図の宗教世界

さて画像としての骨寺村絵図だが、見れば見るほど不可思議な荘園絵図だ。中尊寺経蔵の寺領でありながら仏堂が廃墟となり（《詳細絵図》の「大師堂」の墨書と図像は後筆であろう）、すべて消え失せている。鎌倉期には堂舎が廃絶したとすればそれまでだが、それにしても村社会が神々によってのみ占有され、成立が早い《簡略絵図》はさながら山水図の趣きだ。同図の両端、上部から下部へと山稜が重畳し、さらに右上部の山王山の背後からは神仙郷に発した細流のごとき檜山河が一条の小河川となって、幾重にも折れ曲がりつつ下降する。またこれと相対する左上部の山間をぬって岩井河の太い川筋が蛇行しながら、いかにも山中他界から現世の村社会へと奔流するがごとく落下し、かくなる山水世界に囲繞《いにょう》された村絵図の中央を、うなね社への道すじと檜山河の川すじとが互いに屈曲しつつ貫く図様は何やら荘園のテリトリー、結界図らしからぬのは何とも魅力的だ。

これまで歴史家は、あまりにも村絵図に込められた荘園の支配構造（それゆえ水田開発に結びつけた、うなね社は水神であった）にのみ囚われすぎていたのではあるまいか。そこに表徴された古の基層信仰に目を向け、そのいくつかの痕跡を手掛かりに同村の宗教的な成り立ちを復元、解読することは十分有効な手段であろう。同村絵図への宗教史的なアプローチと、特に《簡略絵図》全体がかもしだす神仙世界的なもう一つの何か、その宗教的な山水イメージの美術史的な探索もあわせて試みられれば、これほど有益なことはあるまい（美術史家の長岡龍作は、これを神仏の垂迹図とされる）。

なお前後するが、「骨寺」（北条本『吾妻鏡』）との寺号は、摂津の勝尾寺や鎌倉の極楽寺、相模の称名寺などの「骨堂」（『鎌倉遺文』一六八九三・二五四〇七号、元亨三年（一三二三）「称名寺絵図」）と同様の納骨堂、中尊寺経蔵別当のそれにあたるものであったろう。

2　毛越寺と無量光院の成立

毛越寺伽藍の創建

父清衡の山林伽藍、中尊寺に続いて創建されたのは二代基衡の平地伽藍、毛越寺であった。『吾妻鏡』の「寺塔已下注文」によれば、毛越寺には金堂の円隆寺（薬師如来像、十二神将像）をはじめ、講堂、常行堂《じょうぎょうどう》、二階造りの惣門、鐘楼、経蔵、吉祥堂（観音菩薩像）、千手堂（千手観音像、二十八部衆）、嘉勝寺（薬師如来像）などが造営され、寺院鎮守として惣社と金峯山とが東西に配置されていた（骨寺村の窟に勧請されたのはこの金峯山社であった）。初代清衡の中尊寺が比叡山の天台顕密仏教の伽藍であったのに対し、二代基衡の毛越寺は薬師（円隆寺・嘉勝寺）と観音（吉祥堂・千手堂）に象徴される現世利益の伽藍で、中尊寺の信仰と重複しない点はその補完を目指したものであったろう。また立地も、平泉を北西に縦貫する奥大道《おくのだいどう》の北域と西域とを両寺が押さえ、平泉域を守護する一体的な結界機能をも両寺は担っていた。

これは二代基衡が発願した金字一切経についても言える。父清衡の破格な金銀字一切経については前述したが、そこで基衡が企てたのは金字のみによる一切経で（『平泉町史』史料編一、二一・五一号）、半数の約二七〇〇巻が中尊寺に伝来する。これが父の金銀字一切経から学んだ金字一切経であったことは明らかで、その完成は三代秀衡の時代、また嘉勝《かしょう》寺の落成も秀衡によってであった（菅野成寛、二〇一五）。なおこの時代、先に触れた源為義はいまだ健在であり（半井本『保元物語』下巻・為義隆参ノ事）、右の毛越寺伽藍と金字一切経の成立事情も鳥羽王権をバックとした平泉の安全保障と関係したもの見られ、父清衡の場合と同様の、源氏の野心にもとづく奥州への侵掠対策および基衡時代における北奥開発とも関わって建立されたものであったろう。

毛越寺の問答講

さらに両寺の一体的関係は法会についても言える。なかでも問答講《もんどうこう》は両寺の僧侶によって毛越寺の講堂で営まれたものだが、これと関わって実に興味深い出土資料がある。平泉の志羅山遺跡から発見された笹塔婆《ささとうば》である。JR平泉駅に近接した同遺跡（C地区）六六次調査の一号池からは、「南無大吉祥天女」と「南無毘沙門天」あるいは「南無無量寿如来」などと墨書された祭祀関連の笹塔婆が多数出土し、池の構築年代は一二世紀半ば、同後期には機能したとされる（岩手県埋文センター、二〇〇〇）。これは『吾妻鏡』の「寺塔已下注文」に「両寺（中尊寺・毛越寺）一年中問答講の事」として見える、「最勝十講」と「弥陀講」の法会に関わる供養品ではないか。

その笹塔婆のうち吉祥天女と毘沙門天の二天は、『金光明最勝王経《こんこうみょうさいしょうおうきょう》』の四天王護国品《ごこくぼん》に「仏の左辺において吉祥天女の像を作り、仏の右辺において我が多聞天（毘沙門天）の像を作り」（巻六）と見え、また『三宝絵』（九八四年）には「昼は『最勝王経』を講じ、夜は吉祥悔過を行はしめたまふ。吉祥天女は毘沙門の妻なり」（下巻・御斎会）とも記され、吉祥天と毘沙門天とは密接不離な間柄にあった。この二天の結びつきは『上野国交替実録帳《こうずけのくにこうたいじつろくちょう》』「寛仁四・万寿元年交替日記」からも判明し（『平安遺文』四六〇九号）、実は右の「最勝十講」で使用されたのが中尊寺伝来の『金光明最勝王経金字宝塔曼荼羅図』（一二世紀）で、毘沙門天と吉祥天の形姿が強調されていた。

つまり毛越寺講堂の最勝十講の法会においては、『金光明最勝王経金字宝塔曼荼羅《きんじほうとうまんだら》図』（十幀）を掲げて両寺僧による『金光明最勝王経』（十巻）の問答講を催し、あわせて吉祥天と毘沙門天の名を記した笹塔婆も供養。法要後には、祭祀儀礼の一環として志羅山遺跡の一号池に放ったものであろう。であれば後者の無量寿如来名の笹塔婆も毛越寺講堂における「弥陀講」での両寺僧による供養がなされ、その後に同池へ流されたものと見なせよう。この阿弥陀講の事例は多くの平安貴族の日記などから知られ（中井真孝、一九九九・誉田慶信、二〇一八a）、最勝十講とともに供養後の作法が平泉・志羅山遺跡の遺構と遺物から具体的に知れる点で貴重である。

鐃法と如法経

実はもう一点、興味深い遺物が志羅山遺跡から出土していた。〈如法経〉に関係したとされる墨書木簡である。同遺跡八〇次調査で一号道路側溝跡から発見されたもので、年代は一二世紀後期。木簡の墨書銘は、「トヤカサキノニヨウホウキヤウノイシヲハケチエンニモタセタマウヘシ　イツカノ　ヒヨリシウハチニチニウツ（ニ・マ）シタマウナリ」で、〈鳥谷ケ崎の如法経の石をば　結縁に持たせ給うべし　五日の日より十八日に写つ増し給うなり〉と解釈され（岩手県埋文センター、二〇〇二）、入間田宣夫は末尾を〈打越給ふなり〉とされる（入間田宣夫、二〇〇三）。これを改めて調査報告書の赤外線写真から判読すると「イシヲハ」は「イシヲ」、「タマウ」は「タマフ」の誤読で、〈石を〉、〈給ふ〉となろう。また「ウツ（ニ・マ）シ」は、「ウチ（ウツ）コシ」であろう。

だが問題は「ニヨウホウキヤウ」の解釈で、これは〈如法経〉ではあるまい。如法経ならば〈ニヨホウキヤウ〉となり、墨書銘は「ウ」字が余分である。尊経閣文庫本（三巻本）『色葉字類抄』には「如法《ニヨ保ウ》」（仁）、桂宮本『とはずかたり』に「にようほうきやう」「如法しやきやう」（四）、興譲館本『沙石集』には「如法經」「ニヨホウキヤウ」（巻一〇末）とある通りである。すなわち墨書木簡は「ニヨウホウ　キヤウ」で、僧名（仮に〈鐃法〉とする）＋経と理解すべきもので、〈鳥谷が崎の鐃法、（如法）経の石を〉と解釈されよう。さらに末尾の「ウツ（ニ・マ）シ」は「ウツシ」〈写し〉と判読したいところだが、四文字なので「ウチ（ウツ）コシ」、つまり入間田と同じく〈打越〉と捉えておく。

この打越とは、『今昔物語』に「若君ヲ抱テ船ノ高欄ヲ打越シテ」（巻一九・二九）、あるいは『太平記』には「西坂本ニ引キ、（中略）先《マヅ》東坂本へ被レ二打越一候へ」（巻三二）と見え、間にあるものを越えること、あるいは他地域への越境をも指す。これと同類の用例として、延慶本『平家物語』の「ヤガテ足柄山ヲ打越テ、八ケ国ニテ軍ヲセム」（第二末・二七）、真名本『曽我物語』の「武蔵・相模・伊豆・駿河、両四箇国の大名たち、伊豆の奥野の狩して遊ばむとて伊豆の国へ打超えて伊藤が館へ入りにけり。」（巻一・奥野の狩倉）などの用例がある。また〈（如法）経の石〉とは、おそらく『法華経』を写した経石のことで、右の調査報告書では『平家物語』の「石の面に一切経を書ひて」（巻六・経の島）記事に相当する大物遺跡（尼崎市）の礫石経の事例を紹介する。そのほか新潟県六日町の経塚から出土した一石経は長寛三年（一一六五）のもので（『経塚遺文』二五九号）、愛媛県旧北条市の辻ノ内経塚③には安元二年（一一七六）の青石経が納入されたというが（関秀夫一九九〇）、こうした経塚の〈経石〉供養はきわめて希な事例であった。

平泉の経塚文化

以上から、志羅山遺跡の墨書木簡は経石供養の一端を語る実に貴重な文字資料であり、この墨書木簡銘を、〈鳥谷が崎の鐃法、経の石を結縁に持たせ給ふべし、五日の日より十八日に打越給ふなり〉と判読したい。この鳥谷《トヤ》が崎《サキ》がどこか議論があるが、越境（打越）して平泉に到来するわけだから、少なくても平泉以外の地域であろう。

驚くことに、この「トヤカサキ」地名とともに〈経石〉をともなう希有な経塚事例が実在した。宮城県栗原市金成の有壁《ありかべ》五輪塚（五輪沢経塚、熊口五輪塔とも）で、平泉から約一五キロ南方に所在する。土盛りされた径一一〜一三メートルほどのマウンド（積石塚）の頂部には二基の石塔が立ち、マウンド全体が鶏卵大から人頭大の石で覆われている（口絵）。その石の一部には経文や種字とおぼしき墨書が多数認められ（口絵の解説で触れたが、いまのところ墨書と経塚関係経典とは結びつかず、後世の経石の可能性もあろう）、紛れもなく経石なのであろう（多字一石経）。

石塔の形式は平泉型宝塔と通称される平泉文化圏特有の宝塔と五輪塔で、狭川真一は二基の年代を一二世紀後期および一二世紀末から一三世紀か、とされる（この系譜を考える上で、平安後期の京都・鞍馬寺経塚の塚上にも同類と見られる石造製の宝塔が標識として造立され、改めて注目される。奈良国立博物館、一九七七）。いまだ未調査の経塚でその詳細が判明しないのは残念なことだが、地元にはトヤガサキ地名が遺存し、しかも中尊寺への宝塔奉納の伝承が語り伝えられるという（五輪塚管理者の阿部誠による）。右の経石供養がきわめて希な事例であることから推測すれば、鐃法がもたらした石に平泉で経石供養の作法がなされ、しかる後に結縁のため営まれたのが有壁五輪塚であったとする想定は決して不自然ではあるまい。今後の経塚調査に大きな期待がよせられるのである。

ちなみに平泉に隣接した寺ノ上経塚（奥州市前沢）からは、一二世紀後期の土器《かわらけ》に『法華経』の経文を墨書した〈カワラケ経〉と渥美壺（一二世紀）が出土し、それが国内初のカワラケ経（多宇カワラケ経）であったことから平泉独自の経塚文化が産み出されたことが知られ（金子佐知子、二〇〇〇）、右の有壁五輪塚の〈多宇一石経〉もその平泉経塚文化圏での営為として理解すべきものであろう。

無量光院の造営と鎮守諸社の勧請

奥州への野望をむき出しにした源為義は保元の乱で敗死し、源氏の脅威が遠退いた三代秀衡時代の平泉では、もはや王権を仰いだ伽藍は求められてはいなかった。そこで秀衡が着手したのが巨大な持仏堂の構想で、都市化した平泉の中心域には宇治・平等院鳳凰堂をモデルとした無量光院が東面して営まれることとなった。『吾妻鏡』「寺塔已下注文」によれば、本尊は阿弥陀如来像で、堂内の四壁には『観《かん》無《む》量寿経《りょうじゅきょう》』の仏画と秀衡自ら狩猟図を描き加え、ことごとくが宇治の平等院鳳凰堂をモデルとしたものであったという。昭和二十七年（一九五二）には同院跡の発掘調査が実施され、その後一時中断したが、現在は庭園遺跡の整備に向けて調査が継続中である。

発掘調査で判明した建物形式は「寺塔已下注文」の通り鳳凰堂と同形式だが（ただし尾廊を欠く）、建築規模は無量光院がやや大きく、中島も追加されていた。建築規模が拡張されたのは、おそらく背後（西方）の金鶏山《きんけいざん》などとの緊密な一体感、調和が求められたからで、それは阿弥陀浄土を具現した無量光院《むりょうこういん》と後景の山容景観とが融合した現世の浄土化を目指したものであった。さらに極楽浄土の宝池《ほうち》、蓮池に見立てられた池水に囲繞された中島には無量光院の礼拝施設が特に設けられ、同院を眼前にしつつ秀衡は浄土往生を擬似的に体感することが可能となっていた。すなわち無量光院は、四季が移ろう現世浄土にいだかれた現世往生のシミュレーション装置として構想されたもので、平等院鳳凰堂をはるかに凌駕する唯一無二のプランであった。

秀衡の宗教都市ビジョンはさらに徹底したものであった。「寺塔已下注文」によれば、無量光院の東方（正面）には秀衡の自邸にあたる加羅御所《からのごしょ》が、その無量光院に北接して彼の平泉政庁にあたる平泉館《ひらいずみのたち》が中心域に営まれ、また父祖が眠る中尊寺金色堂の正面方向（東方）の彼方に選地したのがこの平泉館であったという。しかもこれら施設を結界すべく中央と四方位には鎮守諸社が配置され、神々によっても取り囲まれた特別な宗教的空間構造となっていた。つまりそこには、〈金鶏山―無量光院―礼拝施設―加羅御所〉および〈金色堂―平泉館〉といった西方極楽浄土を志向する信仰と政治の二重の軸線が、さらに〈無量光院―平泉館〉というもう一つの政教の軸線も設定され、しかも鎮守諸社が四方位からこれらを結界するといった、まさに平泉バージョンと呼ぶほかない政治と宗教の都市空間構造が史上初めて創出されるにいたったのである（菅野成寛、二〇一五）。

鎮守再論

この鎮守諸社については、かつての柳之御所保存運動のなかで活発に議論された問題であった。まず、「寺塔已下注文」はこう記す。「一、鎮守の事。中央に惣社、東方に日吉・白山の両社、南方に祇園社・王子諸社、西方に北野天神・金峯山、北方に今熊野・稲荷等の社なり。悉く以て本社の儀《よそおい》を摸」したものであったという。そのすべてが京都や比叡山などの本社からの勧請、その分祀であったわけだが、これは後述する中央惣社の問題を考える際、特に重要である。

右の議論は、これを平泉域の鎮守と見るか、寺院のそれとするかのものだったが（平泉文化研究会、一九九三ほか、菅野成寛、一九九四）、後者の主張には無理がある。平泉の寺社と法会ほかのリストにあたる「寺塔已下注文」のなかで鎮守が祀られたのは中尊寺と毛越寺、そしてこの「鎮守の事」であった。中尊寺には日吉社と白山宮が、また毛越寺にも惣社と金峯山が祀られ、一見すると鎮守諸社のそれらと同一とも思えるが、しかし方位がまったく異なっている。中尊寺の鎮守は平泉の北方域であるのに対して鎮守諸社の日吉・白山社は平泉の東方域、また毛越寺の惣社も平泉の西方域であるのに鎮守諸社の惣社は平泉の中央に配置されており、立地上、同一とはなり得ない。しかも「寺塔已下注文」の記載は、「一、関山中尊寺の事」や「一、毛越寺の事」などとして項目ごとに記載内容を個別に書き分け、同様に「一、鎮守の事」も独立して設けられている。「鎮守の事」の諸社が、中尊寺や毛越寺などの寺院鎮守には該当しない、一つの独立した存在であったことは明白であろう。

かつて筆者は、鎮守諸社を都市神（祇園・王子・北野天神・稲荷社）と霊山神（日吉・白山・金峯山社）、その両義的なもの（今熊野社）に大別し、また惣社《そうじや》（多くの祭神を一括して祀った総合神社）は陸奥国府からの分祀と考えたことがあった。このうち祇園社（南）と北野天神社（西）と稲荷社（北）は御霊神で、河川（北上川・衣川・太田川）や奥大道から侵入する穢《けがれ》および疫癘《えきれい》をさえぎるバリアとしての施設。さらにこれら三社と日吉社（東）は国家的な神祇体制の二十二社に列なる四社で、秀衡の陸奥守時代、鎮守諸社すべてが一斉に成立したことを論じたのであった（菅野成寛、一九九四・一九九五）。

さらに、これと関連して実に注目すべき発見があった。平泉の東辺に立地する柳之御所遺跡の発掘調査の結果、堀跡外部地区（第一区画地区、あるいはA区）の東方域から、三期にわたって建て替えられた二棟セットの建物遺構（一二世紀半ば～一一八九年？）が多くの宗教遺物類とともに発見され（平泉町教委、一九九四・八重樫忠郎、一九九三）、特に最終期の二棟が東方鎮守の日吉・白山社跡であった蓋然性がきわめて高くなったのである。であれば東方鎮守の二社がまず成立し、残る諸社がそれぞれ個別的に営まれたものであろうか。しかし中央に惣社を配し、東西南北に等しく二社ずつを配置した鎮守諸社の整合的かつ求心的な構成からすれば、それら諸社が個々別々に成立したとするにはやはり無理がある。右の二棟跡が一二世紀半ばから日吉・白山社であったかは不明だが、後述する秀衡の国守就任を契機に、この二社を再編する形で鎮守諸社が大きく整ったことが改めて想定されよう。

惣社の問題

最近、こうした神祇信仰のなかに、京都王城鎮守の二十二社のうち主要な伊勢・八幡・賀茂・春日社などが導入されぬ点に平泉の独自性を指摘されたのは斉藤利男、誉田慶信であった（斉藤利男、二〇一四・誉田慶信、二〇一八b）。それは筆者の二十二社制導入説に対する批判でもあったが、この二十二社のうち祇園（南）・北野天神（西）・稲荷（北）・日吉社（東）の四社が平泉の四方位に等しく勧請された一体的プランについては否定できまいが、それを〈二十二社体制〉の導入へと敷衍した筆者の勇み足は率直に認めねばならない。

しかし問題はそのことではない。斉藤は平泉の中央惣社について、「都市平泉の中心に位置する花立の毛越寺鎮守惣社を都市平泉の中央鎮守惣社に読みかえ」たものとして誉田もこれを支持され、あわせて誉田は筆者の国府惣社分祀説も批判された。斉藤は平泉域の鎮守説だったはずだが、おそらく両氏には中央惣社が国府惣社の分祀でなければ寺院の惣社であろう、との思慮がはたらいたものであろう。しかしながら、毛越寺の惣社が鎮守諸社の中央惣社とは方位がまったく異なることは前述の通りだし、であればやはり毛越寺のそれは、東大寺の惣社（『平安遺文』八二八〜九号）や法成《ほうじょう》寺の惣社（『殿暦』永久五年正月八日条）ほかと同類の寺院の惣社と考えるべきものであろう。秀衡時代の平泉の中心域には、既述のごとく平泉館、無量光院、加羅御所が営まれたわけだが、問題の惣社の立地も中央であれば、これら施設に隣接した宗教空間であったことになろう。むろんそれは中心域の無量光院の惣社でもあるまい。「寺塔已下注文」の同院の項には惣社の記載がなく、モデルとなった平等院境内にも寺院惣社は営まれていない。

やはり中央惣社は国府（国衙）惣社の分祀、その勧請神ではないのか。右の拙稿では触れ得なかったが、嘉元三年（一三〇五）の中尊寺衆徒陳状案には「祇園・惣社両社大仁王会、六月十五日、九月九日」（『平泉町史』史料編一、四四号）と見え、惣社と祇園社で年に二度、仁王会《にんのうえ》が執り行われていたことが知られる。これは「寺塔已下注文」に載る平泉の年中恒例法会の一つ、「九月、仁王会」に相当するが、この仁王会は国衙惣社においても催されたものであった。たとえば寛元元年（一二四三）頃作成とされる安芸国衙領注進状（石井進、二〇〇四）には「惣社仁王講」が、また正元二年（一二六〇）の出雲国司庁宣案や文永二年（一二六五）の肥前国検注帳案にも「惣社仁王講」が見えることは（『鎌倉遺文』一六八六三・八四八二・九五四七号）、右の平泉の惣社とも共通する。ただ治承元年（一一七七）、山城国の長福寺での「惣社仁王講」が知れるが（『平安遺文』三八一七号）、平泉のそれが祇園社とセットのものであれば、やはり中央惣社の後裔なのであろう。

惣社の本社

この惣社を含む鎮守諸社の成立は秀衡の陸奥国守時代（一一八一〜四年）と考えられ、それは今熊野社の成立年代から特定できる。平泉の今熊野社の本社は、後白河法皇が永暦元年（一一六〇）十月十六日に創建した京都・法住寺殿の今熊野社で（『百錬抄』）、おそらく承安二年（一一七二）六月には同社の法会、新熊野六月会《いまくまののみなつきえ》が後白河法皇によって創始されたことが『吉記《きっき》』など平安貴族の日記から復元される（菅野成寛、一九九四）。「寺塔已下注文」の、平泉の年中恒例法会のなかに同様の「六月、新熊野会」が存在することは、平泉での今熊野社と新熊野会の成立が一一七二年以降の秀衡時代であったことを明かしていよう。さらに『吾妻鏡』正治二年（一二〇〇）五月二十八日条と建暦元年（一二一一）四月二日条によれば、陸奥国長岡（葛岡）郡小林《おばやし》の「新熊野社」は「当国の守秀衡法師の時、（中略）造営」を命じたもので、「公家の御祈祷」が目的であったという。

陸奥国内には平泉のほか今（新）熊野社がもう一社あり、それが陸奥守秀衡時代における「公家」（朝廷）のための造営であったことは、平泉・今熊野社の本社が後白河法皇の創建であったこととリンクし、この点から平泉・今熊野社と小林・新熊野社の成立とは連動したものと考えられる。つまり平泉における鎮守諸社の成立は、平泉の今熊野社をふくむ諸社の選地と構成とが整合的かつ求心的な点で一体的な構想と見なされることから、養和元年（一一八一）における秀衡の任陸奥守（『吉記』『玉葉』同年八月十五日条）を契機とし、今熊野社や中央惣社ほか鎮守諸社が一斉に設定されたものと考えられよう。

これは中央惣社の成立背景からもうかがえる。「鎮守の事」によれば、鎮守諸社すべてが「本社の儀を摸した」というから、平泉の日吉社や祇園社あるいは今熊野社の本社にあたる比叡山や祇園感神院、法住寺殿の今熊野社などと同様の平泉の中央惣社の本社も存在したわけで、当該期の惣社には、諸国の国庁に付属した国衙《こくが》惣社と寺院惣社と荘園惣社の区別があった。このうち寺院惣社に中央惣社が該当しないことは前述したし、ましてやそれが平泉の荘園内に構えられたものでもなく、この荘園惣社は特に鎌倉期に登場する荘園鎮守であった（『鎌倉遺文』に散見する）。

残る国衙惣社が平泉の本社であった場合、この中央惣社の成立が、平泉の鎮守諸社と同様の秀衡の国守時代であった点と符合する。なぜなら秀衡には国守としての国衙惣社における神拝儀礼、神祇祭祀執行の責務がともなったからで、国守権力に付随した物社と国衙とは一体の関係にあった（『時範記逸文集成』承徳三年二月九日～四月三日条）。平泉の中央惣社の本社は陸奥国衙の惣社、守秀衡を首班とした平泉政権にとっては必須の勧請神であったと考えられる。

事実、『吾妻鏡』文治五年九月十四日条によれば、この中央惣社に隣接した平泉館には「奥州・羽州両国の省帳・田文已下の文書」といった奥羽の土地台帳類が保管されたというから、平泉館は奥羽の国衙と同類の行政機能を有したわけで、それは秀衡の陸奥守および鎮守府将軍（『兵範記』嘉応二年五月二十五日条）権力と結びついたものであったろう。守秀衡の平泉館への国府（国衙）惣社の分祀は当然の成り行きであり、それゆえ惣社は平泉館に隣接した中央の地に設けられねばならなかったのである（菅野成寛、一九九五）。治承・寿永の内乱によって転がり込んだ秀衡の国守任命を好機として（『吉記』寿永二年十二月十五日条によれば、秀衡は鎮守府将軍も兼職）、惣社をはじめとする鎮守諸社や平泉館、無量光院や加羅御所などが有機的な結びつきをもった日本史上初の独創的な政教の都市構想として一斉に成立したことが復元される。秀衡の陸奥守が、まったく形式的なものではなかったことが判明しよう。

斉藤、誉田は毛越寺の寺院惣社を中央惣社の読み替えとされたが、ならばその本社はいずこの、いかなる惣社であったか。もはや、中央惣社毛越寺説が成り立ち得ないのは以上から明らかであろう。

おわりに

平泉の仏教史といえば盛時の一二世における天台顕密仏教が中心になりがちだが、今後はその母体となった国見山廃寺の法相宗仏教をも鳥瞰した九世紀半ば以降からの検証も求められよう。そうしたなか第四章「平泉の延年」、第六章「鎌倉時代の中尊寺」、第七章「『偽文書』からみた中尊寺経蔵別当職」、第八章「『骨寺村荘園絵図』の社会史」は鎌倉期を対象とした平泉研究の新潮流であり、一二世紀の平泉仏教文化についても総説および第一・二・三・五の各章においては新視点が満載である。さらに本シリーズの第一巻と第三巻では中尊寺を中心とした平泉文化圏の仏教美術と発掘調査のあらましが提示され、これまた一二世紀に関わる新情報と新知見がちりばめられているに違いない。

そんな旧くて新しい魅惑的な時代こそが一二世紀を中心とした院政期王朝時代であり、平泉の仏教文化を新たな光源として同期の前後をもあわせて逆照射し、これまでにない時代文化像を掘り起こすことができればこれに過ぎることはあるまい。

〔参考文献〕
石井　進「平氏・鎌倉両政権下の安芸国衙」（一九六一年初出）『石井進著作集』第三巻、岩波書店、二〇〇四年
石母田正「田祖と調の原初形態」（一九七一年初出）『石母田正著作集』第三巻、岩波書店、一九八九年

一関市教育委員会編『骨寺村荘園遺跡』岩手県一関市埋蔵文化財調査報告書第五集（大石直正執筆分）、二〇〇四年
〃『骨寺村荘園関連遺跡確認調査報告書―厳美町字若井原一八八番外地点―』同第八集、二〇一〇年
〃『同―不動窟・白山社及び駒形根神社―』同第一六集、二〇一二年
〃『骨寺村荘園遺跡確認調査総括報告書』同第二二集、二〇一七年
一関市博物館編『骨寺村荘園遺跡村落調査研究報告書（自然）』、二〇一三年
入間田宣夫『都市平泉の遺産』山川出版社（日本史リブレット一八）、二〇〇三年
〃「宇那根社と首人の存在形態」ほか　二〇一九年a、「若御子社とは何か」二〇一九年b『中尊寺領骨寺村絵図を読む―日本農村の原風景を求めて―』高志書院
岩手県文化振興事業団埋蔵文化財センター編『志羅山遺跡第四六・六六・七四次発掘調査報告書』岩手県文化振興事業団埋蔵文化財調査報告書第三一二集、二〇〇〇年
〃『志羅山遺跡発掘調査報告書（第四七・五六・六七・七三・八〇次調査）』同三五二集、二〇〇一年
岩手日日新聞社編『一関郷村絵図―絵で見る古里―』岩手日日新聞社、二〇〇三年
牛山佳幸「『ウナネ』およびウナネ社について―伊賀・陸奥・上野・武蔵の事例から―」『小さき社の列島史』平凡社（平凡社選書二〇三）、二〇〇〇年
大石直正「中世の黎明」小林清二・大石直正編『中世奥羽の世界』東京大学出版会、一九七八年
〃「中尊寺領骨寺村の成立」『東北学院大学東北文化研究所紀要』一五号、一九八四年
〃「東北中世村落の成立―中尊寺領骨寺村―」羽下徳彦編『北日本中世史の研究』吉川弘文館、一九九〇年
金子佐知子「前沢町寺ノ上経塚出土のかわらけ経」『岩手考古学』一二号、二〇〇〇年
神谷美和「中世骨寺村の開発と公事―厳美町本寺『カイコン』における出土花粉・イネ科プラントオパール調査から―」『一関市博物館研究報告』一六号、二〇一三年
菅野成寛「都市平泉における鎮守成立試論―霊山神と都市神の勧請―」『岩手史学研究』七七号、一九九四年
〃「藤原秀衡・泰衡期における陸奥国衙と惣社―都市平泉研究の視角から―」同七八号、一九九五年
〃「一〇世紀北奥における衣関成立試論―平泉・関山中尊寺の遺構から見た『奥六郡』体制形成の一断面―」同八四号、二〇〇一年
〃「鎮守府付属寺院の成立―令制六郡・奥六郡仏教と平泉仏教の接点―」入間田宣夫編『東北中世史の研究』上巻、高志書院、二〇〇五年

〃「『陸奥国骨寺村絵図』の宗教史―窟信仰と村の成り立ち―」東北芸術工科大学東北文化研究センター編『季刊　東北学』二一号、二〇〇九年
〃「平安期の奥羽と列島の仏教―天台別院・権門延暦寺・如法経信仰―」入間田宣夫編『兵たちの極楽浄土』兵たちの時代史三、高志書院、二〇一〇年
〃「平泉文化の歴史的意義」柳原敏昭編『平泉の光芒』（東北の中世史一）吉川弘文館、二〇一五年
北上市教育委員会編『国見山廃寺跡』北上市埋蔵文化財報告第五五集、二〇〇三年
木村茂光「中尊寺経蔵別当領骨寺村の性格と骨寺村絵図」一関市博物館編『平成三〇年度骨寺村荘園遺跡村落調査研究報告書』、二〇一九年
斉藤利男『平泉―北方王国の夢―』（講談社選書メチエ五八八）講談社、二〇一四年
清水　潔「宇流富志弥神社」式内社研究会編『式内社調査報告』第六巻・東海道一、皇学館大学出版部、一九九〇年
杉本　良「北上市国見山廃寺跡（岩手県）」仏教芸術学会編『仏教芸術　特集・山岳寺院の考古学的調査（東日本編）』三一五号、毎日新聞社、二〇一一年
〃「先平泉文化の諸寺院」及川司編『平泉を掘る』平泉の文化史・第一巻、吉川弘文館、二〇二〇年
関　秀夫『経塚の諸相とその展開』雄山閣出版、一九九〇年
中井真孝「念仏結社の展開と百万遍念仏―専修念仏の前史―」薗田香融編『日本仏教の史的展開』塙書房、一九九九年
奈良国立博物館編『経塚遺宝』（八二号資料）、東京美術、一九七七年
平泉町教育委員会編『柳之御所跡発掘調査報告書』岩手県平泉町文化財調査報告書第三八集、一九九四年
平泉文化研究会編『日本史の中の柳之御所跡』吉川弘文館、一九九三年
平井良朋「高市御縣坐鴨事代主神社」式内社研究会編『式内社調査報告』第三巻・京・畿内三、皇学館大学出版部、一九八二年
平塚　明「一関市厳美町本寺地区の植生変遷―花粉分析、プラント・オパール分析から見えたこと―」一関市博物館編『骨寺村荘園遺跡村落調査研究　総括報告書』、二〇一七年
誉田慶信「奥羽の仏土から都へ」（二〇一六年初出）二〇一八年a、「平泉・仏教の系譜」（二〇一〇年初出）二〇一八年b、同『中世奥羽の仏教』（東北中世史叢書四）、高志書院
三浦澄応編『中尊寺宝物手鑑』、一九〇四年
八重樫忠郎「平泉町教育委員会の調査区域―柳之御所跡北西部の様相―」、前掲『日本史の中の柳之御所跡』、一九九三年
義江彰夫『神仏習合』（岩波新書四五三）、岩波書店、一九九六年

吉田敏弘「骨寺村絵図の地域像」葛川絵図研究会編『絵図のコスモロジー』下巻、地人書房、一九八九年

第一章 『中尊寺供養願文』の歴史学

―願文の政治史と偽文書説をめぐって―

菅野成寛

はじめに

中尊寺には、その創建の由緒を語る著名なテキストが伝来する。天治三年（一一二六）、平泉を開府した初代藤原清衡が中尊寺落慶に際して敬白したという『中尊寺供養願文《くようがんもん》』である。この願文の作者は藤原敦光《あつみつ》と寺伝され、その本文によれば、三〇余年来、「東夷《とうい》の遠酋《おんしゅう》」「俘囚《ふしゅう》の上頭《じょうとう》」として国家に「歳貢《さいこう》の勤め」をはたしてきた清衡が、過ぎ越した己が「杖郷《じょうきょう》の齢」（六〇歳）の記念として「長く国家区々の誠を祈」るべく、「御願寺《ごがんじ》」たる「鎮護国家の大伽藍」を白河法皇および王家の人々に奉献したものであったという。

さらにもう一点、この願文伽藍の実在を確認する上できわめて重要な史料が存在する。鎌倉幕府の『吾妻鏡』文治五年（一一八九）九月条に載る中尊寺伽藍の概要、諸堂リストであり、これまで両史料ともに中尊寺創建伽藍に関わる第一級史料として評価の高いものであった。ところが最近、その願文を後世の中尊寺僧による創作とする主張が五味文彦によって再三なされ、願文の評価はいまや漂流しつつある。もし仮に五味が説くごとく願文が偽文書であれば、当然ながら既往の願文研究、ひいては平泉文化の研究はその意義の多くを失う。はたして『中尊寺供養願文』は後世の偽作なのか、まずは作者敦光の問題と願文創作説の基本的な検証を試み、あわせて願文伽藍の成立背景をめぐる白河王朝の政治史、その成立の最大要因こそが源氏歴代による奥州への積年の野望の排除にあった、との新たな歴史像を提示したい。

1 願文の書誌と関係者

願文の書誌

現在、中尊寺には、『中尊寺供養願文』として輔方本《すけかたぼん》と顕家本《あきいえぼん》と通称される二通の写本が伝来する（口絵）。願文そのものの評価に関わる主な研究史は、石田一良一九八八、亀田孜一九七〇、斎木一馬一九八八、名兒耶明一九七八、劉海宇二〇一八などに代表され、筆者もいささかの卑見を述べたことがあった（菅野成寛、一九九七・一九九九・

二〇一二)。

　その書誌についてごく簡略に触れると、まず輔方本とは、嘉暦四年(一三二九)、中尊寺経蔵別当の信濃阿闍梨《あじやり》が鎌倉の藤原輔方(将軍家公卿、能書家)の許に赴き、持参した願文の本文(草案の写しとされる)に添えるべく端書《はしがき》と奥書《おくがき》の執筆を依頼したもの。また顕家本とは、延元元年(一三三六)四月末から翌年正月八日の間、陸奥国府に下向した鎮守大将軍(陸奥守)北畠顕家が、右の願文本文の手蹟の面影も留めつつ自身の書体を混じえて模写したものである(斎木一馬、一九八八・亀田孜、一九七〇・名児耶明、一九七八)。顕家本は、その筆跡の見事さから願文の本文としてよく引用されるものだが、あくまでも古文書学上の善本は、その素性からいって輔方本の本文である。

　この輔方本の本文は、文中における榜字《ぼうじ》(三尊、影)および欠字《けつじ》(青陽□月)の存在や、年号表記の誤りなどから天治三年(大治元・一一二六)三月に供養された中尊寺伽藍の正規の願文そのものではなく、来たるべき落慶式に先立ち、事前に清衡の許に送付された草案の写本と見られている(斎木一馬、一九八八)。これが落慶供養前の草稿としての整った記載内容から見て伽藍の実態に即したものと評価でき、正規の願文と右の草案がすでに亡失した現在、その史料性にはきわめて重要なものが認められる。本文における「宝暦三年、青陽□月」との天治三年春の竣工を予定した記載から推して、おそらく前年の天治二年秋頃までには平泉へ送付されていたものであろう。

願文の関係者

　中尊寺の寺伝を記したと見られる輔方本と顕家本の端書および奥書によれば、願文の起草は右京大夫藤原敦光、清書が右中弁・中納言藤原朝隆《ともたか》、勅使として按察中納言藤原顕隆《あきたか》が下向し、供養の唱導は相仁《そうにん》已講《いこう》が務めたという。願文の伽藍(中尊寺)供養が天治三年(正月二十二日に大治と改元)のことであれば右の四者すべてが在世中で、起草者の敦光は当代を代表する碩学として式部大輔(一一二二年)、右京大夫(一一四二年前)、因幡権守(一一四二年)などを歴任。儒者として度重なる改元の勘申《かんじん》(朝廷における諸案件の上申)や、仏教にも造詣が深いことから王家や摂関家の願文類を多く手掛け、仁平元年(一一五一)成立の『本朝新修往生伝』には敦光の往生譚が載る。天養元年(一一四四)十一月死去、八二歳(大曾根章介、一九九八)。これをやや補足すれば、敦光は死去直前の天養元年正月、都から至近な大国の近江守に就き(『少外記重憲記』)、やっと最晩年に生涯の春を味わうことができた。なお地域の作としては、この中尊寺の願文のほか保安二年(一一二一)の「白山上人縁起」(『本朝続文粋』巻一一)、保延七年(一一四一)の「中禅寺私記」(『本朝文集』巻五八)などが伝わる。驚くことに敦光の仏教への造詣は、空海の代表作を注釈した『秘蔵宝鑰鈔《ひぞうほうやくしょう》』や『三教勘注鈔《さんごうかんちゅうしょう》』(『真言宗全書』第一一・四〇)にまでもおよんでいたことが知られる。

　清書の朝隆は能書家として知られ(『台記』久安元年閏十月二十五日条、『今鏡』水茎)、蔵人頭・右大弁(一一五〇年)、参議(一一五三年)、権中納言（一一五六年）などを歴任し、平治元年（一一五九）死去、六三歳（『公卿補任』）。ちなみに中尊寺願文の翌大治二年（一一二七）三月十九日供養の、円勝寺西御塔（待賢門院御願）供養願文は敦光が起草し、朝隆の清書によるものであった（『中右記』）。勅使とされる顕隆の末弟で、その娘婿にもあたる（『尊卑分脈』）。

顕隆は、「夜の関白」とも通称されたほどの辣腕の白河院近臣で（『今鏡』釣せぬ浦々）、参議・権中納言（一一二二年）、按察使《あぜち》（一一二六年）も兼ね、大治四年（一一二九）死去、五八歳（『公卿補任』）。実際に顕隆が勅使として下向したかには疑いが投げ掛けられているが（石田一良、一九八八・亀田孜、一九七〇）、これを顕隆本人ではなくその使者の派遣とする指摘がある（遠藤基郎、二〇〇五）。確かに兄為隆の『永昌記』や藤原宗忠の『中右記』目録など、中尊寺落慶の天治三年（大治元年）三月の記事には、その下向の旨は見あたらない。だがその点で一つ気になるのが、同年暮れにおける顕隆の権中納言・従三位での按察使《あぜち》への任官である。

この時代、按察使職（奥羽両国の行政監察長官で、七二〇年前に設置）は大納言が兼ねる名誉職となっていたが、前代の九世紀半ばから一〇世紀半ばまでは三位の中納言のポストであったものが、天暦七年（九五三）からは二位か三位の大納言クラスのものへと昇格する。そして一一世紀以降は、長保四年（一〇〇二）任の藤原道綱《みちつな》から保安元年（一一二〇）任の藤原経実《つねざね》まで、その任官が判明する二一名すべてが正二位で大半の一九名が大納言での就任であり（一〇一二年任の藤原隆家《たかいえ》、一〇五三年任の藤原資平《すけひら》、一一〇八年任の藤原宗通《むねみち》のみが中納言）、大治元年（一一二六）における、顕隆の権中納言・従三位としての新任（青森県史編さん古代部会、二〇〇一）は異例中の異例であった。むろんその背後には寵臣の顕隆に対する白河院の特別な引き立てがあったに相違なく、上級貴族の官歴リストにあたる『公卿補任《くぎょうぶにん》』天治三年（大治元年）条には、藤原経実の「（按察）使を止」めての顕隆の任官であった旨が記され、これは寛弘九年（一〇一二）以来、絶えてなかったことであった（同、寛弘九年条）。それが中尊寺の落慶年時における陸奥・出羽の按察使職への例外的な特進であっただけに、そこに中尊寺供養に関わる院の意図がなかったか改めて本章の最後でも問題としたい。

中尊寺供養の唱導《しょうどう》（実際の導師）を務めた相仁已講《いこう》（国家法会での講師を経た僧）だが、従来、相仁は天台宗の園城寺《おんじょうじ》僧と見なされてきた（亀田孜、一九七〇・斎木一馬、一九八八）。だが、中尊寺伝来の建武元年（一三三四）の大衆訴状には「相仁已講、山僧」と見え（『南北朝遺文』東北編一〇一号）、延暦寺僧と寺伝されたことが知られる。確かに同時代史料の『中右記』からは「相仁、延暦寺」や「山、相仁」、あるいは「相仁已講」の存在が確認され（元永元年五月二十三日・保安二年十二月十九日・大治二年正月八日各条）、保延元年（一一三五）、五三歳での入滅であった（『僧綱補任』）。かれ相仁が属する延暦寺と初代清衡の中尊寺との関係はとりわけ緊密で、たとえば延暦寺の鎮守にあたる日吉社が中尊寺に勧請され（『吾妻鏡』文治五年九月十七日条）、また清衡が中尊寺に奉納した金銀字一切経の料紙には延暦寺に進上された保安二年銘の文書が使用されていた（『平安遺文』一九一七号）。さらに延暦寺の千僧供養のため清衡が七〇〇町もの保《ほ》（国衙領の一種）を営むなど（『中右記』大治二年十二月十五日条）、その本末関係は明白であり、中尊寺供養とまったく同時期の延暦寺僧に相仁已講が実在する以上、相仁の平泉下向は史実を伝えたものと理解される。

　ところで顕隆ほかの官職名（按察中納言、右中弁・中納言、右京大夫）の寺伝だが、それは後年における彼らの最終経歴を藤原輔方と北畠顕家が嘉暦四年（一三二九）および延元元年（一三三六）の時点で記したもので、そこから右の端書と奥書の寺伝の信憑性を疑っても意味はない。後に詳しく検証する通り敦光の願文起草は史実と見なされ、また朝隆が清書した正規の願文はすでに亡失のためその手蹟の検証は不可能だが、中尊寺供養の翌年、大治二年三月には既述のごとく敦光が起草した塔供養の願文を朝隆が清書しており、両者の取り合わせに何ら不都合はない（ちなみに劉海宇は、朝隆晩年の手蹟との比較から輔方本の本文―これまで草案の写本とされてきたもの―も、朝隆の自筆とされる。劉海宇、二〇一八）。

　さらに顕隆の勅使だが、実際それが名代の派遣だとしても法会儀礼ならびに書式上はあくまでも〈勅使顕隆〉との威儀を整えたはずで、その意味で「勅使按察中納言顕隆卿」との寺伝にこれまた不都合はない。唱導の相仁已講は史実のままを記したまでで、輔方本と顕家本の端書および奥書の記載に特別な作為を感じ取ることはできない。

　なお端書の「鳥羽《とば》禅定法皇《ぜんじょうほうおう》御願《ごがん》」の記載にも疑問がもたれているが（石田一良、一九八八）、これは二代基衡時代における毛越寺伽藍および金字一切経の成立問題とリンクする重視すべき寺伝としてすでに検討したところであり（菅野成寛、一九九九・二〇一五）、本章では省略する。

2　願文の史料性

願文と王家

　願文本文（口絵）の史料性について、まずその登場人物から検証しよう。そこには禅定法皇《ぜんじょうほうおう》、金輪聖主《きんりんじょうしゅ》、太上《だいじょう》天皇、国母《こくも》仙院《せんいん》、そして弟子の五名が書き上げられている。このうち弟子は、言うまでもなく清衡その人。残る四者のうち、清衡在世中の法皇・天皇（金輪聖主）・上皇には白河法皇・崇徳天皇・鳥羽上皇が該当し、文中の「宝暦三年」も崇徳天皇の治世第三年の天治三年（踰年法《ゆねん》により、崇徳即位の次年に天治と改元）に相当することがすでに明らかにされている（石田一良、一九八八）。残る国母仙院は、それが天皇の生母で女院《にょいん》（天皇の生母などに授けられた待遇と尊称）であれば待賢門院璋子《たいけんもんいんたまこ》のことで、鳥羽中宮として在世中であった。願文の天治三年（大治元年）は、まさしくこの五名と先の顕隆ほか四名の計九名すべてが健在であり、願文との年代的な齟齬はない。

　この待賢門院が女院号を授けられたのは天治元年（一一二四）十一

月二十四日のことで（『中右記』目録）、実はここから願文（草案）の作成と平泉への送付時期が絞り込めるわけだが、これと関わって新たな発見が一つある。これまで見過ごされてきた王家の人物が新たに二名、そこに潜んでいたことである。願文の「国母仙院」に関わる構文、「国母仙院、麻姑《まこ》と齢を比べ、林慮桂陽《りんりよけいよう》、松子の影を伴」う部分の「林慮桂陽」である（以下、引用文のルビのみ現代仮名遣いとする）。そこでこれを「国母仙院（待賢門院＝女性）、麻姑（古の仙女＝女性）と齢を比べ」との構文から「林慮桂陽」と「（赤）松子（古の仙人＝男性）」との関係として捉え直し、「林慮桂陽」とは男性のことで鳥羽上皇と待賢門院との皇子、崇徳弟の謂ではないか、とする劉海宇による従来の盲点を衝く筆者への指摘であった。

確かにこの「（赤）松子」＝〈男性〉に着目すると、たとえば大江匡房の天仁二年（一一〇九）の勧修寺仏事供養願文（『江都督納言願文集』巻六）には、「禅定仙院（白河院）、梅子松子の寿を保たせ」（山崎誠、二〇一〇）との成文が見出される。そのほか同年の法勝寺北斗曼荼羅堂の供養願文（巻二）、長治二年（一一〇五）の尊勝寺阿弥陀堂の供養願文（同）、さらに白河院六十御賀の願文（巻二）などもこれと同類の構文であった。よって問題の「林慮桂陽」が崇徳天皇の皇太弟であれば通仁《みちひと》（一一二四年生）と君仁《きみひと》（一一二五年生）の両名が天治三年には在世し（『本朝皇胤紹運録』。角田文衞一九八五）、これまた願文との年代的矛盾はきたさない。

かくして「林慮桂陽」が通仁と君仁とすれば、願文（草案）の作成と平泉送付時期は君仁誕生の天治二年（一一二五）五月二十四日（『中右記』目録）から同年秋頃までの約半年間にピンポイントで絞られ（落慶供養が翌三年三月であれば、前述の通り平泉への草案送付は、その後のやりとりも含めて遅くも前年秋頃までであろう）、願文研究に重要な知見をもたらすわけだが、では改めて「林慮桂陽」の意味するところは何か、新たな課題に逢着する。

願文と『吾妻鏡』

さて問題は本文の史料性である。願文の本文から知れる伽藍は、三間四面桧皮葺《ひわだぶき》堂（釈迦三尊像）＝釈迦堂、三基の三重塔（毗盧遮那如来三尊像ほか）、経蔵（文殊尊像・金銀泥一切経）、鐘楼《しょうろう》などの堂塔によって構成されるが、このうち経蔵と金銀泥一切経の実在が『吾妻鏡』文治五年（一一八九）九月十日条から、同じく願文の釈迦堂ほかの実在が同十一日条から確認される。

まず十日条は、源頼朝による奥羽侵掠戦の直後、中尊寺経蔵別当の心蓮大法師が寺塔の保護を頼朝に愁訴したもので、「当寺（中尊寺）は経蔵以下仏閣塔婆、清衡これを草創す（中略）。経蔵は金銀泥行交じりの一切経を納め」たことが認められ、その「経蔵領」の「御奉免状」が下された。存在しない経蔵の寺領が頼朝によって安堵されるはずはなく、ここに願文の経蔵と金銀泥一切経の実在が判明する。事実、この金銀字一切経（全五三〇〇余巻）の大半、約四五〇〇巻が現存し（中尊寺蔵二九巻・高野山蔵四二九六巻・観心寺蔵一六〇巻・東京国立博物館蔵一二巻ほか）、改めて願文の史実性を示す。

　同日、さらに心連大法師は、この経蔵領の保護と関わって「清衡、基衡、秀衡三代の間、建立する所の寺塔」を頼朝に尋ねられ、「分明」にその「巨細を注進」すべく「言上」することとなった。そして翌十一日、源忠已講《いこう》および心蓮大法師と快能の三名が参上し、「清衡の時、勅願円満の御祈祷料所」の「寺領」安堵の「御下文」を頼朝から賜った旨を同日条は記す。これが前日に注進を求められた清衡・基衡・秀衡建立の寺塔安堵でないことは明白で、かれら三代の堂塔は後述する同月十七日、頼朝によって「清衡已下（の）三代（が）造立する堂舎」として源忠と心蓮への一括安堵がなされたのであった（同日条）。

　すなわち十一日の寺領安堵が、平泉寺院体制を代表した源忠已講と心蓮大法師と快能になされたのは、それが「清衡の時、勅願」の平泉で最上級の寺院であったからで、まさしくそれは願文に「鎮護国家」の「御願寺」と明記されて白河法皇ほか王家に献納された堂塔、前日の経蔵領のものを除いた釈迦堂領ほかの安堵であったはずである。しかも中尊寺僧の心蓮がこの寺領安堵に関わったこと自体、中尊寺（願文）伽藍の安堵であったことを明かしており、これまた願文の史実性が本条からも裏付けられる（願文伽藍が「御願寺」とされた経緯については本稿の最後で触れる）。

　かくて十日と十一日の安堵は願文伽藍に関わる一連のものだったわけだが、その意味で一九九六年から継続する中尊寺境内の発掘調査で、願文伽藍跡に比定される「伝大池跡」から巨大な苑池と一二世紀前葉（清衡時代）のロクロ土器《カワラケ》四点が池底から検出され（及川司、二〇一二）、願文伽藍実在の高い蓋然性を下支えする。

願文の史料性

　次いで願文の文中には、「東夷《とうい》の遠酋《おんしゅう》」にして「俘囚《ふしゅう》の上頭《じょうとう》」たる「弟子」（清衡）が「出羽陸奥」において「垂拱寧息《すいきょうねいそく》三十余年」を送り、すでに「杖郷《じょうきょう》の齢《よわい》」を過ぎ越した修善として堂塔（中尊寺）を建立した旨を記すが、特に「垂拱寧息三十余年」部分の史料性である。これと呼応するごとく『吾妻鏡』文治五年九月二十三日条には、「去る康保年中、（清衡が）江刺郡の豊田館を岩井郡平泉に移して宿館となし、三十三年を歴《へ》て卒去《そつきょ》」した、と見える。この康保年中（九六四〜六八年）での清衡の平泉移住はあり得ぬことから、嘉保（一〇九四〜九六年）あるいは康和（一〇九九〜一一〇四）年中の誤りと見られ（高橋富雄、一九五八）、まさしく嘉保年中から「垂拱寧息三十余年」は供養年の天治三年に相当し、それは右の『吾妻鏡』の「三十三年を歴て（一一二八年に清衡が）卒去」の部分とも合致する。しかもこれは清衡と延暦寺との接触を物語る『中右記』大治二年十二月十五日条の、「（陸奥国の）住人清衡、山（延暦寺）の千僧供（養）のため保を立て七百町を籠める也。これ（陸奥守源）有宗朝臣の任（一〇九五〜九八年）より立て始め」た、との源有宗の国守年代とも符号する。

　さらに「出羽陸奥」の「東夷の遠酋」「俘囚の上頭」についても清衡のほか該当者はなく、正しくかれ清衡の願文となるわけだが、ただし清衡が東夷や俘囚であったわけではなく（『造興福寺記』永承二年二月二十一日条によれば、父経清は摂関家藤原頼通の配下の一員であった）、辺境の奥州人に対する朝廷人の認識、蔑視観を含んだ願文における修辞である。

ところで従来、願文の矛盾や文言の重複も指摘されてきた。たとえば「杖郷の齢」や「文武百官、武職文官」などである。まず「杖郷の齢」だが、本文に「已に杖郷の齢を過」ぎ、伽藍の建立をはたしたとあるため、杖郷の齢（六〇歳）を過ぎた天治三年に伽藍が成った意となり、それは清衡の死亡年齢から逆算すると矛盾するという（石田一良、一九八八）。確かに『中右記』目録の大治三年（一一二八）七月二十九日条には、同月「十三日」に「陸奥住人清平（衡）」が死去した旨の伝聞（「卒去、云々」）を載せ、「七十三」歳であったことを記す。であれば供養年の天治三年（大治元）は七一歳の折であり、六〇代の「杖郷の齢」表記は誤りということになる。しかし実際の清衡の死亡日は、妻平氏が書写した『法華経』の奥書から七月十六日であることが判明する（『平安遺文』題跋遍一二四三号）。つまり『中右記』目録の死亡日「十三日」は誤伝であり、同様に死亡年齢「七十三」にも疑いが生じる。

残念ながらその死亡年齢の裏付けを欠くため、これを清衡の出生年から推測すると、『陸奥話記』における父経清の没年（一〇六二年）から康平五、六年（一〇六二、三）の前九年合戦終結時の頃がその誕生年の下限となるため、天治三年（一一二六）の願文伽藍の供養時に清衡は六四、五歳を迎えたことになり、この辺が「已に杖郷の齢を過」ぎた年齢の限界であろう。仮に、これが一〇六一年の誕生であれば六六歳を迎えていかにも不自然であり、清衡は願文伽藍の成立時、実は六四、五歳だったのではあるまいか。ここではあえて願文本文の信憑性に信を置き、「杖郷の齢」後の六〇代における伽藍供養を提起したい。

願文と敦光

表記の信憑性については、重複文言とされる「文武百官、武職文官」についても言える。顕家本ではそれを「武職文官」の一句に改め、その重複を正したことが支持されているが（亀田孜、一九七〇・斎木一馬、一九八八）、はたしてそれは妥当か。当該部分をよく見ると、〈禅定法皇・金輪聖主・太上天皇・国母仙院・林慮桂陽・三公九卿・文武百官・武職文官・五畿七道万姓兆民〉との順位をもって記載がなされ、それが身分的に序列化された「文武百官、武職《ぶしょく》文官」を示すことが知られる。それは王家以下、「三公九卿、文武百官」（国家の公卿と官人）とその下肢の「武職文官、五畿七道万姓兆民《ばんせいちょうみん》」（諸国の官人と全庶民）という序列、院政期国家の階級観《ヒエラルキー》を明示したもので、このとき願文の施主清衡は「陸奥国押領使《おうりょうし》」（『尊卑文脈』）として「武職」の任にあった。

すなわち「文武百官、武職文官」の表記は決して重複などではなく、国家官人たる「文武百官」に対する地方官人としての「武職文官」という立ち位置、清衡の陸奥国内における政治的地位を含意したものと捉えられ、それが清衡ゆえ〈文官武職〉にあらぬ「武職文官」と表記されたものと解される。本来これは「文官武職」と表記されるのが通例だが（『類聚三代格』巻一五に一例、大江匡房《まさふさ》の『江都督納言願文集』巻三・五・六に六例と『本朝文集』巻五三にも匡房の一例、他に『本朝続文粋』巻一一・一二に二例の、計九例）、あえてそれを用例がわずかな「武職文官」（『本朝世紀』長保五年六月十三日・仁平二年三月十六日・同三年閏十二月八日各条の「臨時仁王会咒願文」の、計三例）を用い、「文武百官」と「文官武職」との表記上の重複も避け、清衡を「文武百官、武職文官」の「武職」へと位置付けたことが明らかとなろう。

この武職の典拠は、おそらく後漢の班固《はんこ》（三二～九二年）の著名な歴史書、『漢書《かんじょ》』の「百官公卿表第七上」（巻一九上）と見られる。『漢書』には、皇帝扈従の文武官僚の序列〈三公、九卿、執金吾（中尉）、……駙馬都尉〉とは別個に位置付けられた「諸侯王」治下の職務のなかに、諸国王の武備を掌る中尉の職務として「武職」が見出される（小野武夫、一九七七も参照した）。右の匡房の願文などに記された「文官武職」や「武職文官」の「武職」にはもはやこの地方官としての意味は認められず（それは「文武百官」に代替する用語であった）、その点で中尊寺願文の「文武百官、武職文官」の構文は、『漢書』の意そのままの地方武官たる清衡の立ち位置を正しく表示したものであった。『漢書』における本来の「武職」の意味がもはや忘れ去られたなか、その知識を前提とした文案が練れるのはやはり『漢書』に通暁した大儒ということになろう。そのほか願文には『論語』や『後漢書』、あるいは『春秋左氏伝』や白居易の一節ほか漢籍が多用され、名にし負う天下の碩学の作であることは間違いない。

かくて願文の起草者として藤原敦光（顕家本奥書）の名が浮上するわけだが、その敦光は保安三年（一一二二）に「周易・左伝・毛詩・礼記・論語・孝経・史記・後漢書・文選等」を学んだことを披瀝するが（『本朝続文粋』巻七）、儒者にとっては『漢書』の知識も当然ながら基本的素養の一つであったはずで、それは『史記』や『後漢書』とともに「三史」とも呼ばれた。我が国では早くも『日本書紀』に『漢書』が多用され、『大学弘仁式』や『延喜大学式』には三史と『文選』が大学の文章道の教科書とされたことが知られる（築島裕、二〇〇七）。敦光の場合、天承への改元の典拠として『漢書』を用い（『長秋記』天承元年正月二十九日条）、また保延元年（一一三五）七月に勘申した「変異疾疫飢饉盗賊等事」には『漢書』から三点の引用が認められる（『本朝続文粋』巻二）。

敦光の文体

そこで問題となるのが中尊寺願文におけるその文体である。たとえば「金輪聖主、玉扆」とか「宝算彊《かぎり》無し」、「功徳林中」や「鉄囲沙《てっちさ》界《かい》、胎卵湿化《たいらんしっけ》」、あるいは「諸仏《しょぶつ》摩頂《まちょう》の場《にわ》」などが他の敦光の願文の語句と類似することから中尊寺願文の起草者は敦光と見なされてきたが（亀田孜、一九七〇・佐々木邦世、一九八五）、改めてこれを検証しよう。

正確を期するため、中尊寺願文および敦光願文から原文のまま適宜に拾い出してみよう。たとえば中尊寺願文の、「廻恵眼照見」「浄刹」「金輪聖主」「太上天皇、宝算無彊」「国母仙院」「五畿七道」「上寿」「安養之郷」「胎卵湿化」の語句が、大治三年（一一二八）敦光作の〈白河法皇八幡一切経供養願文〉の、「廻慈眼而照見」「安養浄刹」「金輪聖主、太上天皇、国母后房」「万寿無彊」「七道諸国」「上寿」「胎卵湿化」（『本朝続文粋』巻一二）などと共通する。次に中尊寺願文の「讃仏乗」「十方尊」「鉄囲砂界」「善根所覃」は、保安二年（一一二一）敦光作〈唯識会《ゆいしきえ》表白《ひょうびゃく》〉の、「讃歎仏乗」「十方仏聖」「鉄囲沙界」「開善根」（同）とも近似。また中尊寺願文の、「冶真金而顕仏経」「功徳林中」「禅定法皇」「金輪聖主玉扆」「宝算無彊」「国母仙院」「善根所覃」が、天治二年（一一二五）敦光作〈鳥羽院熊野参詣願文〉の、「瑩兼金以写大乗之真文」「殖善根以成功徳之林」「玉扆」「禅定法皇、宝算更増」「国母仙院」（同）と似通う。

さらに中尊寺願文の、「導浄刹」「讃仏乗」「諸仏摩頂」「国母仙院」「誇長生」「安養之郷」は、保延二年（一一三六）敦光作〈鳥羽勝光明院供養願文〉の、「往生浄刹」「讃仏乗」「新仏、伸金色臂而摩我頂」「聖母仙院」「長生之齢」「安養之金台」（同）と類似。そして中尊寺願文の、「杖郷之齢」「遍法界」「太上天皇、宝算無彊」「九卿」「誇長生」「安養之郷」が、天治元年（一一二四）か同二年頃の敦光作〈大府卿堂供養願文〉の、「郷国携杖之齢」「聞法界」「両院上皇、宝算無彊」「九卿」「誇長生」「安養浄土」（山崎誠、二〇一〇）と共通するなど、敦光作の願文と中尊寺願文とで合致およびシンクロする文言は多い。

特に起草において敦光は、『法華経』嘱累品《ぞくるいほん》ほかの一句、「諸仏摩頂」を好んだようだ。右の中尊寺願文と勝光明院願文（一部分）のほか、大治四年（一一二九）作の待賢門院発願〈白河院追善供養願文〉のなかで、「大聖牟尼両足尊（釈迦牟尼如来）、新来此処、普現色身（普賢菩薩の）六牙衆、忽向其場、左手佐（作）金剛之印、右手摩烏瑟《うしつ》之頂（仏の頭頂）」（『本朝続文粋』巻一三）との文章も草していた。これは『法華経』の普賢菩薩勧発品《ふげんぼさつかんぼつぽん》と『観普賢経』のセット経典を典拠としたもので、これら『法華経』の「摩頂」表記は敦光の願文にのみ集中して登場する。

しかも、かれ敦光を崇敬する勧学院《かんがくいん》（藤原氏の教育機関）の後輩、藤原宗友が仁平元年（一一五一）に記したその往生譚にも、「我（敦光）夢、（釈迦）牟尼・善逝上行等四菩薩、世尊（釈迦）摩頂」（『本朝新修往生伝』。大曾根章介一九九八）とまで記されるほど『法華経』の嘱累品や勧発品が説く神秘譚、仏菩薩の影現《ようげん》や神変《じんぺん》に敦光は強い関心を示していた。中尊寺願文のなかに『法華経』の「諸仏摩頂」の用語が選択された点から見ても、ますますもって敦光による起草は動かし難いことになる。

敦光と『本朝文粋』

加えてもう一点、中尊寺願文における戦死者供養の文言である。すなわち願文の、「(洪鐘の)一音の覃《およ》ぶ所、千界《せんがい》(三千大千世界のことで、仏の世界を除くあらゆる世界)を限らず。苦を抜き楽を与ふる(慈悲)こと、普《あまね》く皆平等なり。官軍夷虜《いりょ》の死する事、古来幾多なり。(略)鐘声の地を動かす毎に、冤霊《えんれい》(無辜の霊)をして浄刹《じょうせつ》(浄土)に導かしめん。」との、「官軍・夷虜」供養の問題である。数ある平安期の願文のなかで朝廷軍に敵対した逆賊供養の作品など起草されるべくもないが、おそらく唯一と見られる作例があった。一〇世紀前期の東西で勃発した、承平・天慶の乱の戦死者供養の願文である。

　これは天慶十年(九四七)三月二十八日、朱雀院《すざくいん》(朱雀上皇)が延暦寺講堂で催した「東西凶乱」供養(『日本記略』)のため作成された〈朱雀院御八講願文〉で、そこには「官軍に在りと雖も、逆党に在りと雖も、(略)勝利を怨親《えんしん》に混じて(勝れた仏の利益《りやく》を敵味方の別なく与え)、以て抜済《ばっさい》(苦しみからの救済)を平等に頒《わか》たんと欲《おも》ふ。」(『本朝文粋』巻一三)との官軍のみならず逆賊の供養までもが「平等」に祈られ、同じく官軍と夷虜とを「平等」に弔った右の中尊寺願文の語句と強く響きあう。

　さらに同右の「一音の覃ぶ所、千界を限らず。(中略)鐘声の地を動かす毎に、冤霊をして浄刹に導かしめん。」部分も、同じく『本朝《ほんちょう》文粋《もんずい》』に載る〈施無畏寺《せむいじ》鐘銘願文〉(一〇世紀)の、「界は大千(千界のこと)を期し、(略)上は有頂《うちょう》(天)より、下は阿鼻《あび》(地獄)に抵《いた》るまで(仏の世界を除き、最高の天界から地獄界にもいたるすべての世界にまで)、此の一音に因《よ》りて、彼の群類(衆生《しゆじょう》)を済《すく》はん。」(巻一二)を意識したものに相違あるまい。

　次いで「(洪鐘の)一音の覃ぶ所、千界を限らず。苦を抜き楽を与ふる(抜苦与楽＝慈悲のこと)」との語句だが、寛弘二年(一〇〇五)大江匡衡《まさひら》が起草した〈木幡寺鐘銘〉には、「(鐘の妙響が)無間《むげん》地(獄)に達し、有頂天に及ぶ。(略)長夜の眠りを覚まし、六時(昼夜をそれぞれ三分したもの)の苦を抜く。」(『政治要略』巻二九)と刻まれていた。さらに九世紀の菅原道真の詩文および願文には、〈山寺鐘の詩〉「抜苦の音声《おんじょう》、五夜《ごや》(午前四時)の鐘」や〈寺鐘を聴くの詩〉「鐘を撞《う》(打)ちて五更《ごこう》(五夜のこと)を報《つ》ぐ。(中略)終《つい》に抜苦の声なきことを」、あるいは〈某人周忌法会願文〉の「鐘磬の一声、斯《こ》れすなはち抜苦与楽の寄せる所」(『菅家文草』巻四・一一、『菅家後集』)などと記され、しかも道真の願文には『法華経』の「摩頂」文言が三例ほど認められ(『菅家文草』巻一二)、おそらく敦光は斯界の大先達、道真や匡衡の作品をも探索したものではないか。

　そこで右の朱雀院願文と施無畏寺願文とを収録した平安初・中期の詩文集、『本朝文粋』だが、その編者こそ敦光の父藤原明衡《あきひら》であった(『本朝書籍目録』『中右記』元永二年六月十四日条)。特に敦光が勘申した前述の「変異疾病飢饉盗賊等事」は、この『本朝文粋』所収の「意見十二箇条」(巻二)を意識して執筆したものとされ(大曾根章介、一九九二)、明衡が編んだ『本朝文粋』を息子の敦光が熟読したことは疑いない。特に中尊寺願文における「官軍・夷虜」戦死者「平等」供養の発想は、『本朝文粋』の朱雀院願文の「官軍・逆党」戦没者「平等」供養を踏まえたもので、同文粋や道真および匡衡の作品を参酌し、この文案を練れる人物は敦光を措いてはあり得まい。

なお本節の冒頭で触れた中尊寺願文の「林慮桂陽」のうち「桂陽」は、敦光の師にあたる大江匡房の承暦二年（一〇七八）〈法勝寺大乗《だいじょう》会結願文《えけちがんもん》〉に「桂陽竹園」が見え（『本朝文集』巻五三）、敦光は師匡房から文藻の多大な影響を受けているが（菅野成寛、二〇一二）、紙幅の都合上いまは触れない（匡房が敦光の師にあたることは、『本朝続文粋』巻九所収の敦光作の七言暮春詩や『古今著聞集』巻一三・哀傷二一などから明らかである）。

願文創作説の検討

しかるに近年、右の諸点から敦光の起草と考えるほかない中尊寺願文を後世の創作とする願文偽文書説が再三投げ掛けられ（目時和哉、二〇〇七・五味文彦、二〇〇六・二〇〇九・二〇一六）、これに対する反論もなされている（入間田宣夫、二〇一三）。

最新の五味文彦説の主な疑問は次の五点である（五味文彦、二〇一六）。第一に、天治から大治への改元は正月二十二日のことであり、であれば願文の日付「天治三年三月二十四日」はあり得ず、また願文の「杖郷の齢」と『中右記』目録に記された清衡の死亡年齢「七十三」とは矛盾する、との疑問①。第二に、中尊寺の記録として信頼度の高い『吾妻鏡』中尊寺伽藍の堂塔と、願文の中尊寺伽藍とが整合しない、とする疑問②。第三に、願文の「東夷の遠酋」と「俘囚の上頭」は、はたして清衡の自己認識か、という疑問③。第四に、敦光の鳥羽・勝光明院供養願文には景観に対する詳しい説明があるのに、願文では「四神具足の地」と記すのみで中尊寺の具体的な景観描写がない、との疑問④。第五に、顕家本は「中納言朝隆卿書」とするが、願文の当時、朝隆は弾正少弼で（権中納言は保元元年）、清書を依頼されるような身分や年齢（三〇歳の若年）ではない、との疑問⑤である。

まず疑問①だが、既述の通り（1・2節）、願文が清衡へ送付されたのは落慶式に先立つ天治二年秋頃までの改元前であることから、予定された落慶供養の日付「天治三年三月二十四日」は事前に記入されたものであり、これを誤記入と見なすことはできない。次に清衡の死亡年齢の矛盾だが、これまた前述の通り（2節）、『中右記』目録の「七十三」歳死亡は伝聞を記したもので（ちなみに死亡日の「（七月）十三日」は誤り）、この点から願文の「杖郷の齢」を一方的に誤りとは断定できまい。願文の文言の信憑性についてはすでに検討したところであり、清衡の「杖郷の齢」年代における願文伽藍の成立を想定することは十分可能であろう。

疑問②の、『吾妻鏡』の中尊寺伽藍と願文の中尊寺伽藍とが整合しないという問題だが、これは両伽藍がまったく別個の伽藍としてそれぞれ独立して成立したもので、本来整合するはずがないものであった。中尊寺ほかの堂塔を書きとめた『吾妻鏡』文治五年（一一八九）九月十七日条によれば、清衡草創の同寺には、一基の塔、多宝寺（釈迦・多宝像）、釈迦堂（百余体の釈迦像）、両界堂（両界像）、二階大堂大長寿院（三丈の阿弥陀本尊像と丈六の九体阿弥陀像）、金色堂（阿弥陀三尊・二天・六地蔵像）、宋本の一切経蔵、日吉・白山宮などが営まれていた。この中尊寺伽藍の安堵を願い、平泉寺院を代表した源忠已講と中尊寺経蔵別当の心連大法師が源頼朝に訴えたところ、「二品（頼朝）忽《たちま》ち御信心を催さ」れ、その「寺領悉《ことごと》く以て寄附」されて安堵が実現したことが同条から知られる（右の堂塔のうち、主要な多宝寺・二階大堂・釈迦堂の造営は一一〇五・七・八年と寺伝される。『南北朝遺文』東北編一〇〇号）。

これに対して願文では、三間四面桧皮葺堂（釈迦三尊像）＝釈迦堂、三基の三重塔（毘盧遮那如来三尊像ほか）、経蔵（文殊尊像・金銀泥一切経）、鐘楼ほかが一一二六年に建立されたわけだが、一見して両伽藍が成立期を異にした別施設であることは明らかである。なかには右の『吾妻鏡』と願文の釈迦堂および経蔵を同一視する解釈もあるが（事実、五味も前掲論考で経蔵を同一のものと理解されている）、それはまったくの誤認でしかない。釈迦堂の安置仏が百余体の釈迦像（『吾妻鏡』）に対して願文が釈迦三尊像であれば、当然ながら両釈迦堂の規模と建築形式も同一とはなり得ない。さらに経蔵の納入経典が宋本の一切経（『吾妻鏡』）に対して願文は金銀字の一切経であり、『吾妻鏡』および願文の釈迦堂と経蔵とを同一の仏堂と見なすことすらまったく叶わないのである。

再度これを『吾妻鏡』から検証すると、前節で述べたごとく、文治五年九月十日条では願文の金銀字一切経を納めた中尊寺経蔵が頼朝によって安堵。これに続く翌十一日条でも、その経蔵を除く願文の中尊寺釈迦堂ほかの保護が頼朝によってなされたことはすでに確認したところである（この問題については改めて法会の観点からも後述したい）。そしてさらに十七日条において、右の中尊寺伽藍の安堵が頼朝によってなされたわけで、願文の中尊寺伽藍と『吾妻鏡』の中尊寺伽藍とが日付を違えて、それぞれ個別に安堵された堂塔であることは何より明白であろう。すでに十日と十一日に安堵が完了した願文の中尊寺伽藍がいま一度、新たに十七日安堵の『吾妻鏡』中尊寺伽藍のなかへ再度記載されるはずはなく、当初から別施設である両伽藍の整合性を求めても意味はない（菅野成寛、一九九九・二〇一五）。

要は、境内には成立期を異にした両つの中尊寺伽藍が併設されたということなのだが、しかし残念ながらいまだに歴史家の間では中尊寺伽藍は一つ、との誤認がなされているのである（五味のほか、丸山仁、二〇〇六・入間田宣夫、二〇一三）。

願文は偽文書か

疑問③の、「東夷の遠酋」と「俘囚の上頭」という清衡の自己認識の問題はどうか。前節でも触れたが、これは清衡本人の自己認識というよりは京都朝廷人の敦光が起草した願文という文学作品上のレトリックの問題でもあり、伽藍が奉献された白河法皇ほか王家の人々に対置される辺境の奥州人たる清衡への蔑視と位置付け、その表記として理解すべきものであろう。しかしこれを逆から見れば、願文上において清衡は、白河王権に額ずいた「東夷の遠酋」「俘囚の上頭」としての服属儀礼を演じたことによってその政治的な信頼を得たものと見られ、願文の意図するところはなかなかもって周到な戦略的テキストでもあったということであろう。この点についてはより重要な願文の「聖代の征戦」問題が伏在し、改めて3節で述べることにしたい。

疑問④の、「四神具足の地」とのみ記す中尊寺願文の景観描写の抽象性だが、同じ敦光のわずかに遺存する寺院供養願文（中尊寺願文と合わせても六通）の一つ、長承三年（一一三四）の鳥羽天皇園城寺供養願文にも勝光明院供養願文と同様、具体的な景観描写をともなっている（『本朝文集』巻五八）。だが前述した敦光の大府卿堂供養願文には、「茅宅《ぼうたく》の傍らに、新たに精舎を建て」と記すのみで、寺院景観の具体性がないものも存在する。さらにこれを師・匡房の願文集『江都督納《ごうととくな》言《ごん》願文集』（山崎誠、二〇一〇）に探ると、中尊寺願文と同様、寺院景観の叙述が抽象的なものが散見する。

二、三の例をあげると、嘉承二年（一一〇七）興福寺最勝院の供養願文では「南都の善地に就き、甲勝の名区を占め、三間四面の堂一宇を造り」（巻二）、天仁二年（一一〇九）法勝寺北斗曼荼羅堂の供養願文には「法勝寺の内、北門の傍らを卜《し》め、新たに瓦葺き一間四面の堂を造り」（同）、応徳二年（一〇八五）法勝寺常行堂の供養願文では「法勝寺の裏に新たに一堂を建て」（巻二）など、寺院景観の叙述を伴わぬものも認められる。そのほか長治二年の尊勝寺阿弥陀堂供養願文（巻一）や、嘉承元年の九條堂供養願文（巻二）も同様に景観描写が希薄であり、中尊寺願文のそれをことさら異とすることはできない。

疑問⑤の、「中納言朝隆卿（清）書」という身分と三〇歳という弱年齢の問題はどうか。これも前述の通り（1節）、北畠顕家が朝隆の最終官職（権中納言）を延元元年（一三三六）の奥書に記したに過ぎず、また年齢に関しても中尊寺願文の翌大治二年には敦光が起草した円勝寺西御塔願文を三一歳の朝隆が清書しており、これらを疑問点とすることはできない。要は朝隆が秀でていただけである。

このほか五味は、願文の伽藍が「鎮護国家大伽藍」ならば瓦葺きが普通で、その「三間四面堂」（釈迦堂）が「桧皮葺き」では貧弱であり、「左右（の）廊二十二間」も不釣り合いな点と、『吾妻鏡』の釈迦堂のほかに願文の釈迦堂までも必要であったかも問題視する。さらに経蔵と鐘楼の記載が詳細なのに対して釈迦堂と三重塔に関する記載内容は不十分として、同氏は中尊寺衆徒による一四世紀（嘉元三・一三〇五年〜正和二・一三一三年間）の願文創作説を提起されたのであった。

だがしかし、願文伽藍と同様の「御願」寺として長承元年（一一三二）に建立された覚鑁《かくばん》の高野山大伝法院（『中右記』同年十月二十日条ほか）の供養願文と太政官符によれば、同院は「（鳥羽）院御願寺」、「太上天皇（鳥羽上皇）（中略）不朽の御願」の「三間四面桧皮葺堂」であったことが知られ（『平安遺文』補二一〇号、『興教大師正伝』）、五味説に反し、桧皮葺きの御願寺も実在したのである。

また確かに左右廊の「二十二間」はあまりに長大で、あるいは〈十一間〉の誤写とも考え得る。だが願文伽藍において、「千口（の）持経者」による「千部（の）法華経」の千僧供養が催されたとの記載を踏まえるとき、たとえば法勝寺金堂の千僧供養においては「左右廻廊四十間」（『承暦元年十二月法勝寺供養記』『校刊美術史料』）、つまり左右それぞれが二〇間規模の「東西廊（に）各三百五十口、金堂中（に）三百口」の千僧が配置されており（『中右記』元永元年二月二十一日条、『永昌記』保安五年三月二十七日・大治元年三月十三日各条）、願文伽藍における千僧供養の場として「左右廊二十二間」は不釣り合いな規模ではまったくあるまい。

千僧供養の場

実はこの願文伽藍における千僧供養会は、平泉藤原氏の滅亡時まで存続していた。『吾妻鏡』文治五年九月十七日条によると、平泉における「年中恒例法会」の「講読師・請僧」として「あるいは三十人、あるいは百人、あるいは千人」が必要とされており、このうち「千人」は、同法会の「三月、千部会《せんぶえ》」（千部の『法華経』の供養会）の際の千人僧であっただろう（『法華経』の千部会としては行願寺や興福寺ほかの事例があり、特に後者は千僧供養であった。『御堂関白記』『日本記略』寛弘七年三月二十一日条、『三十五文集』）。しかも同月、この千部会とともに「一切経会」もあわせて催行されており、両法会が天治三年三月供養の願文に明記された千部法華経と金銀字一切経の両供養会に起源をもつことは明白であろう。

以上から、「三月、千部会」における千僧供養の場が願文伽藍の「三間四面桧皮葺堂」（釈迦堂）および「左右廊二十二間」であったことは確実であり、これまた前述した文治五年九月十一日安堵の「勅願円満の御祈祷料所」（釈迦堂ほか）実在の重要な支証なろう。むろん、右の「（金銀字）一切経会」の場、願文の経蔵の実在についても疑いない。

また願文と『吾妻鏡』の両釈迦堂が中尊寺境内に併設されたことは既述した通りであり、これらを取り立てて問題視することはできない。釈迦堂と三重塔の記載内容が不十分な点を疑問としても『吾妻鏡』のなかでその安堵が頼朝によって実現している以上まったく論外であり、結局、〈願文一四世紀創作説〉は何一つ立証されぬ結果となった。なぜ五味は、願文本文の語句そのものを一四世紀と見なす史料批判を試みられなかったのか疑問でならない。その仏教文献学的な考証を欠いた点はまったく致命的と言うほかあるまい。

かくして中尊寺の寺僧による願文偽作説だが、では本文における仏教用語を上回る漢籍の多用（「芝栭藻井《しじそうせい》」「徼外《きょうがい》の蛮陬《ばんすう》」「蓬莱殿上《ほうらいでんじょう》」ほか多数）をどう考えるか。天台の僧徒が作成するのは、法会の冒頭において導師が仏前で奉読する天台教学を点綴させた表白文《ひょうびゃくもん》であって、儒者が得意とする漢籍多用の願文ではない。事実、五味が想定する鎌倉末期の中尊寺文書のなかに漢籍を用いた願文類など見出せない。つまり願文は後世の創作、偽文書などではなく、正しく敦光起草の文案と評価すべきもので、その書式も〈敬白・伽藍の内容とその結構・建立の趣旨と願意・敬白・供養年月日・願主の位署名・敬白〉をもってする正規の願文そのものであり、そこに疑問を差し挟む余地はこれまたない。

3　源氏の野望と願文の政治史

清衡と白河院

願文においては二度にもわたって白河法皇の長寿が祈願され（「禅定法皇、（略）霧露《むろ》の気、長く褰《かか》れ」、「法皇の上寿」）、あわせて願文の趣旨が清衡による白河王権への伽藍および金銀字一切経の献納であったことは本文から明らかだが、白河院と清衡との接点が実は二点ほど確認される。願文におけるその金銀字一切経と、中尊寺金色堂の六体地蔵像である。

まず金銀字一切経だが、永久五年（一一一七）から元永二年（一一一九）頃に書写が着手された同経の奥書、「大檀那散位藤原清衡」「大檀主藤原清衡」（『平安遺文』題跋編九九〇・一〇一七号ほか）から清衡の発願であることは明白であり、それは我が国の文化史上類例を見ない金銀字による五三〇〇余巻もの一切経であった。そのモデルとなったのが白河院による国内初の金字による一切経供養と見られ、康和五年（一一〇三）七月十三日と天仁三年（一一一〇）五月十一日の二度にもおよぶ供養会が法勝寺で執り行われた（『殿暦』ほか）。何とも驚くことに清衡による金銀字一切経はその第三例目にあたり（菅野成寛、一九九九・二〇一五）、おそらく清衡のそれは白河院によるこの金字一切経供養を念頭に置いたものであろう。

しかも白河院はその金字一切経の供養に先立ち、承暦二年（一〇七八）十月三日と寛治六年（一〇九二）七月二日の二度、一七八巻もの金字の五部大乗経《ごぶだいじょうきょう》の供養を遂げていた（『扶桑略記』『本朝文集』巻五三）。実は清衡も当初、金銀字一切経の供養に先行して銀字および金銀字による五部大乗経をくわだて、後にそれが金銀字一切経へと発展したものと見られており（山本信吉、一九七一）、清衡のそれが白河法皇の金字一切経を意識したことはもはや確実である。願文伽藍のなかで特に際立つのはこの金銀字一切経の存在であり、ここに白河王権が願文上において強く要請された大きな背景があったものと思われる。

これら金銀字一切経と金字一切経との接点上に位置したのが、清衡および白河法皇追善の六体の地蔵尊像であった。天治元年（一一二四）上棟の清衡の中尊寺金色堂には、須弥壇上に本尊・阿弥陀三尊像のほか「六地蔵」像も祀られ（『平安遺文』金石文編二一四号、前掲『吾妻鏡』中尊寺条）、清衡の遺体（一一二八年死去）が納置された金色堂における六地蔵像の存在が知られる。清衡死去の翌大治四年（一一二九）七月七日、白河法皇は七七歳の生涯を閉じたが、その十月七日、鳥羽上皇が故白河院の月忌にあたって半丈六の弥勒仏像と「等身地蔵六体」を供養。さらに翌大治五年（一一三〇）五月七日、鳥羽中宮の待賢門院も同じく故白河院の月忌供養として「六体等身地蔵」を造像し（ともに『中右記』）、清衡とまったく同時期、故白河法皇に対する追善の仏事として同様の六地蔵像が供養された事実が判明する。

こうした六地蔵信仰は、地獄界ほか六道世界からの救済を六体の地蔵像に託したものだが、当該期、もっともポピュラーで大いに盛行したのは密教的かつ現世利益的な六観音信仰の方で、六地蔵信仰はまったく振るわなかった。承暦四年（一〇八〇）から大治四年（一一二九）間の白河院政期、史料上四七例もの六観音信仰が検出できるが（速水侑、一九八二・一九八三）、同期における六地蔵像の造像たるや右の清衡と白河法皇へのわずか三例のみであり、清衡の金銀字一切経の直接のモデルが白河院の金字一切経である以上、その六地蔵信仰の直結はもはや偶然の一致などでは決してあるまい。清衡と白河院供養のため同一かつ希有な追善の仏事がリアルタイムでなされたことは、清衡の金銀字一切経を回路とした白河王権との接点を暗に語っていよう（菅野成寛、一九九九・二〇一五）。

願文伽藍と成功

そこでこれを踏まえて清衡の願文伽藍の性格だが、はたしてそれは「鎮護国家」の「御願寺」であったか。しかしこれが白河王権勅願の正規の御願寺であったはずはなく、前述した五味の願文偽文書説の真意も実はそこにあったものとも察せられるが、しかるにそれが真っ赤な偽証であったとはまったく見なせない。願文の起草は当代の鴻儒《こうじゅ》、藤原敦光であり、彼はいく度にもおよぶ改元（天治・大治・天承・長承）の上申や、王家の願文類（『本朝続文粋』巻一二・一三所収の白河法皇・鳥羽上皇・待賢門院ほかの願文）を多く手掛けていた。その敦光が、陸奥国守ほか賓客が多く列席したであろう天治三年（大治元年）三月の中尊寺落慶供養の晴れの場での願文に虚偽を並べ立て、朝廷官人としての自身の地位と政治生命とを無にするはずはない。

すなわち願文伽藍は白河院自らの発願による正規の御願寺ではなかったものの、後述する奥州の物騒な政治情勢を背景に、ひとたび清衡の伽藍が白河に献納、寄進されたことを回路として御願寺としての名目と体裁を獲得したものと推察され、それゆえ願文において「鎮護国家」や「御願寺」を冠することもはじめて可能となったものと思われる。かくなる白河王権の名分があったからこそ王家に陪従した敦光の願文起草が実現し得たわけで、王権の構成者がこぞってその名を願文に連ねることも可能となったものであろう。決して清衡の私的な一伽藍がそのまま御願寺へと直結したわけではなく、そこにいたる奥州の政治状況と寄進という手法《マジック》を見落としてはなるまい。

特に後者は、院政期国家に盛行した〈成功《じょうごう》〉（寄進とその見返り）の一種、その地方版にも相当しよう。たとえば清衡と同時代の武家の棟梁、平正盛《まさもり》は白河院近習《きんじゅう》として永久二年（一一一四）、同院の「御願寺」にあたる九体阿弥陀堂（後の蓮華蔵院）を寄進したことにより備前国守を再任（『中右記』十一月二十九日条）。またこれを遡る康和四年（一一〇二）には、堀河天皇「御願寺」の尊勝寺に曼荼羅堂を寄進したことで若狭国守を再任されるなど（同、七月二十一日条）、そのほか多くの類例（院の近臣に代表される）が見出せる（竹内理三、一九九九）。

清衡の場合もこうした成功に準じた寄進行為と理解されるわけだが、

しかしそれにしても辺境奥州の一地方官人で（願文と『尊卑分脈』によれば正六位上、陸奥国押領使）、兵《つわもの》の棟梁にしかすぎぬ清衡に、何ゆえ白河院との関係を築き得たのかあまりにも不可解にすぎよう。だが実はその背後には、平泉をはじめとする奥州を取り巻く不穏な政治情勢、源氏がらみの戦雲が垂れ込めようとしていたのであり、清衡には何よりもその対策が求められていた。清衡による願文伽藍の献納、いわゆる成功こそが白河院をバックとした平泉の安全保障へと結びつくまさに妙案なのであり、それはかつての前九年・後三年合戦が、源氏の軍事介入により勃発したことを骨の髄にまで刻み込まれていた彼の政治戦略そのものであったと考えられる。

かくてこの政治問題とリンクする新たなキーワードこそ、これまで十分な究明がなされてこなかった願文の「聖代の征戦」文言であった（大矢邦宣、二〇〇四）。

源氏の宿意

まずは『保元物語』（半井本）の伝えるところによれば、清衡と同時代を生きた源為義にとって陸奥国は、父祖の「頼義十二年ノ合戦（前九年合戦）ヲス。（略）義家三年ノ軍《いくさ》（後三年合戦）ヲ」した「意趣残《のこる》国」として、為義が「廿三ヨリ六十三（歳）マデ」の元永元年（一一一八）から保元の乱（一一五六年）での敗死まで、「陸奥ノ外ハ、他国ヲバ納テ何ニカハセン」とまで言い放って陸奥の「受領《ずりょう》」（国守）を渇望し続けたが、「（陸奥国を）為義ニ給バ、乱ヲ発《おこし》ナン」として為義の魂胆を見すかしていた、「代々《よよ》ノ君、免《ゆる》シ給ズ」（巻下・為義降参ノ事）。すなわち鳥羽天皇以下の歴代天皇はそれを認めなかったといい、確かにそれは清衡による第一期中尊寺伽藍の成立とも連動したであろう陸奥国の国政改革とも符合する。

この問題は総説（1節）でも若干触れたことだが、清衡の平泉移住期間の康和元年（一〇九九）以降、一〇世紀代から軍事貴族が独占し続けてきた鎮守府将軍職を初めて文官貴族系の陸奥守が相次いで兼任し（藤原実宗・同基頼・橘以綱ほか）、すでに出羽国の秋田城介権力をも統合したその将軍の軍事的実質を清衡の武力が補完するといった改革がなされ、国守・将軍と清衡との軍事的な棲み分け、役割分担が陸奥の国政上なされていた（第一期中尊寺伽藍の創建もこの間のことであった）。実はこの人事は、前九年・後三年合戦での源氏の武力進出などに懲りた朝廷が新たに講じた清衡と将軍＝国守との軍事衝突回避の政策と見られ（大石直正、一九七八・菅野成寛、二〇一五）、もはやその奥州に源為義が武力をたずさえ陸奥守として割りこむ余地など微塵もなかった。これが右の「代々ノ君、免シ給ズ」の政治的背景で（むろん日ごろの為義の粗暴な数々の不祥事、不行跡も大いにあずかっていた。元木泰雄、二〇一一）、その実態だったのである。

こうした堀河朝廷による一一世紀末からの国政転換と自身の不行跡を一切わきまえぬまま為義は、一一一八年以降ひたすら奥州への叶わぬ野心を燃やし続けたわけだが、その彼の執心が事実であったことは、後に孫の源頼朝が、文治五年における奥州侵掠戦の真の動機として、

「(四代泰衡を)只、私の宿意(年来の源氏の遺恨)を以て誅亡」したことを吐露しているのである(『吾妻鏡』宝治二年二月五日条。高橋富雄、一九五八)。前後するが、この点で『陸奥話記』での一方的に潤色された源氏史観、既往の源頼義による前九年合戦〈征戦〉史観に惑わされてはならず(大石直正、一九七八・菅野成寛、二〇〇一・樋口知志、二〇一一)、また付言するまでもなく後三年合戦は奥羽の清原氏の内紛に源義家が介入したものであることは『奥州後三年記』から明らかである。

清衡と「聖代の征戦」

かくして願文の「聖代の征戦」文言だが、これを本文に探ると、「官軍・夷虜の死する事、古来幾多なり。(略)朽骨猶《なお》此土の塵と為る。」(大略)「弟子(清衡)は東夷の遠酋なり。生まれて聖代《せいだい》(天皇の代)の征戦《せいせん》無きに逢」った旨が異なる構文上の前後に別けて明記され、一見すると後段では清衡出生後の「聖代の征戦」であったはずの前九年合戦の史実は伏せられている。しかしこの前段においては、かつて奥州で生起した「官軍・夷虜の死する事、古来幾多」な〈征夷戦〉には明確に触れており、右の後段の記述が前九年合戦の記憶のみを故意に抹殺した敦光の作文とするのは短絡的であろう。願文のなかで実際の軍事に関わる記述はこの二ヵ所のみであり、その内容から両記述は征夷戦の有無を構文をいくつか隔てた前段と後段とで対置、かつ実は通底させた敦光ならではの巧みなレトリックであったろう。しかも後段は、前九年合戦が出来《しゅったい》しなかったとの主意ではなく、同合戦を含意かつ前提とした言説と理解される(前述のように前九年合戦が清衡の出生時と重なるか微妙だが、しかし同合戦は彼の生い立ち上、決定的な原体験なのであり、これを除外してその清衡が施主であった願文の「聖代の征戦」文言を評価するわけにはいかない。ただし既述した通説の清衡七三歳死亡説をとれば、同合戦終結時に清衡はすでに七歳の少年)。

すなわち願文の本文は、古来、奥州で勃発した多くの征夷戦(前段)に対し、清衡が「生まれて聖代の征戦(は)無」かった(後段)、つまり清衡出生後の戦乱は朝廷による征夷戦などではなかったことが後段の主張であり、あくまでも前九年・後三年合戦は源氏と現地勢力の安倍・清原氏との〈私戦〉であった由が後段においては明らかに謳われていたのであった。これが白河院政下における両合戦の評価なのであり、その点で後三年合戦が白河天皇治下での源氏による恣意的な武力介入であった事実は重く、確かに右の『保元物語』には前九年・後三年の両合戦を「征戦」とした評価は一切見うけられない。

さらに清衡からすれば、両合戦が「聖代の征戦」ではなければ国家に清衡自身が弓引くことはなかった旨のロジックともなり、しかも既述の通り「東夷の遠酋」「俘囚の上頭」として白河王権に額ずき、さらに「仏経、力を合はせ、(白河)法皇の上寿に添はん。弟子(清衡)の生涯、久しく(白河の)恩徳に浴し」等をはじめとして、言葉の限りをつくして白河院への恭順と忠勤の服属儀礼を清衡が演じるといった実に巧妙かつ老獪な戦略的テキスト、政治的な言説こそ敦光が文辞を凝らした『中尊寺供養願文』であったことになる。

かくて「聖代の征戦」史観こそが願文のきわめて重要な政治的核心であったわけだが、しかるにそれだけではなかった。本願文の最末尾には、「（清衡の）身後、必ず安養《あんよう》の郷《さと》（比叡山浄土教での阿弥陀浄土）に詣《まい》るべく清衡没後の極楽往生が祈念され、願文の基層には、過去世・現世・来世の三世《さんぜ》にわたる仏教観が実は埋め込まれていた。すなわち、右の前段においては古来の征夷戦で散った「官軍・夷虜」などの慰霊が清衡によってなされ（過去世）、次いで後段では「聖代の征戦」なき白河王朝への清衡の「報謝」として、「（比叡山の法華経が説く）諸仏摩頂の場《にわ》」での「金銀、光を和《やわ》らげ」た「一切経」と「御願寺」（中尊寺）の献納がなされ（現世）、そして最末尾においては清衡自身の往生までもが切に願われていたのであった（来世）。実に、願文における一連の政治的な征夷の修辞には、この三世の仏教観に裏打ちされた比叡山仏教に基づく清衡最晩年の祈りが色濃く織り込まれていたのであり、まさに仏教の教理に長けた敦光ならではの重層的な政教の言説として紡がれていたことが浮かび上がる。

平泉の安全保障

源為義が奥州への野望をあらわにした一一一八年以降と言えば、前述の通り清衡が願文伽藍に安置すべく金銀字一切経の書写に着手した時期に相当し、ここに本伽藍の成立が源氏排除に向けた清衡晩年の計略であった可能性が浮上する（ただし金銀字経書写の当初は、本経の入念な荘厳性から考えて為義対策ではなかったであろうが）。右述のごとく、為義の陸奥国守への任官は論外だとしても、相手が無思慮で粗暴な若輩者の為義であったればこそ油断は禁物で、まずは源氏の武力介入によった前九年・後三年合戦の再来を阻止し、あわせて自身がやっと築き上げた平泉の基盤をより盤石化すべく清衡が講じた戦略こそ白河王権への伽藍献納だったのではないか。

すなわちその伽藍献納を表明した願文において、右の文学的な仕掛けを張り巡らした政治的な言明が、陸奥国内外の貴顕が集う天治三年（大治元年）の中尊寺落慶供養の晴れの場で声高らかに唱えられたのであれば、それが奥州進出を目論む為義に向けられた明らかな示威とならぬはずはあるまい。

かくして源氏累代の野望を打ち砕き平泉を死守する絶好の切り札、魔法の杖こそが白河王権の後ろ楯であったわけで、これが平泉の安全保障と結びついた願文伽藍の成立にいたる最大の政治的背景であったと推察される。本伽藍が、法成寺や法勝寺といった本格的な一大伽藍を志向せずに最少のユニット（金堂・釈迦堂、経蔵、鐘楼、三重塔ほか）でこと足りたのも、それが白河王権の標榜であれば十分であったからで（そうではあっても白河院の金字一切経をモデルとした唯一無二の金銀字一切経により、本伽藍の威儀は周到に整えられていた）、すでに『吾妻鏡』の中尊寺伽藍が存在した以上、願文伽藍は本来、源氏の脅威がなければ不要なものであったはずである。清衡が編み出した奇策《マジック》とも言うべき白河王権への伽藍献納は、鳥羽や崇徳など歴代天皇の背後で源為義の魂胆を見ぬいていた白河院の意にも沿い、それゆえ敦光の願文作成もはじめて可能となったもので（願文の内容からして、敦光の個人的な裁量で創作し得るような文案ではなかったことは縷述した通りである）、これが源氏の野心を逆手にとった清衡最晩年の政治そのものであったと言えよう。

かれ清衡の願文伽藍は正規、公認の白河院御願寺では決してなかったが、それに準じた伽藍として白河王権を振りかざした非正規の御願寺へと異例の転生を遂げたものと考えられる。そしてやがてはそれが既成事実となって一人歩きをし、前述した文治五年（一一八九）時における「清衡の時、勅願円満の御祈祷料所」（『吾妻鏡』九月十一日条）との認識を生み出すにいたったものであろう。その御願寺化が実現した背後には、おそらく清衡による右の伽藍献納の政治的意図を水面下で白河院に取り持った人物が介在したはずで、ここに輔方本の端書に勅使と寺伝された藤原顕隆《あきたか》の存在が浮上し、ながらく封印された願文をめぐる政治史のもう一端があらわとなる。

清衡と顕隆

夜の関白とも別称された顕隆は、「天下の政、此の人の一言に在る也。威を一天に振」（『中右記』大治四年正月十五日条）ったほどの白河院の寵臣、政界の実力者であった（橋本義彦、一九七六・槇道雄、二〇〇一）。であれば白河王権を押し立てた願文の起草も、直接清衡が敦光に依頼したというよりは顕隆を介した敦光への働きかけと捉えるほうが自然であり、顕隆ならば容易にそれが可能であったろう。

たとえば元永二年（一一一九）五月二十九日と天治元年五月二十九日、顕隆と敦光は、鳥羽天皇（上皇）の第一・第二皇子誕生に関わる出産儀礼の場をともにし、諸役を一諸に務めていた（『長秋記』『永昌記』）。さらに敦光が勘申《かんじん》（上申）した、天治元年四月三日と大治元年正月二十二日の改元の席には顕隆も列席してこれを支持し（『永昌記』『長秋記』）、また元永元年（一一一八）四月三日と保安元年（一一二〇）四月十日の改元の折にも敦光らが勘申した改元案を顕隆が取り次いでいる（『中右記』）。両者の面識は、長治元年（一一〇四）二月十日の改元時と嘉承元年（一一〇六）二月十四日における釈奠《せきてん》（孔子ほかを祭った儀式）以降しばしば確認され（この二例のほか『中右記』に一例、『長秋記』に三例と『永昌記』に一例）、彼らは旧知の間柄でもあった。

しかも願文清書の朝隆は顕隆の末弟かつ娘婿にもあたり（『尊卑分脈』）、いく度か触れた中尊寺供養の翌大治二年における円勝寺西御塔供養の願文は敦光が作者で清書は朝隆、顕隆も三院（白河・鳥羽・待賢門院）とともにこの供養会に列席しており（『中右記』）、これは前年の中尊寺供養のそれとまったく同一のメンバーであった。その朝隆は、いかに能筆とはいえ三〇代に達したばかりの言わば駆け出しで、すでに六〇代半ばの名高き大儒、敦光に比してあまりにも格下で不釣り合いであり、おそらくそこには身内の朝隆に対する顕隆の引き立てがあったものであろう。

さらに落慶供養の導師を務めた相仁と顕隆は、元永二年（一一一九）

五月十八日の国家法会の場をともにし（『中右記』）、願文に登場した関係者（白河院・顕隆・敦光・朝隆・相仁、清衡）すべてが顕隆を回路としてつながることになり（なお相仁は顕隆との接点が希薄な点から、1節で述べた清衡と延暦寺との直接的関係での下向かもしれない）、願文伽藍成立のキーマンこそ顕隆であったに違いない。

既述の通り（1節）、かれ顕隆が中尊寺供養直後の大治元年暮れ、権中納言従三位クラスとしては決してあり得ぬ陸奥・出羽の按察使職に突如特進したことはその点で改めて注目されていい。そこで指摘した通り、前任者の藤原経実の按察使職を解いてまでの顕隆の登用であったことから背後に白河の意向があったことは確実で、そこに中尊寺（願文伽藍）供養に関わる恩賞の意があったとするのは穿ち過ぎか。

清衡と摂関家

従来、清衡と京都政界との関係は、摂関家との結び付きがよく知られてきた。父経清と藤原頼通との臣従関係に始まり（『造興福寺記』永承二年二月二十一日条）、特に清衡の時代は貢馬を介してのものであった。寛治五年（一〇九一）の関白師実への貢馬から（『後二条師通記』十一月十五日条）、保安元年（一一二〇）にいたる関白忠実への貢馬記事（『中右記』六月十七日条）が散見し、清衡においても摂関家に臣従したことは確かである。かれら政界の二大実力者、忠実と顕隆との交点上に屹立したのが白河法皇であったわけだが、保安元年十一月、関白忠実はその白河によって罷免され（『中右記』十二日条）、以後の権勢を恣にしたのはひとり顕隆であった。清衡の願文伽藍の落慶供養が忠実の失脚から六年後のことであれば、やはりそこには顕隆の介在を認めるべきであろう（忠実への清衡の貢馬記事が保安元年から途絶えたことは、このことを暗示しよう）。はからずも願文の寺伝から白河王朝晩期の権力構造が透視され、その政治的風景までもが露頭する。

そこで清衡と顕隆との接点だが、白河院に近い陸奥守源家俊《いえとし》（一一二一？—二六年任）に求める説がある。家俊は、白河皇女・賀茂斎院《かものさいいん》官子の斎院長官を務め、官子の母は多田源氏頼綱の娘で頼綱の兄弟の一人が顕隆の母にあたり、また顕隆の妻は斎院官子の乳母であったことによる（遠藤基郎、二〇〇五）。それが国守家俊の介在かは検証不能なものの、清衡と顕隆との間に仲介者の存在は想定されていいだろう（むろん清衡独自の人脈も想定できよう）。清衡は、まさにその新興の権力者たる顕隆に狙いを定めたものであり、これが王朝貴族社会の頂点に立ち、摂関家としての伝統と権威とを一身にまとった忠実であった場合、はたして「東夷の遠酋」「俘囚の上頭」清衡による願文伽藍の実現にどれほど力添えしたかは、はなはだ疑わしい。まさしく清衡は炯眼であった。

かくて落慶供養の折、実際に中尊寺に下向したのは顕隆の使者、その名代の法会参列と見なすべきで、顕隆すなわち白河院の権勢を背負っての、願文伽藍の慶賀と源為義に対する示威と威嚇の役割を存分に発揮したことであろう。こうした記憶の痕跡が輔方本の「勅使按察中納言顕隆卿」という寺伝なのであろう。

おわりに

これまで『中尊寺供養願文』の信憑性や起草者敦光の問題、あるいはその政治性などについて考えてきたが、この願文に表明された清衡の仏教信仰や、敦光願文と師・大江匡房願文との比較（これにより院政期願文の一般性が抽出できる）など論じ残した課題もあり（菅野成寛、二〇一二）、後考を期したい。

いずれにしても清衡による願文伽藍成立の背後に横たわる最大の政治的要因こそが源氏歴代による奥州への積年の宿意、むき出しの領土獲得の野望であったわけで、これを奇貨として、その野心を逆手にとって誕生したのが白河王権を旗じるしとして平泉の安全保障と結びついた願文伽藍なのであり、ここに奥羽社会は、源為義が夢想すらし得なかった新たな平泉時代へと大きく漕ぎ出すこととなったのである。

〔参考文献〕

青森県史編さん古代部会編「北方史関係官人補任表」『青森県史　資料編・古代一文献史料』、二〇〇一年

石田一良「中尊寺建立の過程にあらわれた奥州藤原氏の信仰と政治」（一九六四年初出）平泉町史編纂委員会編『平泉町史　総説・論説編』、一九八八年

入間田宣夫「中尊寺供養願文の偽作説について」（二〇一三年初出）『平泉の政治と仏教』高志書院（東北中世史叢書一）、二〇一三年

遠藤基郎「平泉藤原氏と陸奥国司―清衡・基衡まで―」入間田宣夫編『東北中世史の研究』上巻、高志書院、二〇〇五年

及川　司「中尊寺境内の遺跡調査」『中尊寺仏教文化研究所論集―遺跡発掘の軌跡　一九五三～二〇一一―』第三号、二〇一二年

大石直正「中世の黎明」小林清治・大石直正編『中世奥羽の世界』東京大学出版会、一九七八年

大曾根章介「解説」新日本古典文学大系二七『本朝文粋』岩波書店、一九九二年

〃　「院政期の一鴻儒―藤原敦光の生涯―」（一九七七年初出）同『日本漢文学論集』第二巻、汲古書院、一九九八年

大矢邦宣「『中尊寺建立供養願文』を読む」『中尊寺仏教文化研究所論集』第二号、二〇〇四年

小野武夫訳『漢書』上巻（帝紀・表・志）、筑摩書房、一九七七年

亀田　孜「中尊寺供養願文雑事」（一九六五年初出）同『日本仏教美術史叙説』学芸書林、一九七〇年

菅野成寛「中尊寺供養願文の諸問題―吾妻鏡との整合性をめぐって―」『宮城歴史科学研究』第四三・四四合併号、一九九七年

〃　「天治三年『中尊寺供養願文』の伽藍比定をめぐって」『日本史研究』四四五号、一九九九年

〃　「『鎮守府押領使』安倍氏権力論―北奥における中世的政治権力の創出―」『六軒丁中世史研究』第八号、二〇〇一年

〃　「『中尊寺供養願文』偽文書説をめぐって―輔方本と顕家本から見えるもの―」東北史学会報告資料、二〇一二年

〃　「平泉文化の歴史的意義」柳原敏昭編『東北の中世史一　平泉の光芒』吉川弘文館、二〇一五年

五味文彦「『吾妻鏡』と平泉」同『中世社会史料論』校倉書房、二〇〇六年
〃『日本の中世を歩く―遺跡を訪ね、史料を読む―』岩波書店（岩波新書一一八〇）、二〇〇九年
〃「『中尊寺供養願文』の成立」中島圭一編『一四世紀の歴史学―新たな時代への起点―』高志書院、二〇一六年
斎木一馬「中尊寺供養願文の輔方本と顕家本との関係について」（一九七五年初出）前掲『平泉町史　総説・論説編』、一九八八年
佐々木邦世「解説」平泉町史編纂委員会編『平泉町史　資料編一』、一九八五年
高橋富雄『奥州藤原氏四代』人物叢書一一、吉川弘文館、一九五八年
竹内理三「成功・栄爵考―特に寺院経済史の一節として―」（一九三五年初出）『竹内理三著作集』第五巻、角川書店、一九九九年
簗島　裕「日本における『漢書』の伝承」松本市教育委員会文化財課編『松本市蔵　重要文化財　宋版漢書　全三巻』下巻、汲古書院、二〇〇七年
角田文衞『待賢門院璋子の生涯―椒庭秘抄―』（一九七五年初版）朝日新聞社（朝日選書二八一）、一九八五年
名児耶明「解説」日本名跡叢刊二五『平安―藤原朝隆・南北朝―北畠顕家　中尊寺建立供養願文（模本）』二玄社、一九七八年
橋本義彦「院政政権の一考察」（一九五四年初出）同『平安貴族社会の研究』吉川弘文館、一九七六年
速水　侑「平安時代における観音信仰の変質―六観音信仰の成立と展開―」（一九六六年初出）同編『観音信仰』民衆宗教史叢書七、雄山閣出版、一九八二年
〃「日本古代貴族社会における地蔵信仰の展開」（一九六九年初出）桜井徳太郎編『地蔵信仰』民衆宗教史叢書一〇、雄山閣出版、一九八三年
樋口知志「前九年合戦と後三年合戦」（二〇〇六年初出）ほか、同『前九年・後三年合戦と奥州藤原氏』高志書院、二〇一一年
槙　道雄「夜の関白と院政」（一九九五年初出）同『院近臣の研究』続群書類従完成会、二〇〇一年
丸山　仁「平泉藤原氏と鎮護国家大伽藍一区」（二〇〇一年初出）『院政期の王家と御願寺―造営事業と御願寺―』高志書院、二〇〇六年
目時和哉「伝『中尊寺落慶供養願文』再考」『六軒丁中世史研究』一二号、二〇〇七年
元木泰雄『河内源氏』中央公論新社（中公新書二一二七）、二〇一一年
山崎　誠『江都督納言願文集注解』塙書房、二〇一〇年
山本信吉「中尊寺経」藤島亥治郎監『中尊寺』河出書房新社、一九七一年
劉　海宇「中尊寺供養願文写本の基礎的研究―書の視点から―」『岩手大学平泉文化研究センター年報』第六集、二〇一八年

第二章　中尊寺金銀字一切経と東アジアの王権

劉　海宇

はじめに

金銀字経《きんぎんじきょう》とは、金泥《きんでい》および銀泥《ぎんでい》をもって書写、荘厳した仏教経典のことである。金銀字経は、一般的に金泥で書かれた金字経、銀泥で書かれた銀字経、金泥と銀泥を用いて一行ごとに交互に書写した金銀字交書《こうしょ》経、そして銀字経に仏号のみを金字で書写した金銀字混書《こんしょ》経とに分類される（劉海宇、二〇一六）。後の二者は、現在の中国では「間行金銀字写経」あるいは「尊号金銀字写経」という場合がある。東アジアにおける金銀字写経の儀礼や技術は中国大陸で発祥し、後に朝鮮半島や日本へと伝来したものだが（須藤弘敏、二〇一五）、本章で問題とする中尊寺金銀字一切経は藤原清衡の発願によって書写され、天治三年（一一二六）に中尊寺に供養されたものである。この金銀字一切経は、日本文化史上まったく類例を見ない希有な金銀字の一切経として、約五三〇〇余巻のうち大半の約四五〇〇巻が中尊寺ほかに伝存し、国宝に指定されている。これが日本国内に類例がないことからその始原を中国大陸に求め、これまで二、三の金銀字一切経の事例が指摘されてきたが、残念ながらその起源と展開の大要に説きおよんだ研究はほぼ皆無であった。

そこで本章においては、古代中国における金銀字経の起源とその歴史的展開を東アジア仏教史のなかで概観し、併せてその政治的意義や東アジア王権との関わりについても検証を試みたい。果たしてそのなかで中尊寺金銀字一切経はいかなる位置づけとなるのか、本章はこうした東アジア史的な視点から考察したい。

1　中国における金字経の起源

魏晋南北朝期における初期の金字経

文献史料によれば、金字経は五胡十六国期（五世紀初頭）に出現したという。唐の僧祥が撰した『法華伝記《ほっけでんき》』では『逍遥園記《しょうようえんき》』を引用し、訳聖と称される鳩摩羅什《くまらじゅう》が後秦の弘始八年（四〇六）に首都長安で金字経を作成した、と記している。この記録によれば、鳩摩羅什が作成した金字経は後秦の皇帝の勅命で書写したものであり、皇帝本人による供養であったことが注目される。また同じ『法華伝記』には、南朝・斉の太祖蕭道成《しょうどうせい》（在位四七九～四八二）が自ら金字法華経を書写し、法会の際に供養した、とある。上記の金字経二例は、ともに当時の皇家の特権的な行為を示していよう。

次に六世紀初期の北魏晩期にも、金字経の作成が文献に見出される。初唐の法琳《ほうりん》が撰した『弁正論《べんしょうろん》』には、北魏の安豊王の元延明《げんえんめい》と中山王の元熙《げんき》が金字華厳経を書写して供養した、とある。元熙の墓誌銘によれば、元熙は延昌年間（五一二～五一五）中山王に封ぜられたが、正光元年（五二〇）に皇族の内紛で殺されたという。だとすると、元熙が金字華厳経を書写した事跡は、五一二年から五二〇年間のことになろう。

北魏晩期に作成された金字経は仏典のみならず、儒教の『孝経《こうきょう》』も金字で書写されたことが北斉期に成立した『魏書《ぎしょ》』河間王琛《ちん》伝に記されている。北魏の孝明帝が学業を始める際、河間王の元琛《げんちん》によって金字の孝経が献上された、という。この河間王の金字孝経の献上は、おそらく前漢の河間献王劉徳《りゅうとく》が武帝に儒教の古文経典を献上したことに倣った行為であろう。これを献上することには、幼くして即位した孝明帝の正統性を主張する意味合いが含まれているのであろう。

さらに六世紀半ば頃、南朝・梁の武帝蕭衍《しょうえん》（在位五〇二～五四九）は、その晩年に仏教に帰依し、同泰寺《どうたいじ》に数回も捨身《しゃしん》したことでよく知られている。『梁書』武帝紀には、中大通五年（五三三）二月に蕭衍が自ら講経した際、金字で書写した摩訶波若経《まかはんにゃきょう》を使用したことが記載されている。同じ武帝紀に、中大同元年（五四六）三月、武帝本人が同泰寺で金字三慧経《さんえきょう》を講じたことも見える。これら摩訶波若経と三慧経は同一経典の別名であり、鳩摩羅什によって漢訳された『摩訶般若《まかはんにゃ》波羅蜜経《はらみつきょう》』のこととされている（春日礼智、一九七六）。

また六世紀中ごろ、高僧の発願によって作成された金字経も現れた。天台宗の開祖、智顗《ちぎ》の師にあたる南嶽の慧思《えし》禅師は、四二歳（五五三年）のとき金字摩訶波若経の作成を発願し、その二年後に宿願を実現させた（慧思「南嶽思大禅師立誓願文」）。さらに初唐の道宣が撰した『続高僧伝』に、かれ慧思禅師は、この金字般若波羅蜜経のほか金字般若経二七巻と金字法華経も作り、智顗をして金字経を代講せしめた、とある。

鳩摩羅什の作法の伝播

以上のように、現存史料では金字経の事例は五世紀初頭の弘始八年、鳩摩羅什によって作成されたのち南朝および北朝へと広がったが、これは当時の中国大陸の政治的情勢と密接な関係があったと思われる。鳩摩羅什が後秦の弘始十一年（四〇九）に入滅し、七年後の弘始十八年（四一六）、長安を都とした後秦は東晋の劉裕《りゅうゆう》によって攻められ、滅亡した。しかし、間もなくして大夏国《だいかこく》の赫連勃勃《かくれんぼつぼつ》が東晋軍を長安から追い出して長安を占領したが、一〇年後の始光三年（四二六）、北魏はふたたび長安を占領して北方の統一に力を入れた。このような戦乱の世に鳩摩羅什の弟子たちは大陸の各地に散らばり、それにともない漢訳された仏典も中国の南北地域に流伝していった。当然、鳩摩羅什の金字経の作法も南北へと伝わったものであろう。

魏晋南北朝では仏教の布教のため、僧侶たちは早くから朝廷の庇護を得ることに努めた。南朝・梁の僧慧皎《えこう》が撰した『高僧伝』には、東晋の名僧である道安《どうあん》の「国主に依らざれば法事は成り難し」との慨嘆が記されている。この道安の政治的配慮をもう一層踏み込んで、北魏初期（五世紀初頭）の僧法果《ほうか》は、太祖皇帝に、皇帝「即ちこれ当今の如来」と露骨に朝廷の庇護を希求するようになる（『魏書』釈老志《しゃくろうし》）。

以上の諸事例によれば、皇帝による写経や講経の際、天子の権威を誇示するため、金字で荘厳された写経という様式を用いたことになる。つまり六世紀前葉までの金字経の事例は、ともに皇権の象徴として金字で装飾されたということである。そして六世紀の中葉、初めて高僧によって発願、作成された金字経が出現した。

2　唐代の金銀字経とその意義

唐代の金字・金銀字経

さらに唐代においても、金字で皇権を荘厳する形式は継承された。まず、国家行事の封禅《ほうぜん》の式典（王朝の成立と太平な治世を天神地祇《ちぎ》に報告してその佑助を願う儀式）に金字玉冊という制度があり、また皇帝の詔書も金字で書かれ、填金字官という官営機構まで設けられた。金泥で仏典を書写する事例も増え、金銀字経の発展期を迎えることとなる（以下、劉海宇、二〇一七）。

北宋の初期に成立した『宋高僧伝』の大慈恩寺窺基伝に、玄奘法師の弟子である窺基《きき》（六三二～六八二）が、五臺山で文殊菩薩像を作り金字般若経を書写したことが見える。同じ『宋高僧伝』の華嚴寺玄覽伝には、杭州華厳寺の僧玄覧（六五〇～七三四）が金字涅槃経を書写した、とある。南宋期に成立した『佛祖統紀』によれば、法師楚金（六九八～七五九）は玄宗皇帝の支持を得て多宝塔を作り、それを鎮護するための金字法華経を三十六部書写したという。不空三蔵（七〇五～七七四）の俗弟子で宦官の李憲誠は、大暦十三年（七七八）に代宗皇帝に金字法華経を献上したことが『代宗朝贈司空大辨正広智三蔵和上表制集』（以下、『表制集』とする）巻六に記されている。一九七八年四月、北宋期に造営された蘇州瑞光寺塔から金字の妙法蓮華経七巻が発見され、その第一巻の巻末には「常州建元寺長講法華経大徳知□記」、第二巻の巻末には「大和辛卯（九三一年）四月二十八日修補記」と墨書されていた（蘇州市文管会等一九七九）。これらの墨書および料紙の性質などから、補修を加えない巻一のみが八世紀中葉から九世紀中葉の晩唐期に制作されたことが明らかにされている（許、一九七九）。

宝亀十年（七七九）に成立した『唐大和上東征伝』によれば、鑑真和尚は天宝十二年（七五三）、「金字大品経一部、金字大集経一部」などの金字経巻を日本へ将来したという。最澄の『伝教大師将来目録』には、唐から「金字妙法蓮華経七巻、金字金剛般若経一巻、金字菩薩戒経一巻、金字観無量寿経一巻」などの金字経を日本へ将来したことが記録されている。また『入唐求法巡礼行記』（以下、『求法記』とする）によれば、円仁は開成五年（八四〇）七月二日、五臺山保応鎮国金閣寺の蔵経閣で紺碧紙金銀字大蔵経六〇〇〇巻を目にしたという。

以上のように、唐代では金字は皇権を荘厳する形式として位置づけられ、さらに金泥で仏典を書写する事例も増え、ついに約六〇〇〇巻もの紺紙金銀字大蔵経が出現し、ようやく金銀字経の勃興期を迎えるにいたった。中唐期の詩人鮑溶の「禅定寺経院」詩に「金泥落聖言（金泥もて聖言を落す）」とあるように、当時の人々は聖人の言葉は金字で記されると理解していたようだ。釈迦が説いた仏典も、皇権の象徴としての金字の玉冊や詔命と同格に取り扱われ、金字で書写するにいたったことが窺える。

以下、特に政治的意味を有する中唐期の金字法華経と金銀字大蔵経をより詳しく見ていこう。

中唐期の金字経

安史の乱の平定に貢献した不空三蔵は、護国思想を仏教に盛り込んだため玄宗《げんそう》・粛宗《しゅくそう》・代宗《だいそう》の三代の皇帝の庇護を受け、『金剛頂経《こんごうちょうぎょう》』等の純密経典による密教を唐王朝に定着させた。不空密教の特色は、儀軌による建壇修法、濃厚な護国的色彩、五臺山文殊信仰の宣揚などが挙げられる（藤善真澄、一九八八）。不空三蔵およびその僧俗門弟が皇帝に奏上した表や皇帝の返答にあたる詔書のほか、祭文や碑銘など一三三首を収めた編年体の『表制集《ひょうせいしゅう》』が八世紀末頃、不空の弟子の円照によって集成された。これは不空およびその弟子の事績のみならず、中唐期における純密の様相を知るための貴重な史料でもある。

その『表制集』巻六に、不空の俗弟子で宦官の李憲誠《りけんせい》が大暦十三年（七七八）、金字法華経を代宗皇帝に献上した折の上奏表と皇帝によるその返答が収録されている。この上奏文によれば、法華経を金字で書写する理由はそれが釈迦によって説かれたことにあり、その効能は心身の五濁を洗い清めて六根を荘嚴してみな清浄ならしめ、それを進上して代宗皇帝の長寿を祈ることにあった、と記されている。この金字経は寺院（上奏文では「竜宮」という）で書写され、李憲誠が「一善」（貴重なもの）として大暦十三年の元日に献上したものである。李憲誠は、不空教団が代宗皇帝と結びつく仲介役で、不空の臨終の際に残した「遺書」で称賛され、仏法の護持を頼まれた人物である（『表制集』巻三）。

不空が入滅した翌年の大暦十年（七七五）、代宗皇帝は金字の「大《だい》聖文殊《しょうもんじゅ》鎮国之閣」という額を自筆して長安の大聖文殊鎮国閣に恩賜し、その旨を李憲誠に宣旨させた。この閣は、不空の入滅前年（七七三）、長安大興善寺翻経院《だいこうぜんじほんぎょういん》のなかに不空自身が建てたものであった。金字額の賜与に対して、不空の弟子で大興善寺の住職恵朗《えろう》は、「金光は炳煥《へいかん》として日月と共に倶《とも》に懸《か》かり、聖跡は楷模として乾坤と与《とも》に不朽なり」と褒めたたえた。代宗皇帝はこれに返答して「金榜《きんぼう》は発揮して式《もっ》て大聖を光《かがや》かす」とし、文殊菩薩（大聖）を輝かせるために金字で書したことが知られる（『表制集』巻五）。ここに皇帝の権威を示す金字を用い、鎮護国家を目的とする文殊信仰を宣揚するねらいが込められたものと思われる。

中唐期の金銀字大蔵経と五臺山金閣寺

安史の乱後の中唐期、初めて金銀字大蔵経が出現した。日本の入唐八家の一人、天台宗延暦寺の円仁は開成五年（八四〇）七月二日、五臺山保応鎮国金閣寺の蔵経閣において紺碧紙金銀字大蔵経六〇〇〇巻を目にし、その名高い『求法記』にこう書きとめている（開成五年七月二日条）。

　瞻礼《せんれい》すでにおわり、閣を下りて普賢《ふげん》道場に到り、経蔵閣を見る。大蔵経六千余巻あり、総是《すべてこれ》紺碧紙、金銀字、白檀《びやくだん》と玉牙の軸なり。願主の題をみるにいう「鄭道覚《ていどうかく》は長安人なり。大暦十四年五月十四日、五臺を巡り、親しく大聖と一万菩薩および金色世界とを見て、遂に発心して金銀大蔵経六千巻を写す云云」、と。

ここでとくに注目すべきは、長安人の鄭道覚の発願によって五臺山の金閣寺に奉納された金銀字大蔵経が、「総是《すべてこれ》紺碧紙金銀字」だったことである。小野勝年は、これを金銀泥で交書した事例とし、天平十年（七三八）の経巻納櫃帳に記された「金銀交字」の『神符経《しんぷきょう》』や、天平勝宝三年（七五一）の借奉請経疏目録に見える「紺紙金銀字」の『仏説神符経《ぶっせつしんぷきょう》』（おそらく両経は同一ものであろう）の存在から知られるように、日本にもその金銀字交書の形式が伝わったとしている（小野勝年、一九八九）。「総是紺碧紙金銀字」の表記から勘案すると、金銀字交書という説はもっともな意見と思われる。

右の発願文によれば、この金銀字大蔵経は、長安人の鄭道覚が大暦十四年（七七九）五月の金閣寺巡歴後に書写し、喜捨したものという。願主の鄭道覚の官職と位階は記されていないが、このような「紺碧紙、金銀字、白檀と玉牙の軸」を誇る六〇〇〇巻もの大蔵経を寄進する財力をもつ人物は有力者に間違いなく、名門の滎陽《けいよう》鄭氏の出自である可能性が高い。滎陽鄭氏は漢代からの名門氏族であり、とくに北朝期には天下の五姓の一つと定められた。だが、初唐期から中唐期にかけて鄭氏の一族は唐王朝の成立に関与しなかったため、ほとんど有力な官僚を出していない。しかし中唐期の徳宗皇帝以降に再興を果たし、十人もの宰相を輩出している。金閣寺に金銀字大蔵経六〇〇〇巻を喜捨した鄭道覚も、おそらく中唐期から興隆した鄭氏一族の一員であろう。

この金銀字大蔵経供養の意義は、それが奉納された金閣寺の政治的な性格とも深く関わるように思われる。金閣寺は、不空が代宗の勅命によって五臺山の山頂付近に建造した護国道場であり、大暦二年（七六七）に着工して同五年に竣工したものである。金閣寺を創建する目的について、不空は代宗皇帝への上奏文のなかで、五臺山は文殊の聖蹟であるため聖なる者が司らねばならず、金閣寺を創建すべき人物は代宗皇帝にほかならないとし、代宗皇帝を金閣寺の施主と位置づけた（『表制集』巻二）。

円仁の『求法記』によれば、金閣寺の本殿の一階に供養された七宝の傘蓋をもつ菩薩像は皇帝から下賜されたもので、二階と三階に供養された仏像などは不空が国家のために造らせたといい（開成五年七月二日条）、この五臺山金閣寺こそは鎮護国家的な伽藍ということになる。それゆえ、ここに奉納された金銀字大蔵経も護国的な色彩が濃厚であり、鄭道覚が皇権と結縁するためのものと見られよう。

上述のように中国では八世紀後半に金銀字大蔵経が、日本では八世紀前半に金銀字交書の『神符経』が初めて金銀字経として登場したわけだが、おそらくこの『神符経』は、日本に先例のない金銀字経であることから中国大陸からの請来経典ではあるまいか。

3　五代・両宋期の金銀字大蔵経と王権

王審知の金銀字経

閩《びん》国の開祖、王審知《おうしんち》（在位九〇七〜九二五）は南海交易を掌握することによって巨額の利益を手にし、また庶民を戦乱の苦しみから救うため仏教立国の政策を取り入れた。実は、当時の中央政権である後梁・後唐の皇族も仏教を篤信していた。たとえば『旧五代史』（梁書巻四・太祖紀）には、後梁の開祖朱温《しゆおん》が開平三年（九〇九）に屠宰《とさい》（屠殺）を禁じて仏事を修めたとあり、『新五代史』（伝巻一四・唐太祖家人伝第二）には、後唐の開祖李存勗《りそんきよく》と皇后劉氏《りゆうし》が僧尼を手厚く保護し、仏典をひたすら書写、流布させたことが見える。

李存勗が後梁を滅ぼして後唐を建国した同光元年（九二三）、王審知は福州開元寺の一画に太平寺を創建し、後唐の皇帝李存勗から「金身報恩之寺」の勅額を賜わり、金銀一万両余をもって「金銀字四蔵経各五千四十八巻」（金銀字大蔵経四セット）を作成した。その巻軸には栴檀《せんだん》（ビャクダン）を使用し、軸端《じくばな》には玉を飾って経箱に防虫用の竜脳香を入れているなど豪華を極めた、と南宋淳熙九年（一一八二）成立の『三山志』（巻之三十三・寺観類一）は記している。同様の記載は、清代に成立した『十国春秋』（巻九〇・閔太祖世家）にも見える。王審知に対する寺院勅額の賜与と「金身報恩之寺」の命名、そしてこれを請けての王審知による金銀字大蔵経の作成は明らかに後唐の中央政権に忠誠を誓う意思表示であったろう。

さらに『三山志』（巻之三十七・寺観類五）によれば、北宋雍熙二年（九八五）、皇帝の勅命により、福州の太平寺に所蔵された「金字経一蔵」（金字大蔵経一セット）を霍童里《かくどうり》（福建省寧徳市西北）の政和万寿寺に賜ったという。この太平寺は、右の通り王審知が福州開元寺内に創立した寺院であるから、ここに所蔵されていた金字大蔵経はもともと王審知の発願によって書写されたものに違いない。であれば王審知が作成した金銀字大蔵経四セットのうち、一セットは金字経であろう。つまり、「金銀字四蔵経」という表記からすると、その体裁は金泥と銀泥を用いて一行ごとに交互に書写した、いわゆる金銀字交書大蔵経か、あるいは後述する銀字経に仏号のみを金字で書写した金銀字混書大蔵経の何れかと捉えられがちだが、そのうちの一セットが金字経であれば、金字経のセットと銀字経のセットからなる金銀字大蔵経四セットの意となろう。

　また元代の釈大圭が撰した『紫雲開士伝』には、泉州開元寺で出家した義英は書をよくしたため、王審知に召されて「金銀二蔵経」を書写したことが見える。この「金銀二蔵経」は、前掲『三山志』と『十国春秋』に見える王審知の「金銀字四蔵経」とは表記が多少違うとはいえ、同一のものと見られる。右のように、王審知の金銀字大蔵経四セットが金字経のセットと銀字経のセットの構成であれば、『紫雲開士伝』では金と銀とが各二蔵という意味合いで「金銀二蔵経」と表記したと考えられるからである。

銭弘俶の金銀混書経

　南宋咸淳年間（一二六五〜一二七四）に成立した『臨安志』によれば、臨安（浙江省杭州市）の梵天寺《ぼんてんじ》には、呉越国王の銭弘俶《せんこうしゆく》の発願によって書写された「金銀書大蔵経」五〇四八巻が納められていたという。この大蔵経の装飾について同書は、「碧紙銀書にして仏号に至る毎に則ち金書を以てす。牙籤《がせん》銀軸にして、制は甚だ荘厳たり」と記している。つまり紺紙に銀泥で書写されたものに仏号のみ金泥を用い、象牙製の札（籤）を銀で装飾した巻軸であったことが知れる。同様の記載は、清雍正十三年（一七三五）刊の『西湖志』巻三十にも載せられている。この金銀字大蔵経の体裁は、前述した銀字経に仏号のみを金字で書写する金銀字混書経の手法である。同様の金銀字混書経として、一九六六年に浙江省瑞安県慧光塔から発見された法華経一巻がある。その奥書には「大宋明道二年（一〇三三）季春月」の重修記があり、紺紙銀字に「佛・菩薩・世尊・如来」や、「妙法蓮華経第一」の「法・華・巻・一」が金字で書写されていた（浙江省博物館、二〇〇八）。

　右の梵天寺は、旧名が南塔で、乾徳年間（九六三〜九六七）銭氏によって建立されたことが『臨安志』に見える。「南塔」はおそらく城南宝塔寺の略と見られ、『十国春秋』（呉越忠懿王世家）によれば、銭弘俶は乾徳二年（九六四）四月に城南で宝塔寺を建立して先祖の銅像を安置し、翌年の八月に城北でも宝塔寺を建立したという。城南宝塔寺は、先祖の銅像を安置するほどの重要な寺院であるため、銭弘俶本人によって金銀混書大蔵経が供養されたものであろう。ところで、銭弘俶によって造営された杭州の雷峰塔（九七六年建立）の地宮から二〇〇〇年に金字経の残片が出土したことは、銭弘俶が金字経も作成したことの可能性を示す（浙江省文物考古研究所、二〇〇五）。

　この金銀字混書大蔵経の成立年代については、上限が城南宝塔寺の建立された乾徳二年（九六四）四月、下限は銭弘俶が北宋に降伏した太平興国三年（九七八）一月となろう。さらにその成立年代を絞れば、後述する北宋の真宗皇帝の金銀字混書経の事例から、開宝元年（九六八）、北宋の太祖皇帝が発願した金字大蔵経と銀字大蔵経の後に成立した可能性が高い。この銭弘俶の金銀字混書大蔵経が、前述した中唐期の五臺山金閣寺の金銀字交書大蔵経とは二〇〇年近く隔たるため、直接的な影響は考えにくいものがある。

　呉越国の開祖、銭鏐《せんりゆう》が子孫に残した「中原王朝によく仕えよ」（『十国春秋』呉越武粛王世家）との遺訓を守った銭弘俶《せんこうしゅく》であれば、北宋の建国後すぐに入朝して冊封を受け、また大蔵経の体裁も北宋の太祖皇帝の金字大蔵経に遠慮し、あえて銀字経に仏号のみを金字で書写した金銀字混書大蔵経の形式を踏襲したものと考えられよう。中原の王権に対する配慮こそは、銭弘俶の金銀字混書大蔵経が成立した理由であろう。

北宋期の金銀字大蔵経

開宝元年（九六八）九月二十七日、北宋の太祖皇帝が成都府に詔《みことのり》し、兵部侍郎《へいぶじろう》の劉熙古《りゅうきこ》の監督のもと金字大蔵経と銀字大蔵経を各一セット作成させ、さらに同四年（九七一）六月十一日には金字大蔵経一セットの追加を指示したと、元代の覚岸の『釋氏稽古略《しやくしけいこりやく》』と念常の『佛祖《ぶつそ》歴代通載《れきだいつうさい》』に見える。また、太祖皇帝は開宝五年（九七二）、成都府に大蔵経の木版を彫造させたが、その数が一三万板余りにものぼり、太宗皇帝の太平興国八年（九八三）にようやく完成したという（九七七年完成説もある。竺沙雅章、二〇〇〇）。北宋の僧慧宝が唐代の『北山録』を注記したなかに、「今、大宋皇帝は金銀字大蔵経数蔵を造らしめ、蔵経印版一十三万余板を彫せしめた」とあるのはこのことであろう。

太祖皇帝の全国統一戦のさなか、国家事業としての金字と銀字による大蔵経セットの書写と印版の彫造はいかなる目的で行われたのか。『釋氏稽古略』に、「帝、兵を用いて列国を平らげてより、前後凡《およ》そ金銀字仏経数蔵を造る。今年、勅して仏経印一蔵、計一十三萬版を雕せしむ」とあるように、太祖皇帝が地方勢力の列国を平定すると同時に金字と銀字の大蔵経セットの書写と印版の彫造を命じたことは、占領地に王権を誇示する支配政策の一環であったろう。

では太祖皇帝によって発願、書写された金字大蔵経と銀字大蔵経の供養先はどこか。南宋の僧志磐の撰した『仏祖統紀《ぶつそとうき》』には、太祖皇帝が開宝五年（九七二）、京城の名僧玄超を招いて大内《だいだい》で金字大蔵経を講経させたと記されており、この金銀字大蔵経は都城の東京（河南省開封市）の大内裏に供養されたことが分かる。

さらに北宋朝廷は、周辺国に対する懐柔策の一つとして金字大蔵経と金銀字大蔵経、あるいは印刷本の大蔵経をしばしば賜与することがあった。たとえば景徳四年（一〇〇七）、瓜州（甘粛省敦煌市）帰義軍節度使の曹宗寿《そうそうじゅ》が「金字経一蔵」の賜与を真宗皇帝に乞うたところ、益州（四川省成都市）で金銀字大蔵経を書写させ、これを下賜したという（『宋会要』蕃夷五之三、『続資治通鑑長編』巻六五）。また大中祥符七年（一〇一四）、曹宗寿の死後にその子賢順《けんじゅん》を節度使に封じた折、その乞いに応じて「金字蔵経」（金字大蔵経）を下賜した（『続資治通鑑長編』巻八二、『宋史』巻四九〇）。さらに天禧三年（一〇一九）、高麗国の顕宗の求めに応じて真宗皇帝は「仏経一蔵」を賜与すると詔したが（『続資治通鑑長編』巻九四）、乾興元年（一〇二二）に高麗に到着したのは「金文一蔵」（金字大蔵経一セット）であった（「大慈恩玄化寺碑陰記」『遼文存』巻四、『高麗史』巻四顕宗世家）。

愛読者カード

本書をお買い上げいただきまして、まことにありがとうございました。このハガキを、小社へのご意見またはご注文にご利用下さい。

お買上書名

＊本書に関するご感想、ご批判をお聞かせ下さい。

＊出版を希望するテーマ・執筆者名をお聞かせ下さい。

お買上書店名　区市町　書店

◆新刊情報はホームページで　http://www.yoshikawa-k.co.jp/

◆ご注文、ご意見については　E-mail:sales@yoshikawa-k.co.jp

ふりがな ご氏名	年齢　　歳	男・女
〒 □□□-□□□□ ご住所	電話	
ご職業	所属学会等	
ご購読 新聞名	ご購読 雑誌名	

今後、吉川弘文館の「新刊案内」等をお送りいたします（年に数回を予定）。
ご承諾いただける方は右の□の中に✓をご記入ください。　□

注 文 書

月　　日

書　　名	定　価	部　数
	円	部
	円	部
	円	部
	円	部
	円	部

配本は、○印を付けた方法にして下さい。

イ. 下記書店へ配本して下さい。

（直接書店にお渡し下さい）

（書店・取次帖合印）

書店様へ＝書店帖合印を捺印下さい。

ロ. 直接送本して下さい。

代金（書籍代＋送料・代引手数料）は、お届けの際に現品と引換えにお支払下さい。送料・代引手数料は、1回のお届けごとに500円です（いずれも税込）。

＊お急ぎのご注文には電話、FAXをご利用ください。
電話 03－3813－9151（代）
FAX 03－3812－3544

ところで太祖皇帝の金銀字大蔵経は、一体どのような形式で書写されたのだろうか。開宝元年（九六八）作成のものは、『釋氏稽古略』と『佛祖歴代通載』ともに「金銀字仏経各一蔵」と記すことから、全巻が金文字の一セットと全巻が銀文字の一セットとの組み合わせと見られ、前述した王審知の金銀字大蔵経の構成と同じである。さらに同四年（九七一）、追加作成されたのは全巻が金文字の大蔵経一セットであった。こうした金字大蔵経のみならず銀字大蔵経までもがセットで供養された理由は、おそらく金と銀とが『無量寿経』など経典では仏国土の厳浄なる様を表現する七宝《しちほう》の第一位と第二位に位置づけられたからと見られ、この金銀をもって経典を最上に荘厳しようと試みたものであろう。

　これに対して真宗皇帝が帰義軍節度使の曹宗寿に下賜した金銀字大蔵経は、おそらく前述した銭弘俶の発願によって書写された金銀字経の体裁で、いわゆる銀字経に仏号のみを金字で書写した金銀字混書大蔵経と思われる。というのは五代・北宋期に金銀字交書経の事例は確認できず、実は金銀字混書経が少なくとも三例実在するからである。たとえば、上海図書館が所蔵する敦煌遺書の金銀字混書の法華経（九七三年成立）、一九六六年浙江省瑞安県慧光塔から発見された金銀字混書の法華経一巻（一〇三三年成立）、山東省即墨市博物館所蔵の金銀字混書の法華経六巻（一〇四四年成立）などが現存し、真宗皇帝が下賜した金銀字大蔵経の体裁をつよく示唆する。

　なお印刷本大蔵経の賜与例としては、日本僧の奝然《ちょうねん》（九八五年）、高麗国の使者韓彦恭《かんげんきょう》（九九一年）、交趾《こうし》国王の李乾徳《りけんとく》（一〇七九年）などが知られている（竺沙雅章、二〇〇〇）。このほか書写本か印刷本かは不明ながら「大蔵経」とのみ記載された事例は、端拱二年（九八九）の高麗国への賜与（『宋史』巻四八七）、熙寧五年（一〇七二）の西夏国への賜与（『宋史』巻四八六）などが挙げられる。ただし、端拱二年に高麗国へ「大蔵経」を賜与した二年後に、高麗国があえて「印仏経」（印刷本の経典）を求めたことから推して（『宋史』巻四八七）、端拱二年に賜与した「大蔵経」は書写本の可能性が高い。

　以上のように、北宋の太祖皇帝による全国統一戦のさなか、金字・銀字大蔵経三セットの書写と大蔵経印版の彫造を皇帝が命じたことは、占領地に王権を誇示する支配政策の一環と考えられる。また、印刷本大蔵経が刊行された後も、北宋の真宗皇帝がしばしば書写本の金字大蔵経や金銀字混書大蔵経を下賜したことは、金銀字の書写本に特別の意味が込められているように思われる。つまりそれを賜与することを通じて北宋王権の権威を浸透させて周辺国を懐柔しようとする国策であり、またこれらの国々を北宋国家の文化秩序下に取り込む狙いもあったのだろう。ことに天禧三年（一〇一九）に高麗国へ金字大蔵経を賜与したことは、明らかに高麗が大中祥符九年（一〇一六）に遼と決裂して北宋の年号を奉じたことと関連すると思う。すなわち周辺国が北宋国家から金銀字大蔵経あるいは印刷本大蔵経の賜与を受け入れるということは、自国の国家的正統性と政治的権威を北宋国家から付与されることを意味していた（劉海宇、二〇一八）。

高麗国における金字・銀字大蔵経

高麗国は、五代や北宋に朝貢使節を送り冊封を求めていたが、遼の武力侵攻を受けて遼の年号を奉じることも多かった。北宋から下賜された金字大蔵経や印刷本大蔵経のほか、高麗自らも銀字大蔵経や金字大蔵経を書写した。

まず定宗が即位し、翌年に銀字大蔵経を供養した。金国の王寂《おうじゃく》（一一二八〜一一九四）は、懿州《いしゅう》（遼寧省阜新市東北）の宝巌寺で「銀字蔵経」（銀字大蔵経）に接し、その奥書の「高麗王尭《ぎょう》（王尭《おうぎょう》とも）発心して敬造す。大晋開運三年丙午二月日」との文言を、彼の日記『遼東行部志』に書きとめている（乙卯条）。開運とは五代後晋の年号で、その三年は九四六年である。この年は、高麗が朝鮮半島の統一を果たして一〇年後のことで、王尭が反乱を平定して即位した翌年でもある。この銀字大蔵経の書写が、反乱を平定し、王位を安定的に継承することを祈念しての発願であったことは想像に難くない。

次に京都国立博物館の所蔵する紺紙金字大宝積経《だいほうしゃくきょう》の奥書によれば、統和二十四年（一〇〇六）、穆宗《ぼくそう》の母后である千秋太后が寵臣の金致《きんち》陽《よう》とともに発願し、金字大蔵経を供養したという。千秋太后皇甫《こうほ》氏は若年の穆宗の代わりに摂政し、寵臣の金致陽と内通して産んだ子に王位を継承させようと権力をふるった人物だったらしい（『高麗史』巻八八）。金字大蔵経は、この政治情勢のなかで千秋太后が金致陽とともに発願したものである。結局、統和二十七年（一〇〇九）年二月に政変が起こり穆宗は自殺、太后は流刑となり、金致陽と子は処刑された。この政変によって即位した顕宗は、まもなく高麗版大蔵経の彫造を決意し、その後両親の追善のため玄化寺を創建し、北宋朝廷から金字大蔵経を賜与された（「大慈恩玄化寺碑陰記」『遼文存』巻四）。

さらに、『高麗史』巻二〇には、明宗十一年（一一八一）正月に焼失した「写経院」安置の「銀字蔵経」は明宗の王命によるもので、この銀字大蔵経が明宗の発願であることが分かる。

4　中尊寺金銀字一切経と東アジアの王権

中尊寺の金銀字経

平安期の金字一切経供養は、王家を中心に展開した王権の表徴であったことが明らかにされている（菅野成寛、二〇一五）。平泉の中尊寺は藤原清衡の発願によって創建されたものだが、同寺に金銀字交書一切経を奉納する目的について清衡は、「金銀、光を和《やわ》らげ、弟子の中《ちゅう》誠《せい》を照らし、仏経、力を合わせ、法皇の上寿を添わん」とその建立供養の願文に述べており、それは白河院の長寿を祈願してのものであった。この一切経は当時の王権と結縁するためのもので、政治的な性格をも付与されたことはおそらく間違いあるまい。また清衡は、「吾朝の延暦・園城・東大・興福等の寺より震旦の天台山に至るまで、寺毎に千僧を供養」したと、『吾妻鏡』の中尊寺記事には記載されている。日本を代表する主要大寺院だけではなく、日本天台宗の母山にあたる中国の天台山においても清衡による千僧供養が行われたという。莫大な費用がかかる千僧供養を天台山で行うことには、清衡が東アジア世界を意識した、ある種の政治的な意図があったからではないか。

そこで清衡の日本史上初の金銀字一切経だが、果たしてそのモデルはどこか。中国なら一〇世紀の前半と後半、閩国の王審知と北宋の太祖皇帝が金字大蔵経と銀字大蔵経をセットで供養、次いで真宗皇帝は金銀字混書大蔵経を周辺国の軍政長官に下賜、また八世紀後半には五臺山の金閣寺に金銀字交書大蔵経が供養され、金閣寺のそれは護国的色彩が濃厚なものであった。さらに比叡山延暦寺には金銀字交書の法華経八巻が伝来し（須藤氏はこれを一一世紀の作とする）、清衡の中尊寺はその延暦寺直系の寺院として創建されたものであった（須藤弘敏、二〇一五・菅野成寛、二〇一五）。

清衡の意図

清衡の金銀字一切経は、白河院の二度におよぶ金字一切経供養がモデルとされ（菅野成寛、二〇一五）、清衡のそれを王家の伝統である金字一切経に対する遠慮と見る説があるが（須藤弘敏、二〇一五）、この点はどうか。たとえば前述した北宋皇帝による地方軍政長官への金銀字混書大蔵経と金字大蔵経の下賜例だが、一族の曹延禄を殺害して宋から節度使に封ぜられた曹宗寿には金字経よりランクを落として金銀字混書大蔵経を下賜し、そのまま父から節度使の権力を継承した息子の曹賢順にはその正当性を認めて金字大蔵経を下賜したものと考える。それは北宋文化秩序および北宋王権への地方周辺国の帰服と、その自己正当性を担保するものであった。

すなわち以上の事例を踏まえるならば清衡の一切経は日本初の金銀字による一切経とはいいながらも、白河王権の表徴たる金字一切経供養からは一歩退いたもので、そこに白河王権への配慮を示しつつも、汎東アジア的王権のなかでの北方社会の支配者としての自己正統性を暗に示そうとしたものではなかったか。突如出現した日本史上初の清衡による金銀字一切経の発想は、右に概観した東アジア社会における金銀字経の海外情報なくしてはあり得ぬもので（その情報源はおそらく延暦寺であろう）、金字経と金銀字経との立ち位置を知り抜いた清衡の国際感覚と老練な政治感覚には実に驚くべきものがあろう。

だが、清衡のそれが五代の銭弘俶や北宋の真宗皇帝と同様の金銀字混書の大蔵経ではなく、金銀字交書の大蔵経であった事実はやはり注意すべきであろう。右の通り中尊寺の本寺にあたる延暦寺には既に金銀字交書の法華経が存在しており、あるいは清衡はそれに触発されて五三〇〇余巻もの金銀字一切経を企てたものではないか（この一切経書写も一挙に達成されたわけではなく、当初は二〇〇巻前後の五部大乗経の構想であったものが後に一切経へと発展したとされる。山本信吉、一九七一）。政治的にそれは白河王権の金字一切経からは退歩したとも見えながら、実は文化史上からすればそれは延暦寺の金銀字交書の法華経を本格的な大部の金銀字交書の一切経へと一気に発展させた革新的な書写事業と位置づけられ、逆にそこには白河王権とは別個の荘厳を志向したつよい意気込みすら感じ取れよう。伝統的な旧態依然たる金字写経とは明らかに一線を劃した、斬新な金銀字による写経荘厳として新たな評価をなすべきでないか。清衡のそれが五代および北宋モデルの金銀字混書一切経の単純な模倣ではなかった点にも改めて注意を向けなければならない。

おわりに

以上、本章では中国古代における金字経の起源および金銀字大蔵経への展開を魏晋南北朝・中唐・五代十国・両宋そして高麗期のなかで跡づけ、併せて金銀字大蔵経と王権との関わりについても明らかにしてきた。次表に示すように、それは東アジア社会における王権による仏教の宣揚とともに、その国家的正統性を権威づける政治的性格をも有するものであったのである。

そのうえで藤原清衡発願による金銀字一切経の事例を考えるとき、それは右に見た北宋皇帝と地方周辺国との関係を白河王権と自身との位置づけとして捉え直し、白河王権と延暦寺とによって権威づけられた北奥社会における政教上の支配者としての正当性を斬新な金銀字写経によって誇示したものと評価されよう。清衡の中尊寺金銀字一切経が有する際立った国際性と文化性に改めて注目したい。

〔参考文献〕

春日礼智「梁の武帝と三慧経」、『印度学仏教学研究』二一（一）、一九七二年

菅野成寛「平泉文化の歴史的意義」、柳原敏昭編『平泉の光芒』、吉川弘文館、二〇一五年

許　鳴岐「瑞光寺塔古経紙的研究」、『文物』一九七九年一一期

須藤弘敏『法華経写経とその荘厳』、中央公論美術出版、二〇一五年

浙江省博物館編『東土佛光』、浙江古籍出版社、二〇〇八年

浙江省文物考古研究所編著『雷峰塔遺址』、文物出版社、二〇〇五年

蘇州市文管会・蘇州博物館「蘇州市瑞光寺発現一批五代、宋代文物」、『文物』一九七九年一一期

竺沙雅章「宋元版大蔵経の系譜」、同氏『宋元仏教文化史研究』、汲古書院、二〇〇〇年

藤善真澄「不空教団の展開」、『鎌田茂雄博士還暦記念論集―中国の仏教と文化』、大蔵出版、一九八八年

山本信吉「中尊寺経」、藤島亥治郎監修『中尊寺』、河出書房新社、一九七一年

劉　海宇「中国における金銀字経の起源及びその展開」、『岩手大学平泉文化研究センター年報』第四集、二〇一六年三月

〃　「唐代における金銀字経と五臺山金閣寺」、『平泉文化研究年報』第一七号、二〇一七年三月

〃　「五代・兩宋期における金銀字一切經及びその政治的意義」、『平泉文化研究年報』第一八号、二〇一八年三月

表2—1　五胡十六国期・南北朝・唐代における金字経

	時　　代	経典の種類	発　願　者	書 写 者	出　　典
①	弘始８年（406）	金字法華経	後秦の皇帝	鳩摩羅什	逍遥園記 法華伝記
②	５世紀後半	金字法華経二部	南朝斉の太祖皇帝蕭道成	蕭道成	法華伝記
③	６世紀初頭	金字華厳経一部	北魏の安豊王の元延明と中山王の元熙	元延明と元熙	辯正論
④	６世紀初頭	金字孝経	北魏の河間王の元琛	不明	魏書
⑤	大中通５年（533）	金字摩訶波若経	南朝梁の武帝蕭衍	不明	梁書
⑥	中大同元年（546）	金字三慧経	南朝梁の武帝蕭衍	不明	梁書
⑦	６世紀中ごろ	金字摩訶波若経一部	南嶽の慧思禅師	慧思禅師か	南嶽思大禅師立誓願文
⑧	６世紀中ごろ	金字般若経二十七巻と金字法華経	南嶽の慧思禅師	慧思禅師か	続高僧伝
⑨	７世紀半ば	金字般若経	窺基	窺基	宋高僧伝
⑩	８世紀初頭	金字涅槃経	玄覧	玄覧	宋高僧伝
⑪	８世紀中ごろ	金字法華経三十六部	楚金	楚金	佛祖統紀
⑫	天宝12年（753）	金字大品経一部、金字大集経一部	鑑真和尚が日本へ将来した。発願は鑑真和尚か。	不明	唐大和上東征伝
⑬	大暦13年（778）	金字妙法蓮華經	李憲誠が代宗皇帝に献上した。発願は李憲誠か。	不明	表制集
⑭	９世紀初頭	金字妙法蓮華経七巻、金字金剛般若経一巻、金字菩薩戒経一巻、金字観無量寿経一巻	伝教大師最澄が唐から日本へ将来した。発願は不明。	不明	伝教大師将来目録
⑮	８世紀中葉から９世紀中葉	金字妙法蓮華経	常州建元寺の知□か	知□か	『文物』1979年11期

表2—2　中唐・五代・両宋期における「金字・銀字・金銀字大蔵経」供養および賜与例

	時　　代	大蔵経の荘厳	発願者・賜与者	供養寺院名・受領者	出　　典
①	大暦14年（779）以降	金銀字大蔵経	長安人の鄭道覚	五臺山の金閣寺	入唐求法巡礼行記

②	同光元年（923）	金字大蔵経・銀字大蔵経	閩国王の王審知	福州太平寺	三山志・十国春秋
③	乾徳2年（964）～太平興国3年（978）	金銀字大蔵経	呉越国王の銭弘俶	臨安（現在の杭州）梵天寺	臨安志・西湖志
④	開宝元年（968）	金字大蔵経・銀字大蔵経	北宋の太祖皇帝	都城東京（現在の開封）の大内	釋氏稽古略・佛祖歴代通載・仏祖統紀
⑤	開宝4年（971）	金字大蔵経	北宋の太祖皇帝	不明	釋氏稽古略・佛祖歴代通載
⑥	景徳4年(1007)	金銀字大蔵経	北宋の真宗皇帝	帰義軍節度使の曹宗寿	続資治通鑒長編・宋会要
⑦	大中祥符7年(1014)	金字大蔵経	北宋の真宗皇帝	帰義軍節度使の曹賢順	続資治通鑒長編・宋史
⑧	天禧3年(1019)～乾興元年(1022)	金字大蔵経	北宋の真宗皇帝	高麗の顕宗	高麗史・大慈恩玄化寺碑陰記

表2—3　高麗期における金銀字大蔵経

	時　　代	大蔵経の荘厳	発　願　者	供養寺院名	出　　典
①	開運3年（946）	銀字大蔵経	高麗の定宗	懿州（現在の阜新）宝厳寺か	遼東行部誌
②	統和24年(1006)	金字大蔵経	高麗穆宗の母后と金致陽	不明	大宝積経の奥書
③	高麗明宗11年(1181)	銀字大蔵経	高麗の明宗	不明	高麗史

第三章　平泉の寺院と法会

上島　享

はじめに——源頼朝の寺院政策——

文治五年（一一八九）九月三日、藤原泰衡は郎従に討たれ、奥州藤原氏は滅亡した。同月九日、志波郡陣岡蜂社の源頼朝の陣に、近くの高水寺の僧侶が訴えに来た。頼朝の御家人等の従者が寺内に乱入し金堂の板壁一三枚を奪い取ったという。驚いた頼朝は犯人を捜し、手に釘を打ち付けるという身体刑に処した。また、同時に、頼朝は藤原清衡・基衡・秀衡らが磐井郡内に数字の堂塔を建立していたことを聞き、比企朝宗《ひきともむね》を郡へ遣わした。『吾妻鏡』同日条には、

泰衡をうたると雖も、僧侶に至りては、牢籠《ろうろう》の儀あるべからず、且つは仏閣の員数を注進すべし、それにつき仏性灯油《ぶつしょうとうゆ》田を計らい宛てらるべき旨、彼の寺々に仰せ遣わさるの故なり、

とあり、比企朝宗は寺々に仏閣員数の注進を求めた。ここには戦乱終結後の頼朝の寺院政策の根幹が示されている。頼朝は仏閣の員数に応じて、仏性灯油田を計らい宛てるとしており、寺院の必要経費を算出し直し、それに見合った寺領を付与するという。各寺院には奥州藤原氏より所領が与えられていたが、頼朝は新たな基準で寺領を付すとしたのである。しかも、それは、寺院の相折《そうせち》（年間の必要経費）に応じて所領が施入された都の御願寺《ごがんじ》の方式に準拠したもので（川端、二〇〇〇）、院権力が行っていた方法を採用したことになる。つまり、頼朝は、奥州藤原氏時代の秩序を否定し、新たな公権力として寺領を宛行うと宣言したのである。

これをうけ、翌十日には中尊寺経蔵別当《きょうぞうべっとう》大法師心蓮《しんれん》が頼朝の許を訪れた。心蓮は中尊寺やその経蔵の由緒を語り、それらの維持を求めた。頼朝は心蓮を御前に召し、藤原三代の間に建立された寺塔について聞き、詳細は書面で報告されることとなった。そして、まず、経蔵領骨寺《ほねでら》の「御奉免《ほうめん》状」（安堵状）が下され、逐電した土民等は還住《かんじゅう》するようにと命じられた。

翌十一日、「平泉内寺々住侶」たる源忠已講、心蓮大法師、快能《かいのう》らが頼朝の陣を訪れ、寺領安堵と地頭等の濫妨《らんぼう》を停止する旨の下文《くだしぶみ》を賜った。さらに、十七日に源忠已講と心蓮大法師らが「清衡已下三代造

立の堂舎の事」を記載した「寺塔已下注文」を提出した。頼朝はそれを読んで信心を催し、寺領を悉《ことごと》く寄附して、「一紙の壁書《かべがき》」を円隆寺（毛越寺内の寺院）南大門に掲示させたという。その「壁書」には、

平泉内の寺領においては、先例に任せて寄附するところなり、堂塔たとえ荒廃の地たりと雖も、仏性灯油の勤に至りては、地頭等その妨げをいたすべからざるものなり（『吾妻鏡』九月十七日条）、

とあり、寺領安堵と地頭等の濫妨停止が明記されていた。円隆寺南大門に掲げられたこの「壁書」は制札《せいさつ》・禁制《きんぜい》といえよう。

以上、『吾妻鏡』の記載に従い、藤原氏滅亡後の頼朝による寺院政策を確認した。結果的に中尊寺・毛越寺の寺領は先例どおりに安堵されたが、仏閣の員数を確認した上で、新たに宛行うという手続が取られたことが重要である。頼朝の奥州入部により、平泉の寺院にとっても新たな時代が到来したのである。

1　「寺塔已下注文」の世界——〈宗教都市〉平泉の構造

ひとつの組織体としての平泉寺院群

平泉の寺院と法会を考察する本章は、奥州藤原氏の時代を対象とする。ただ、同時代の史料は限られており、頼朝が読み信心を催したという「寺塔已下注文」が主たる検討対象のひとつとなる。本節では、その「寺塔已下注文」により、〈宗教都市〉平泉の全貌、その組織と空間構成を概観したい。

『吾妻鏡』文治五年九月十七日条所収の「寺塔已下注文」は、寺領付与のために仏閣員数の注進を求めた頼朝の要請にもとづき、源忠已講・心蓮大法師らが献上した文書で、基本的にそのままの形で『吾妻鏡』に収録されたと考える。そこには、文治五年時点における平泉の寺院の姿と、主導者僧たちが認識する寺々の歴史が語られている。

「寺塔已下注文に曰く衆徒これを注申す」の割注部分は『吾妻鏡』の注記で、「衆徒」とは「注文」をもたらした「源忠已講、心蓮大法師等」を指す。彼らは「平泉内寺々住侶」とも呼ばれ、平泉の衆徒の代表であり、「寺塔已下注文」に記された平泉の寺院群が全体でひとつの組織体を構成していた点が重要である。頼朝が下した「壁書」でも、「平泉内の寺領」と一括されている。

「寺塔已下注文」の記載項目を順に列記すると、「一、関山中尊寺の事」「一、毛越寺の事」「一、無量光院《むりょうこういん》新御堂と号すの事」「一、鎮守の事」「一、年中恒例法会の事」「一、両寺一年中問答講の事」「一、館の事秀衡」「一、高屋の事」の八項目からなる。注進の目的たる仏閣員数を記したのは、中尊寺・毛越寺・無量光院の三項で、そこには各寺院を構成する堂塔等とともに、その由緒や歴史が記されている。

中尊寺の項目は「寺塔四十余宇、禅坊三百余宇也」から始まり、毛越寺の項目も最初に「寺塔四十余宇、禅房五百余宇也」と記すのに対して、無量光院の項目には禅房《ぜんぼう》（僧房）の記載はない。無量光院には専属の住侶はおらず、おそらく中尊・毛越両寺の僧侶により運営されていた。つまり、平泉の寺院群の運営は中尊寺・毛越寺の二寺により

なされ、僧房五百余宇を有する毛越寺が三百余宇の中尊寺より規模が大きかった。その毛越寺は、円隆寺・嘉祥《かしょう》寺・観自在王院《かんじざいおういん》を含めた総称たることは毛越寺の項目より知られる。

中尊寺・毛越寺の項目には、それぞれの鎮守が記されていることから、「一、鎮守の事」は平泉全体の鎮守といえる。また、「一、年中恒例法会の事」「一、両寺一年中問答講の事」に記載された諸法会は平泉全体で挙行されたもので、中尊寺・毛越寺の僧侶が共同で勤仕した法会である。このように、中尊寺・毛越寺からなる平泉はひとつの組織体を構成しており、「平泉内寺々住侶」「衆徒」らの認識としては、その空間内に鎮守、秀衡の館（「一、館の事秀衡」）や御倉町（「一、高屋の事」）をも含み込んでいた。まさに、平泉が〈宗教都市〉としてひとつの組織体と空間を有していたのである。

「平泉寺々」の組織と都市平泉の空間構成

中尊寺・毛越寺からなる寺院組織のあり方を知る上で、文治五年九月に頼朝の陣を三度にわたり訪れた三人の僧侶がヒントとなる。比企朝宗の伝令をうけ最初に中尊寺経蔵別当大法師心蓮が訪れ、頼朝より「御奉免状」を得た翌日、「平泉内寺々住侶」たる源忠已講、心蓮大法師、快能らが頼朝と面会した。心蓮は様子見の先発隊であり、平泉寺院群の首脳部が源忠已講、心蓮大法師、快能だったといえる。彼らの記載は職階順で、源忠已講が平泉の責任者だったと考えられる。

源忠は摂関藤原師実《もろざね》の息忠長《ただなが》の子で、『尊卑分脈』に「山　三会《さんね》已《い》講《こう》」と注記され（誉田、二〇一八）、都の中級貴族の出身で、北京《ほっきょう》三会（円宗寺法華会・法勝寺大乗会・円宗寺最勝会）の講師を勤修した、延暦寺ではかなりの学僧であった。「寺塔已下注文」の「一、両寺一年中問答講の事」の記載のごとく、平泉ではさかんに講問論義《こうもんろんぎ》（経論の内容の問答）が行われており、法会遂行にはしかるべき学僧が必要で、源忠はそれにふさわしい。彼は叡山で長年研鑽を積み、平泉に下った学侶であり、当時、教学・実務両面で平泉の寺院組織をまとめ主導する立場にあった。そして、中尊寺経蔵別当心蓮大法師は次席だったといえよう。

僧房数では毛越寺は中尊寺を凌駕しており、源忠は毛越寺の長官だったのではないかと推測する。この想定の当否は別として、「平泉寺々」は毛越寺・中尊寺の僧侶により運営され、鎌倉初期には、その主導僧が延暦寺より下った三会已講クラスの学僧であった点は重要である。かかる事実は、一二世紀後半には全国に広がっていた天台諸末寺のなかで、平泉が高い地位にあったことを示している。

次に、〈宗教都市〉平泉の空間構成について確認したい。平泉「衆徒」の認識では、都市平泉は秀衡の館や御倉《みくら》町を含み込み、中央には惣社《そうじゃ》があり、四方の鎮守により結界された空間であった。その中には、山寺の中尊寺と平地寺院の毛越寺がひとつの組織をなしており、結界内が法会の会場《えじょう》のごとき空間（都市）を構成していた。そして、都市の臍《へそ》となるのが頼朝から賜った「一紙壁書」が掲示された円隆寺南大門であった。

2　藤原清衡供養願文と「鎮護国家大伽藍」供養

天治三年三月二十四日藤原清衡供養願文

中尊寺には、輔方《すけかた》本と顕家《あきいえ》本と呼ばれる二種の藤原清衡供養願文《くようがんもん》の写本が現存する（『平泉町史　史料編』（平泉町、一九八五年）中世文書一一号）。顕家本は北畠顕家が輔方本を底本として書写したもので、古写本たる輔方本の書写奥書には、

嘉暦四年八月廿五日、信濃阿闍梨持ち来たられ、奥書・端書に及ぶべきの由、命ぜらるるの間、筆を馳す、正本を以て写すと云々、
／前少納言輔方（花押）

と記されている。「嘉暦四年（一三二九）八月二十五日、信濃阿闍梨（中尊寺経蔵別当行円）が願文を持参して、それに奥書《おくがき》と端書《はしがき》を記載するようにとの依頼をうけ、書いた。この願文は正文の写だという」と解する。つまり、藤原輔方は行円《ぎょうえん》が持参した写本に奥書と袖書《そでがき》（端書）を記したのである。残念ながら輔方本の原本調査の機会を得ていないが、名児耶明によると、第一紙目（端書部）と最終紙（奥書部）が本文とは紙質と筆蹟が異なるとされ（名児耶、一九七八）、輔方奥書の記載を裏付ける（願文の研究史は劉二〇一八を参照。本章は名児耶説を支持する）。本文は嘉暦四年八月以前の成立で、それは原本の写しだと輔方は聞いたという。そして、輔方が書いた袖書とは、

奥州平泉関山中尊寺、鳥羽禅定法皇御願、勅使按察使中納言顕隆卿、願文清書右中弁朝隆、唱導相仁已講、／大壇（檀）那陸奥守藤原朝臣清衡

である。中尊寺は鳥羽法皇の御願で、供養会の勅使は中納言藤原顕隆、供養願文の清書は藤原朝隆、供養会で願文を読み上げたのは相仁已講で、供養会の大檀那は藤原清衡だという（大治元年〈天治三年〉二月に藤原良兼が陸奥守に補任されており（『二中歴』）、供養当時、清衡は陸奥守ではなく、袖書の「陸奥守藤原朝臣清衡」は誤記である）。これが一四世紀前葉における供養願文に関する中尊寺での伝承であった。

さて、この清衡供養願文が一四世紀前葉に創作されたものだとする五味文彦の見解に対しては、入間田宣夫・誉田慶信の批判が適切で（入間田、二〇一三・誉田、二〇一八）、本章は天治三年（一一二六）の供養会で読み上げられた願文の写しだと考え、議論を進める。

願文の事書には「鎮護国家の大伽藍一区を建立供養し奉る事」と記され、供養会は「鎮護国家の大伽藍一区」の建立供養として実施された。「鎮護国家」の意味するところは、供養願文の後半部の記載よりわかる。すなわち、「禅定法皇」（白河院）、「金輪聖主」（崇徳天皇）「太上天皇」（鳥羽院）、「国母仙院」（待賢門院）、「三公九卿」（公卿）、「武職文官」（文武百官）、「五畿七道万姓兆民」（万民）の安穏・長生を願い、「御願寺として長く国家の区々の誠を祈る」という。王権構成者から万民まですべての者の安穏を祈る「御願寺」だとされているのである。「鳥羽禅定法皇御願」というのは、輔方が袖書を書いた一四世紀中葉の伝承で、鳥羽上皇の出家は永治元年（一一四一）であるから、

天治三年に「鳥羽禅定法皇」とするのは誤りである（『吾妻鏡』文治五年九月十日条で、中尊寺経蔵別当心蓮は「経蔵以下仏閣塔婆」が「鳥羽院御願所」だと頼朝に語っており、かかる伝承は鎌倉初期から存在した）。しかしながら、供養願文より、清衡が万民快楽を願う「御願寺」との名目で「鎮護国家の大伽藍」を供養したことは明確である。

　願文には、供養された堂舎が「三間四面桧皮葺堂一宇左右廊廿二間あり」「三重塔婆三基」「二階瓦葺経蔵一宇」「二階鐘楼一宇」「大門三宇」等だとする。中尊寺は清衡が平泉に入った嘉保・康和年間（一〇九四～一一〇四）以降、建立が進んだとされ（菅野、二〇一五）、南北朝期の文書では、長治二年（一一〇五）二月に最初院が建立され、嘉承二年（一一〇七）三月に大長寿院（阿弥陀堂）が、天仁元年（一一〇八）に金堂（釈迦堂）が造立されたという（建武元年八月日中尊寺衆徒等申状案『平泉町史　史料編』中世文書六一号）。この年紀が正確かは検討を要するが、およその経緯は反映していると考える。鎮護国家大伽藍の中心で、供養会の会場となった金堂は、天治三年（一一二六）の遥か以前に完成していたことは間違いない。

三つの法要からなる天治三年の供養会

　天治三年の供養会では、既存の伽藍を「鎮護国家の大伽藍」、つまり「御願寺」としてあらためて供養したといえる。大長寿院（阿弥陀堂）や金色堂（天治元年八月上棟）が含まれないのは、それらが清衡らの私的な信仰の色彩が強い堂舎だからである。すなわち、中尊寺のうち、「鎮護国家」の名にふさわしい堂舎が御願寺とされたのである。

　では、なぜ天治三年に供養会が営まれたのであろうか。供養会における具体的な法要の中身を供養願文から読み取りたい。願文の末尾近くには「宝暦三年青陽三月、曜宿相応す、支干皆吉、一千五百余口僧を延啒し、八万十二（三千ヵ）の一切経を讃揚す」と記し、千五百余僧を請じ一切経を讃揚《さんよう》したという。さらに、願文の半ばにある次の記載からは、より正確な法要の内容がわかる。

　　千部の法華経／千口の持経者

右、弟子志を運び、多年書写の僧侶、同音にて一日これを転読す、一口一部を宛て、千口千部を尽くす、蚊の響を聚めなお雷と成す、千僧の声定めて天に達す、

　　五百三十口の題名僧

右、口別十軸の題名を揚げ、五千余巻の部帙を尽くし、手ごとに捧げ持ち紐を開くこと煩いなし、

千五百余僧は千口と五百三十口に分かれ、それぞれが別の法要を行った。千僧は法華経の転読《てんどく》を行い、「蚊の響を聚めなお雷と成る」というように、「転読」とは一巻ずつを囀《さえず》るように読経することを意味し、その響きが千僧分で雷の如き音となったのである。法華経は八巻二十八品の鳩摩羅什《くまらじゅう》訳が用いられ、各自が一部八巻を読み終えるには、それなりの時間を要したと考えられる。

　一方、五百三十口は一人十軸の題名（経題）を読み上げたとされ、彼らは経典の巻子を一巻ずつ手に持ち、紐を開き、内題《ないだい》を読み上げる

という所作を行った。一口十軸（巻）を担当し、計五千三百巻が供養されたことになり、こちらは比較的短時間で終わったといえる。『貞《じよう》元新定釈教目録《げんしんじようしやくきようもくろく》』には一一三八部五三五一巻の経題が収録され（落合、一九九八）、五千三百巻は一切経（「八万三千法文」）の数に該当し、五百三十口が行ったのは一切経供養であった。

「弟子志を運び、多年書写」という千部法華経は清衡の発願経で、一方、五千余巻の一切経は「金書銀字一行を挟みて光を交じえ、紺紙玉軸衆を合せて宝巻す」という「金銀泥一切経一部」（供養願文）であった。前者は僧が一巻ずつ読経する実用的な経典であったのに対して、装飾経たる後者は紐《ひも》を開き経題（内題）のみが読み上げられた。そして、供養された一切経は二階瓦葺経蔵に収められたのである。

以上、天治三年の供養会は、既存の堂舎を「鎮護国家の大伽藍」「御願寺」として供養することを主たる目的としていたが、供養会に加えて、千僧法華経御読経と一切経供養を同時に実施した点が重要である。すなわち、伽藍（御願寺）供養、千僧御読経、一切経供養という三つの目的をもった法要がひとつの法会として実施されたことが供養願文から読み取れ、この点こそが天治三年の法会を考察するさいの根本でなければならないが、先学に指摘はない。しかも、千僧御読経と一切経供養については担当僧が明確に区別されており、経典もその性格に応じて使い分けられていたのである。

この供養会の次第は残っていないが、願文や京での法会を参照すると、その様子はある程度推測が可能である。会場は左右に二十二間の廻廊を持つ三間四面檜皮葺《ひわだぶき》の金堂（釈迦堂）で、「左右楽器、大鼓、舞楽装束三十八具」を伴う庭儀《ていぎ》の舞楽付きの法会で、金堂の前方には舞台が設けられ、その先には池が掘られ「龍頭鷁首画船二艘」が浮かんでいた。法会の導師は相仁已講で、彼は叡山から供養会のために下向した（菅野、二〇一五・誉田、二〇一八）。相仁が願文を読み上げて法会の趣旨を語り、梵音《ぼんのん》・唄《ばい》・散花《さんげ》・錫杖《しやくじよう》の四箇法要《しかほうよう》が行われ、その間、請僧千五百余口は金堂の周囲を大行道《ぎようどう》したと思われる。その後、請僧は金堂内や二十二間廻廊につき、千僧御読経と一切経供養がそれぞれ行われたと考えられる。金堂には百余体の釈迦像が安置されており（「寺塔已下注文」）、釈迦が説いた一切経を供養するにふさわしい空間であった。一方、千僧御読経は、左右廻廊で行われたのかも知れない。

一切経供養は約一〇年かけて作成した清衡願経（中尊寺経）の完成の供養とみるべきで、それに合わせて、御願寺供養が実施されたとするのが適切だろう。ただ、御願寺供養と一切経供養、千僧御読経の三法要が同時に行われた理由はあらためて考察されねばならない。

3　御願寺と一切経

法勝寺・尊勝寺の例

天治三年、中尊寺金堂等が「鎮護国家の大伽藍」「御願寺」として供養がなされ、同時に一切経（中尊寺経）の供養も行われた。寺院には仏・法・僧を具備することが求められ、伽藍の供養とともに常住僧（供僧《くそう》）や経典が置かれることが一般的である。特に、平安後期に都で建立された御願寺には一切経が設置されることが多く、供養会と一切経との関係が認められる。そこで、天治三年の供養会のモデルになった可能性の高い、法勝寺《ほっしょうじ》・尊勝寺の事例を検討したい。

　白河天皇御願の法勝寺は、承暦元年（一〇七七）十二月十八日に導師天台座主覚尋《かくじん》、呪願《じゅがん》園城寺長吏《ちょうり》覚円《かくえん》のもと、請僧三百口により落慶供養された。金色釈迦像を安置した講堂では「今日より始め、この仏前において、諸宗の学徒を延喝し、一切の経論を転読す」（『扶桑略記』同日条）と記され、供養当日から諸宗の学僧による一切経論の転読が始まった。ただし、この時、法勝寺には一切経は未だ完備しておらず、康和五年（一一〇三）七月と天仁三年（一一一〇）五月の二度にわたり金泥一切経供養が行われた。天仁三年の金泥一切経供養願文（『江都督納言願文集』巻第一）によると、法勝寺一切経は五千三百巻からなり、そのうち二千巻（六地蔵寺本、身延本は「三千巻」）は先に供養されたといい、それは康和五年のことを指すと考える。つまり、一切経五千三百巻のうち、康和五年に二（三）千巻、天仁三年に三（二）千三百巻余が供養されて、完成した。両供養会ともに、白河上皇臨幸のもと請僧百口により行われ、金泥一切経の供養は白河院の在位中からの御願であったという（『百錬抄』天仁三年五月十一日条）。一切経の書写事業は法勝寺落慶前後から始まったといえ、完成までに三〇年以上の歳月を要したのは、諸本を対校し勘経《かんきょう》（経文の校合）を行うなど（落合、一九九四・九八）、時間をかけた書写がなされたからである。

　尊勝寺は康和四年（一一〇二）七月二十一日、法勝寺供養の例にしたがい（『中右記』同年六月十八日条）、請僧三百口により落慶供養された。「講堂、始めて一切経〈大般若経〉を転読せらる」（『諸寺供養記』）といい、供養当日から講堂では大般若経の転読が始まった。落慶時にはおそらく大般若経六百巻しか具備しておらず、一切経が完成し供養されたのはその二年後の長治元年（一一〇四）二月二十九日であった。「件の御経、年来書かしめ給うなり、法成寺本を以て書写せらるなり」（『殿暦』同日条）というように、尊勝寺経は法成寺一切経（奝然《ちょうねん》請来の宋版一切経）を底本にすることにより、短期間で書写ができた。法勝寺一切経が勘経を行い主に奈良朝写本を底本としたのに対して、尊勝寺一切経の底本は宋版で、その違いは興味深い。

中尊寺一切経の完成が持つ意味

　このように、平安後期に京で建立された伽藍をともなう御願寺には五千三百巻の一切経が置かれていた。法勝寺・尊勝寺いずれも落慶供養には、一切経の完成は間に合わなかったが、供養当日より講堂では「一切の経論」「一切経」の転読を始めたと明記されている。尊勝寺では、実際には大般若経しかなかったが、それが将来完成する一切経の一部とみなされており、御願寺伽藍には一切経が置かれるべきと考えられていた。そして、一切経が完成すると盛大な供養がなされた。

　一方、清衡の平泉入部以来、中尊寺では堂舎の整備と並行して、法宝たる一切経の書写事業が進められていく。そして、一切経が完成した天治三年三月に、清衡は「鎮護国家」の名にふさわしい堂舎を選び、あらためて「大伽藍」の供養会を催したのである。都の例を参照するならば、中尊寺は一切経を具備するしかるべき格式の寺院として、「鎮護国家の大伽藍」「御願寺」たるべき条件をみたすことになったといえる。

4 「金銀泥行交一切経」（中尊寺経）の製作

奥州での書写

天治三年三月二十四日という供養会の式日は一切経の完成に合わせて設けられた。後述のように清衡は権門諸寺院、特に延暦寺と良好な関係を築いており、一切経の書写事業にもその縁が活かされたことは既に指摘されている。

天治三年に供養された中尊寺一切経（以下「中尊寺経」と呼ぶ）の大部分は、近世初頭に金剛峯《こんごうぶ》寺に移り、同寺ほかに現存する。清衡所願の中尊寺経についての研究蓄積は厚く、近年では京都国立博物館により計九年にわたる調査がなされ、三冊の調査報告書が刊行されている（上山、一九九〇・藤澤、一九九七・興膳、二〇〇五）。中尊寺経の原本や写真を閲覧する機会には恵まれていないが、これまで紹介されている奥書等の情報より（水原、一九八一、上記報告書三冊）、新たな論点を提示することは可能だと考える。

供養会の翌日、清衡が発給した中尊寺経蔵別当職補任状《べっとうしきぶにん》（口絵、『平泉町史　史料編』中世文書二号）には「右、件の自在房蓮光においては、金銀泥行交一切経の奉行として、自ら八簡（箇）年内に書写し畢ぬ」とあり、経蔵別当に補任された自在房蓮光が奉行（責任者）として、八ヵ年にわたり書写したのが「金銀泥行交一切経」（中尊寺経）だという。経典の書写奥書によると永久五年（一一一七）二月の記載が最古で（華厳経巻十、山本、一九七二）、約一〇年の歳月をかけて製作されたことになる。例えば、大品般若経巻三十の奥書には「元永二年己亥五月二十五日庚午午時奥州江刺郡益沢院内においてこれを書き畢ぬ、執筆修行僧　堯暹《ぎょうせん》／大檀主　藤原清衡、北方平氏」とあり、本巻が奥州で書写されたことは確実である。執筆の堯暹は、蓮光のもとで実際の書写にあたった在地の僧侶で、類似の奥書より、永昭も執筆に関わったことが知られる（華厳経巻二）。そして、延暦寺関係者が料紙を調進し、奥州へ送ったとの記載が経典料紙の紙背に残っており（山本、一九七二）、また、赤外線撮影により判読した紙背《しはい》文書から京都で「紙屋」が料紙を調進・装丁していたことも指摘されている（羽田、二〇〇五）。ただし、これまでに、中尊寺経が奥州以外で書写されたという見解はみられない。

都での書写・校合

奥州での書写が確実な経巻がある一方で、全巻がそうかというと疑問が残る。奥書には、清衡らを大壇主として記すものと、それ以外の記載とが存在し、後者のうち光讃《こうさん》般若波羅蜜多経巻八には、次のような裏書がある（写真は興膳、二〇〇五　一三頁に掲載）。

校本に曰く
　第八本
　　長治二年六月廿五日校了
　　　鴨宮本もって書き了ぬ、件本唐本をもってこれを校じ了ぬ
　　元永二年五月十一日校了　僧政算

元永二年五月に僧政算が中尊寺経の校合を行った。その校本には「第八本／長治二年六月廿五日校了／鴨宮本もって書き了ぬ、件本唐本をもってこれを校じ了ぬ」と記されており、校本に用いたのは鴨宮本を底本に書写され、長治二年（一一〇五）に唐本（宋版）で校正した写本であった。ここで問題となるのは、僧政算が校合《きょうごう》を行った場所である。鴨宮本とは京の下鴨社の経典で、それを底本として宋版で校訂した写本が、奥州にあった可能性も否定はできないが、政算は京都で校合したとする方がその蓋然性ははるかに高い。また、先行研究が指摘するように、中尊寺経には宋勅版（開宝蔵）の刊記をそのまま書写した経巻が一〇本あり（山本、一九七一）、それらは尊勝寺一切経と同様、奝然請来の法成寺経の書写系譜に列なる写本といえる。その底本も奥州よりも京都にあったとする方が妥当だろう。さらに、延暦寺の安然《あんねん》所持本の系譜の写本もあり（蘇婆呼童子請問経巻下）、料紙の調達とともに、経典書写にも延暦寺が協力したと考えられ、宋勅版系写本の閲覧にも延暦寺が便宜を図った可能性もある。

以上のことから、一切経の書写は奥州とともに、京都周辺でも組織的になされたと考える。料紙の装飾、界高《かいこう》・界幅《かいふく》（経典の界線の高さと幅）などを統一した上で、都で書写され平泉に運ばれた経巻がかなりあったとみる。かかる仮説の当否は原本調査により検証が可能で、今後、閲覧の機会を模索したい。

いずれにせよ、中尊寺経は、奈良末期の写本（薬師瑠璃光七仏本願功徳経巻下）、安然所持本、鴨宮本、宋勅版などさまざまな系譜の写本を底本や校本に用いたことが奥書よりわかり、法勝寺一切経のように方針を定めて書写・校合されたわけではなく、多様な系譜を持つ経典が一具の一切経をなしていたことになる。

平安後期に紺紙金泥一切経を製作したのは天皇・上皇・女院など王権構成者であり、「金銀泥行交一切経」は奥州藤原氏の政治的地位を示す威信財として、〈宗教都市〉平泉の象徴となった。それゆえ、一切経を納めた中尊寺経蔵は特に重要で、前述のように頼朝の陣に参じた中尊寺経蔵別当心蓮が平泉の寺院組織の次席だった事実からもうかがえる。

5　請僧千五百三十口と千僧御読経

異例の規模の請僧

法勝寺・尊勝寺ともに一切経供養の請僧は百口で、五百三十口が経

題を読み上げた天治三年の中尊寺経供養は異例の規模であった（中尊寺経供養の後だが、天承元年〈一一三一〉六月十七日、白河院追善のために法勝寺で行われた金泥一切経供養〈転読〉は請僧が五百口である〈『百錬抄』『長秋記』同日条〉）。しかも、千僧御《み》読経《どきょう》も同時に行われた供養会にはあわせて千五百三十僧がよばれ、三百僧による法勝寺・尊勝寺の落慶供養とは比較にならない規模であった。一二世紀末の中尊寺の禅房（僧房）数が三百余で（「寺塔已下注文」）、天治三年には住僧はもっと少なく、中尊寺には法会に出仕可能な学侶は数百人もいなかったはずである。都の御願寺や権門寺院の落慶供養では南都・天台・真言の顕密八宗の僧侶が請じられており、天治三年の供養会も請僧千五百余僧の多くは、権門寺院の学侶だったと考えられる。供養願文を読み上げた導師は延暦寺の相仁已講であり、相仁より臈次の低い若手の学侶が多数、奥州へ下ったことになる。

先例のない規模の僧侶の参加は、藤原清衡と権門寺院とのつながりによるもので、その鍵が千僧供にある。「寺塔已下注文」の「一、関山中尊寺の事」には「凡そ清衡在世三十三年の間、吾朝延暦・園城・東大・興福等寺より、震旦天台山に至り、寺ごとに千僧を供養す」と記す。南都・北嶺の権門寺院や中国の天台山で、清衡は千僧供養を行ったという。天台山での実施については事実かどうかは不明だが、国内については裏付ける史料がいくつかある。『中右記』大治二年（一一二七）十二月十五日条によると、陸奥守藤原良兼《よしかね》が日吉社の宮主法師を殺害刃傷する事件が発生し、鳥羽院の議定で対応が議論された。陸奥国解《こくげ》（国司から朝廷へ提出された文書）には、次のように記されていた。

> 住人清衡、山の千僧供がため、保を立て七百町を籠めるなり、これ有宗朝臣の任より、立て始むと雖も、其の後の国司の時、いよいよ田数を広ぐなり、新立の庄たるにより、制止を加うの間、日吉社の使濫行を成すなり、

源有宗は嘉保二年（一〇九五）正月に陸奥守に補任され、承徳二年（一〇九八）八月まで見任が確認できる。つまり、一一世紀末、藤原清衡は国司と協力して、延暦寺千僧供の経費を賄うための保（国衙領内の所領）を立て、保の田数は拡大していった。しかも、大治二年の事件は陸奥国で発生しており、実際、日吉社使が陸奥で徴税活動を行っていたことがわかる。注目されるのは、清衡により保が立てられ、千僧供の恒常財源が確保された事実である。一一世紀末より延暦寺では清衡所願の千僧供が年中行事として行われていたのである。

また、『古事談』巻五—三四には園城寺《おんじょうじ》の梵鐘《ぼんしょう》に関する次の説話を載せる。

> 而《しか》るに去《さ》んぬる年の比《ころ》、鎮守府将軍清衡、砂金千両を寺僧千人に施す、其の時三綱《さんこう》某、五十人の分を乞い集め、五十両の金をもって広江寺の法師に給う、是れ、件の鐘主法師悦びを成して、件の鐘を売り畢《おわ》ぬ、

園城寺の三綱（寺務をつかさどる僧の職）が、清衡より寺僧に与えられた布施五〇人分（砂金五〇両）で広江寺の梵鐘を購入したという話で

ある。一人金一両の布施は上皇主催の法会でも確認でき、格式の高い法会での相場といえよう（『長秋記』天承元年六月十七日条）。山千僧供では恒常的な財源が確保されていたが、こちらは清衡が布施を用意しているため、この千僧供は臨時法会で、また園城寺僧千口が勤修しているので、会場は園城寺だと考える。

このように、清衡は中尊寺建立に着手した一一世紀最末より、延暦寺では千僧供を恒例法会として実施し、園城寺では臨時に千僧供を行っていたことがわかった。そして、上記「寺塔已下注文」でいうように、東大寺・興福寺等でも千僧供を挙行した可能性は高い。清衡は延暦寺のみならず、園城寺、さらには南都の権門寺院でも、千僧供を実施し、多額の布施を与えることで、諸権門寺院やその寺僧と親密な関係を構築していった。それが中尊寺の整備と並行して実施された点が重要で、清衡は南都・北嶺の権門寺院の諸僧を結集した法成寺や法勝寺など京の御願寺のありようを熟知した上で（上島、二〇一〇a）、中尊寺のあるべき姿を模索していたのである。そして、諸権門寺院と良好な関係を構築していたゆえに、天治三年の供養会にさいしては千五百余口の僧侶を平泉に請ずることができた。すなわち、天治三年の千僧供は、清衡が諸権門寺院で行ってきた千僧供の集大成ともいえよう。

天治三年の供養の意義

ここまでの論点をまとめるなら、天治三年の供養会は、三〇年余の歳月をかけて整備を進めた中尊寺伽藍の一部を「鎮護国家の大伽藍」「御願寺」として供養すると同時に、約一〇年がかりで書写した一切経を供養し、さらに、長年、清衡が諸権門寺院で挙行してきた千僧供を平泉で勤修するという三つの法要が同時に行われたものであった。それは、清衡が平泉を拠点と定めて以来、平泉や京周辺で行ってきた作善の集大成であった。そして、清衡は御願寺たる権威を戴くことで、自らの政治的地位をも固めたことを世に示したのである。

落慶供養と一切経供養は法勝寺では別々に実施されていた。清衡が行った三つの法要をひとつの法会として実施することには前例がなく、しかも千五百余僧という未曽有の僧侶が請じられ、都ではやる数量功徳主義を極めたものといえよう。請僧への布施を一口金一両と見積もっても莫大な経費を要し、それまでに類例のない贅を尽くした供養会が営まれたのである。

以上、四節にわたり天治三年の供養会について論じてきた。御願寺となった「鎮護国家の大伽藍」は既存の中尊寺にある堂舎の一部であった。換言するなら、「鎮護国家の大伽藍」に加えて、阿弥陀堂たる二階大堂（大長寿院）と清衡の墓所となる金色堂などを含み込んだ空間が関山中尊寺であった。そこには清衡の政治構想を読み取ることが可能である。つまり、自ら建立した伽藍の一部を「鎮護国家の大伽藍」「御願寺」として供養した清衡は、都の王権を擁護する従順な姿勢を示すものといえるが、その御願寺に加え、自らの安穏や追善を祈願する堂舎を包摂した上位の範疇として中尊寺が存在しており、そこには独立王権への志向性が潜んでいると評価したい。これこそが、天治三年供養会の歴史的意義なのである。

『古事談』巻二―七六には、源俊明《としあきら》が丈六仏を造るさいに清衡が砂金を献じてきたが、俊明はそれを受け取らず返却したという。その理由を、俊明は次のように語ったという。

清衡、王地を押領《おうりょう》せしめて、只今謀反《むほん》すべき者なり、其の時は追討使《とうし》を遣わすべき由、定め申すべきなり、仍《よ》りてこれを請《う》くべからず、

これは清衡の陸奥における政治的な動向を冷徹な目で見ていた有能な公卿の見方だが、清衡のかかる側面がたしかに天治三年の供養会からも読み取ることができるのである。

6　毛越寺講堂と平泉の諸法会

僧宝が未整備の中尊寺

「鎮護国家の大伽藍」の供養会は未曽有の請僧で、都の御願寺や権門寺院の落慶をはるかに凌駕する規模であった。しかしながら、見た目の華やかさとは裏腹に、「鎮護国家の大伽藍」を包摂した中尊寺は未だ寺院としては道半ばであった。

法勝寺・尊勝寺では、落慶供養当日から講堂で一切経の転読が始まった。一方、天治三年の供養会では、同時に金堂（釈迦堂）で法華経転読と一切経の題名供養がなされ、中尊寺には一切経が置かれることにはなったが、講経法会《こうきょうほうえ》（経典を講説する法会）の場たる講堂は存在しなかった。それは中尊寺の僧団組織が未整備だったことを反映している。通常、権門寺院の供養会では、一山の長が導師を勤め、呪願には他宗の権門寺院の貫首《かんしゅ》が招聘された。しかし、天治三年、供養願文を読み上げたのは相仁已講とされ、延暦寺から派遣された学侶が導師を勤仕《ごんじ》した。中尊寺には、相仁に匹敵するしかるべき学僧はおらず、源忠已講が平泉の首座であった一二世紀末とは隔世の感が強い。供養会の請僧の多くは南都・北嶺の学侶だったと考えられ、奥州藤原氏にとっては僧宝《そうほう》（僧侶集団）の整備が次なる課題であった。

円隆寺講堂と論義会

それが実現するのが基衡の時代で、彼が創建した円隆寺（毛越寺の一部）には、金堂とともに講堂があり、そこで「寺塔已下注文」の「一、両寺一年中問答講の事」に記された諸法会が行われたと考える。つまり、円隆寺講堂の建立こそが、〈宗教都市〉平泉が次なる段階へと跳躍したことを示すのである。講経法会の整備と並行して、中尊寺・毛越寺では延暦寺との交流を一層深めることで学僧の養成を図り、順次、寺内の僧房数も増加していった。

「寺塔已下注文」には「一、両寺一年中問答講の事」として、長日延命講・弥陀講・月次《つきなみ》問答講・正五九月最勝十講等の法会があげられており、注目したいのが月次問答講と正五九月の最勝十講等である。月次問答講は毎月の式日《しきじつ》（定まった日）に行われる講問論義《こうもんろんぎ》で、講師《こうじ》と問者《もんじゃ》の間で経論解釈を巡り問答が繰り返された。毎月行われた問答

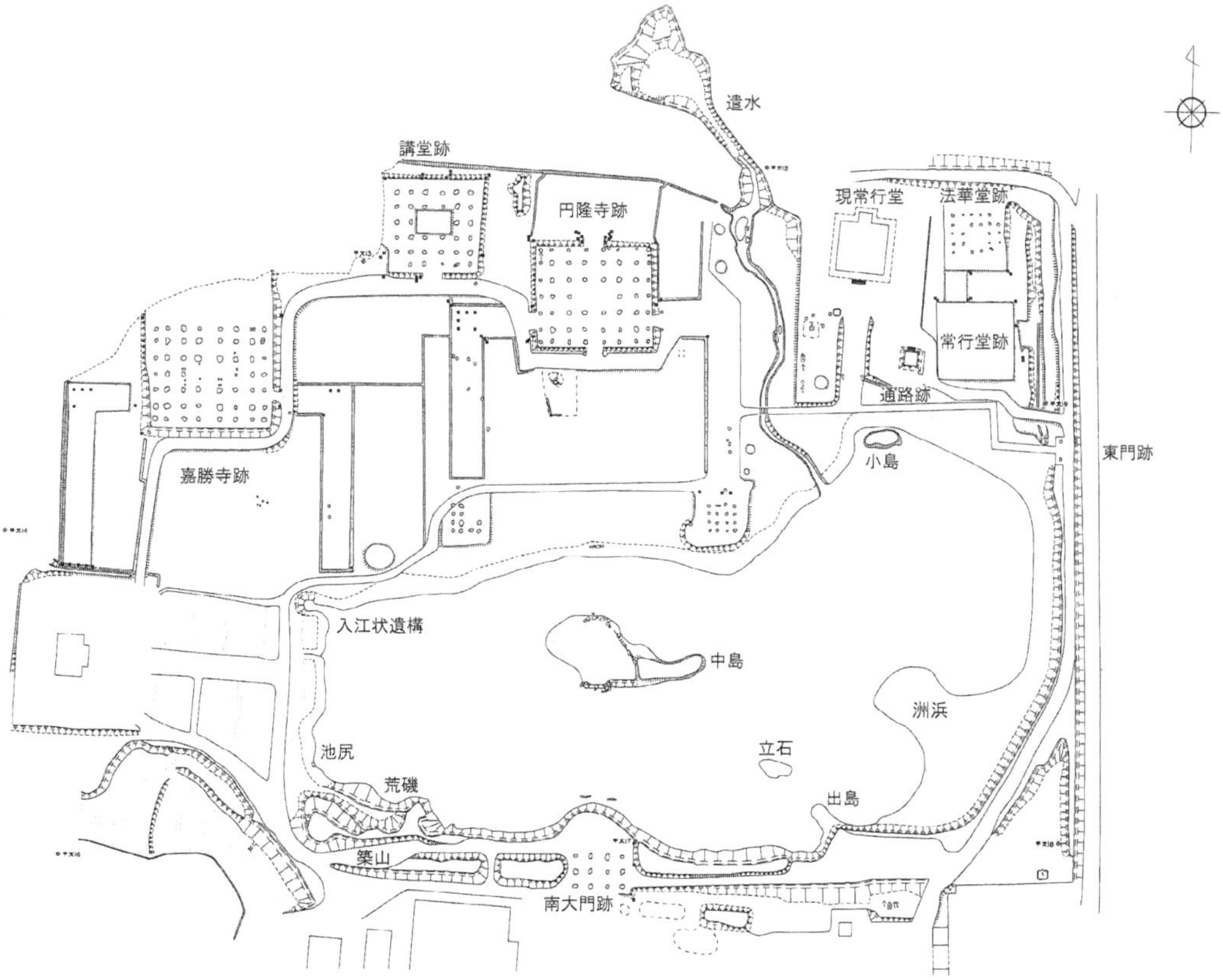

図3―1　毛越寺伽藍図（島原弘征『平泉の文化史1』第2章収載）

講に対して、「正五九月最勝十講等」と記されるのは、金光明最勝王経を論義する最勝十講や、法華八講（十講）などの論義会であり、四ヵ月に一度、年三回実施された。一座毎に講師が交替し、高座に着いた講師は対象となる経典の箇所を講説した後、講師の解釈に対する疑義を複数の問者が問いただし、講師・問者の間で論義がなされた。十講（十座）を実施するには、講師たりうる十名の学僧が必要であり、平泉における僧宝の整備が進みつつあることが知られる。

当時、朝廷の法会体系では論義会《ろんぎえ》がもっとも格式が高く、それは平泉でも同じだったはずで、学僧の修学において、年三度の最勝十講等が平泉での最重要法会であった。それらは都の北京三会に該当し、毎月の問答講はその次第業《しだいぎょう》（準備の階梯）だといえる。北京三会では延暦寺僧と園城寺僧が対問し、朝廷や御願寺での論義会においては他寺僧が問答したことから類推して、平泉の最勝十講等や問答講でも中尊寺僧と毛越寺僧が論義したと考えられる。つまり、平泉では学僧たちは年三回の最勝十講等に備えて、毎月問答講を行い、彼らは日々、中尊寺や毛越寺の僧房で研鑽《けんさん》を積んだのである。そして、これらの諸法会は本寺延暦寺で行われる諸法会に連なり、さらには朝廷の法会体系の末端に位置づけられたのである。平泉の「両寺一年中問答講」は延暦寺内の三塔で行われる問答講・番《つがい》論義（二人ずつの組で行う簡略な形の論義）に相当し、朝廷・延暦寺の法会体系の末端に組み込まれることにより、平泉の学僧たちは都や延暦寺との間を行き来して研鑽を積むことが可能となり、学僧の教学水準は向上し、一二世紀末には源忠巳講のような延暦寺の学侶が下向する環境が整った。

同様の秩序は、天台末寺六ヵ寺が「酒見大明神」で論義講を行っていた播磨地域でも確認でき（『峯相記』、苅米一志、二〇〇七）、平泉同様、六ヵ寺合同で論義が行われていた。一二世紀を通じて南西は国東半島から北東は平泉まで、天台末寺が展開していく。本寺と末寺との強い結合を支えたのが、学侶の修学システムたる論義を軸とする法会体系であった。北京三会では講問論義とともに竪義《りゅうぎ》（論義の当否を判定する試験）が行われ、竪義が学道階梯の試験としての役割を果したが、平泉では竪義の実施は確認できない。それは竪者の答弁を判定する探《たん》題《だい》を勤めうる学僧の不在が原因だが、同時に、天台末寺が全国に展開するなか、本寺が竪義を独占することでその優位性を担保したと考える。

護国法会の挙行

講経法会の場たる円隆寺講堂創建の意義について論じてきたが、「寺塔已下注文」の「一、年中恒例法会の事」では、二月常楽会《じょうらくえ》、三月千部会・一切経会、四月舎利会《しゃりえ》、六月新熊野会《いまくまの》・祇園会、八月放生会、九月仁王会をあげている。「一、両寺一年中問答講の事」の記載法会を含め、平泉で行われた諸法会のうちで、仁王会と最勝十講（最勝講）は護国経典を講説・論義する法会である。都では、仁王般若経を講説する仁王会は春秋二季の恒例法会として実施され、長保四年（一〇〇二）から始まった最勝講は三年後には内裏清涼殿で営まれる恒例法会として定着し、永久元年（一一一三）より仙洞最勝講も始まる。かかる最勝講は朝廷や御願寺で行われる諸法会のなかで、最も格式の高い法会であった（上島、二〇一〇b）。このように、朝廷（天皇）や院権力が鎮護国家を祈念する目的で営む法会が、平泉で実施された事実は奥州藤原氏の権力の性格を考える上で興味深い。

さて、「一、年中恒例法会の事」では諸法会を列挙したうえで、「講読師請僧或は三十人、或は百人、或は千人、舞人卅六人、楽人三十六人なり」と記す。千僧による法会の実施は誇張と思われるが、平泉には舞人・楽人がおり、舞楽付きの法会が行われていたことは注目され、上記のうち常楽会・一切経会・舎利会がそれに該当しよう。舎利会は貞観二年（八六〇）に円仁が延暦寺で始行し、同八年に式四条で恒例法会となった（『日本三代実録』同年六月二十一日条）。一切経会は藤原頼通《よりみち》建立の平等院で延久元年（一〇六九）より始まり（『初例抄』）、平等院は天台の影響力が強い。また、常楽会（涅槃会《ねはんえ》）は諸宗諸寺で行われたが、舎利会同様、叡山での法会の影響下にあるとみるのが妥当だろう。天治三年の供養会同様、平泉では本寺延暦寺での形式を摸した大規模な舞楽付きの法会が年中行事として行われており、それは平泉の格式の高さと経済力を示すものといえる。一切経会は中尊寺金堂を会場《えじょう》とするのがふさわしく、舞楽付きの法会は中尊寺・円隆寺・嘉勝寺等の金堂で行われたと考える。

7　基衡の評価をめぐって

京文化への憧憬

基衡とその妻は毛越寺に統轄される諸寺院を建立するにさいして、都と貴族文化に対する強い憧れを持っていたことが「寺塔已下注文」の記述から知られる。円隆寺の額は関白藤原忠通《ただみち》が、堂中の色紙形は藤原教長《のりなが》が書き、金堂の本尊は京の仏師雲慶《うんけい》が造ったという。また、吉祥堂本尊は京の補陀洛《ふだらく》寺の観音を摸したもので、観自在王院《かんじざいおういん》阿弥陀堂の四壁には京都霊地名所が描かれ、小阿弥陀堂の障子色紙形も教長が書いている。さらに、基衡が円隆寺と嘉祥寺という金堂を中心とする両伽藍を建立したのは都の六勝寺の影響で、しかも複数建てたのは数量功徳主義の現れと考えられる。

このように京文化に憧れそれを積極的に受容する反面、独自性もみられる。円隆寺金堂と嘉勝寺金堂を併置しながら、両寺の間には築地を設けず、二つの寺院を毛越寺というひとつの寺院組織に統轄する形態は異例といえる。また、円隆寺の講堂が伽藍の中軸線からずれていることも珍しく、それは池・中島のスペースを確保したことによる地形上の制約が原因で、伽藍配置よりも池・中島が重視されていた。

「寺塔已下注文」の説話

「寺塔已下注文」には基衡に関するつぎの説話を収める。基衡が都の雲慶に依頼して財を尽くして製作していた円隆寺金堂の本尊となる丈六薬師仏を見た鳥羽法皇は、比類なきもので、洛中から出してはならないと命じたという。それを聞いた基衡は、「心神度を失う、持仏堂に閉籠し、七ヶ日夜水漿《すいしょう》を断ち祈請」し、関白忠通の仲介により鳥羽院の許可を得て、仏像を平泉へ運んだという。ここでは、院権力の前でなすすべのない基衡の姿が描かれているが、それは表向きのことだと考える。父清衡が中尊寺の一部を「鎮護国家」の名目で「御願寺」として白河院・鳥羽院を筆頭に万民の安穏を祈念したのに対して、基衡は六勝寺をモデルとした円隆寺・嘉勝寺を御願寺とすることはなく、都の王権の権威を戴こうとはしなかった。両寺金堂の本尊はいずれも丈六の薬師仏であり、これは基衡自らと親族の息災を願ったものであろう。しかも、自らが護国法会たる仁王会や最勝十議を主催し万民の安穏を祈念する基衡の姿は、天皇や院権力のごとく振る舞っているともいえる。表面的であれ、都の王権に従順な姿を示した清衡に対して、基衡にはかかる配慮はみられない。京文化に対する憧憬の念は強いものの、王権に対しては明確に距離をおこうとする基衡の姿勢が認められるのである。

そうした基衡の姿をとらえた説話に、『古事談』巻二―二四がある。藤原忠通が自ら書いた額は基衡の堂の額だと聞いて、取り返し、破壊させたという。忠通が円隆寺の額を書き、鳥羽院との仲介をしたという「寺塔已下注文」の記載とは全く逆のとらえ方である。「寺塔已下注文」と『古事談』との差異は、奥州藤原氏の自己認識と都の貴族たちの理解との落差を示すものとして興味深い。清衡とは異なる基衡の振る舞いが、かかる京での評価を助長したといえよう。

8　秀衡の事蹟

〈宗教都市〉平泉の完成

秀衡の事蹟として注目すべきは、〈宗教都市〉平泉を完成させたことである。「寺塔已下注文」の「一、鎮守の事」には、中央に惣社《そうじゃ》が、東方に日吉・白山社、南方に祇園・王子諸社、西方に北野天神・金峯山、北方に今熊野・稲荷等社が祀られていた。しかも以上の四方の結界社は悉く《ことごとく》「本社の儀」を摸したという。後白河院が法住寺殿近辺に今熊野社を創建したのが永暦元年（一一六〇）で、今熊野社の平泉への勧請はそれ以降でなければならず（菅野、一九九四）、惣社・四方結界社の建立は秀衡期の前半だといえる。

中尊寺・毛越寺を取り込んだ都市平泉全体が四方社で結界され、内部が法会の会場のごとき空間となったことは前述した。そこで行われる「年中恒例法会」のうち六月今熊野会も、後白河院創建の今熊野社六月会の影響のもと、秀衡期に付加されたもので（菅野、一九九四）、ここに平泉の恒例法会・問答講も完成をみた。都市を法会会場に見立てることは類例がなく、清衡・基衡の中尊寺・毛越寺の整備を踏まえて、秀衡が惣社・四方結界社を建立することで、〈宗教都市〉平泉は完成したのである。

秀衡の宗教政策

秀衡が発願したのは無量光院（阿弥陀堂）のみで、そこには常住の僧団が置かれなかった。これは後白河院政期になると六勝寺の時代が終わり、金堂を中心にした伽藍をともなう寺院が創られなくなり、後白河院が蓮華王院《れんげおういん》（観音堂）を自らの主たる御願寺としたことに対応している。「寺塔已下注文」の「一、無量光院新御堂と号すの事」には「秀衡これを建立す、その堂内の四壁扉に観経の大意を図絵す、しかのみならず、秀衡自ら狩猟の体を図絵す、本仏は阿弥陀丈六なり、三重宝塔院内の荘厳悉くもって宇治平等院を摸すところなり」と記す。無量光院が翼廊をともない、平等院を模したことは発掘成果からも知られている。ここで注目したいのは、御堂の扉絵で、観無量寿経の大意とともに、秀衡が自らの狩猟の体を描いたことである。殺生を業とする自らの姿を描き救済を求めたと解することもできるが、これが日本では珍しい供養人《くようにん》の姿であることに注目したい。中国の石龕《せきがん》（塔）などには、本尊の脇に願主たる俗人（供養人）の像が刻まれるのが一般的であるが、日本では絵画等にも供養人が描かれることは希である。秀衡は京都の王権周辺での宗教政策に敏感であると同様に、寧波《ニンポー》吉祥院の宋版一切経一式を入手したように、視野は大陸にも広がっており、仏堂に自らの姿を描いたことは中国の様式をたしかに取り入れたことを示している。清衡が天台山で千僧供をしたという伝承を含めて、奥州藤原氏の世界観の広がりを示す事実といえよう。

今熊野社の勧請、今熊野会の実施、無量光院の建立のいずれもが後白河院の宗教政策を強く意識し、それを取り入れたものであった。ただ、基衡同様、秀衡も院権力周辺で生起した宗教文化を強く意識しつつも、王権そのものに擦り寄る姿勢はみせず、一定の距離を保ち続けた。対外的志向性や自立的な動きは藤原三代の底流に流れるものだが、清衡期と対比すれば、基衡・秀衡期になるとより顕著に現出したといえよう。

おわりに

藤原清衡（一〇五六～一一二八）、基衡（～一一五七?）、秀衡（一一二二?～八七）はそれぞれ白河院（一〇五三～一一二九）、鳥羽院（一一〇三～五六）、後白河院（一一二七～九二）とほぼ同世代で、同じ時代を生きた事実は重要である。

清衡は天治三年、中尊寺の一部を「鎮護国家の大伽藍」「御願寺」として供養した。請僧千五百余口の法会は都でも先例がない空前の規模で、御願寺や権門寺院の供養会をも凌駕する異例のものであった。かかる盛大な供養会がなされたものの、「鎮護国家の大伽藍」を包摂した中尊寺は寺院としての僧宝の整備は未だ不十分であった。基衡期に毛越寺を含め、平泉全体をひとつの寺院組織とみなし、仏・法・僧の三宝《さんぼう》の充実を図り、伽藍や法会とそれらを支える学侶がおよそ整う。そして、秀衡期には、平泉の寺院群を囲繞《いじょう》するように四方の結界社が設けられ、惣社も置かれることで平泉が〈宗教都市〉として完成した。院権力を中心とする王権周辺で生起した宗教文化をほぼ同時に受容しつつも、必ずしも京都に包摂されない独自の文化と権力を目指したのが藤原三代であった。三代を通じて底流では独立王権への志向性を有していたが、基衡・秀衡と世代が下るにしたがって、その現れ方はより顕著になっていったといえよう。

そして、源頼朝は都での奥州藤原氏の評判をも熟知した上、藤原三代の政治から学びつつも反面教師にして、自らが目指す政権をしたたかに構想したといえる。かかるなかで、奥州合戦の戦略や乱後の措置も練られたのである。

鎌倉に戻った頼朝は奥州合戦の戦没者を追善するために、永福寺《ようふくじ》の建立に着手する。永福寺の本堂二階堂は、中尊寺大長寿院の二階大堂を摸したとされ（『吾妻鏡』文治五年十二月九日条）、さらに落慶供養直前には次のような記事がある。

　永福寺の扉并びに仏後の壁画の功を終う、修理少進季長これを画す、これ秀衡建立の円隆寺を摸さる、画図に至りては、一事已上彼の如しと云々（『吾妻鏡』建久三年（一一九二）十月二十九日条）

「秀衡建立の円隆寺」とは『吾妻鏡』地の文の誤記で、「基衡建立の円隆寺」「秀衡建立の無量光院」のいずれかだろう。頼朝は平泉滞在中の文治五年九月二十三日に無量光院を訪れており（『吾妻鏡』同日条）、堂内の様子も熟覧したと考えられ、「秀衡建立の無量光院」が正しい。無量光院の扉・仏後壁画がそのまま模倣されたのなら、永福寺には狩猟をする願主の姿もあったはずである。頼朝が自らの姿に変えたのかは不明だが、供養人を図絵する大陸の様式が平泉を経由して鎌倉に伝わったことになる。平泉文化が果たした意義を考える上で、注目される事実である。

〔参考文献〕

入間田宣夫「中尊寺供養願文の偽作説について」『平泉の政治と仏教』高志書院、二〇一三年
上島　享a「藤原道長と院政」『日本中世社会の形成と王権』名古屋大学出版会、二〇一〇年、初出は二〇〇一年
〃　b「中世国家と仏教」前掲『日本中世社会の形成と王権』、初出は一九九六年
上山春平『金剛峯寺蔵中尊寺経を中心とした中尊寺経に関する総合的研究』一九九〇年
落合俊典「七寺一切経と古逸経典」『七寺古逸経典研究叢書　第一巻中国撰述経典』大東出版社、一九九四年
〃　「平安時代における入蔵録と章疏目録について」『七寺古逸経典研究叢書　第六巻中国・日本経典章疏目録』大東出版社、一九九八年
川端　新「院政初期の立荘形態」『荘園制成立史の研究』思文閣出版、二〇〇〇年、初出は一九九六年
苅米一志「中世初期の国衙と寺院」『就実大学史学論集』二二号、二〇〇七年
菅野成寛「都市平泉における鎮守成立試論」『岩手史学研究』七七号、一九九四年
〃　「平泉文化の歴史的意義」柳原敏昭編『東北の中世史①　平泉の光芒』吉川弘文館、二〇一五年
興膳　宏『中尊寺経を中心とした平安時代の装飾経に関する総合的研究』二〇〇五年
名児耶明『日本名跡叢刊　平安　藤原朝隆　中尊寺建立供養願文（模本）』二玄社、一九七八年
羽田　聡「赤外線撮影による中尊寺経の新発見文書について」前掲興膳宏書所収
藤澤令夫『中尊寺金銀字経に関する総合的研究』一九九七年
誉田慶信「唱導相仁と源忠已講」『中世奥羽の仏教』高志書院、二〇一八年
水原堯榮「秀衡経目録」『水原堯榮全集第四巻　高野山見存経蔵目録』同朋舎、一九八一年、初出は一九三一年
山本信吉「中尊寺経」藤島亥治郎監修『中尊寺』河出書房新社、一九七一年
劉　海宇「中尊寺供養願文写本の基礎的研究」『岩手大学平泉研究センター年報』六号、二〇一八年

コラム

中尊寺と毛越寺の法会

北嶺澄照

中尊寺と毛越寺は、天台宗の寺院として寺内にそれぞれ十七ヵ院の支院を包括する一山《いっさん》寺院である。「嘉祥三年（八五〇）、慈覚大師円仁の開山」との寺伝を有する両寺は、一山の僧侶達によって法灯《ほうとう》（宗教的伝統・仏法の流れ）が護持され、現在にいたっている。

中尊寺では毎年十一月二十四日、高祖天台大師（智顗《ちぎ》）を讃え仰ぐ天台会《てんだいえ》が執り行われるが、この法会が一年の大きな節目となっている。支院住職の後継者は数え一四歳で得度受戒し、その年の天台会に出仕してはじめて一山の僧侶と認められる。得度以後の年数を法臈《ほうろう》といい、天台会への初出仕をもって法臈一年と起算する。この法臈によって山内における座次が定められ、かつ重要な法会の諸役が決まるのである。

得度から二一年の間は結衆《けっしゅう》といわれ、修養階梯《かいてい》にある若年僧として位置づけられる。結衆の最上席のものを一和尚《いちおしょう》・役席《やくせき》といい、最下座からの四人を下四人《しもよにん》という。役席は法会の執行に関する一切の責務を担い、下四人はいわゆる「お小僧さん」として法会の準備や後片付け等に携わりながら、一山の伝統を肌身で感じ取り育っていくのである。

天台会（提供中尊寺）

如意輪講式（提供中尊寺）

結衆は、冬と夏には開山堂での堂籠もりがあり、日課の修法と勤行を行う。この期間の中心となる法会が一月五日と八月十日の秘密梵焼供《ぼんじょうく》である。慈覚大師将来の秘法とされ、他言・他見は許されない。樹林の中に野天の石造りの護摩壇《ごまだん》があり、一和尚が中尊寺独自の秘密護摩供を修する。得度し結衆に入り、下四人の最下座から一和尚へと進んで秘密護摩を修め、二一ヵ年を勤め上げて、はじめて一山における一人前の僧侶と認められるのである。

毛越寺常行堂の本尊は宝

毛越寺常行三昧供（毛越寺提供）

冠阿弥陀如来で、奥殿にはその守護神にあたる摩多羅神《またらじん》が祀られている。毛越寺の法会を代表するものは、正月十四日から二十日まで続く常行堂の摩多羅神祭である。「春祈祷」、「春神事」とも称される新春の祈願法会である。摩多羅神は念仏修行の守護神ともされるが、毛越寺の周辺地域においては「作神《さくがみ》様（農事の保護神）」として信仰されてきた。

結願の二十日、厳寒の堂内は四囲に注連縄《しめなわ》をまわし、これに菊・桐・茗荷・大根・扇・鳥居などの切り紙細工の華が下げられ、荘厳《しょうごん》される。午後三時からは献膳式となり、本尊には水引などで造られた色鮮やかな花献膳が、摩多羅神には野菜献膳が供えられる。

次いで午後四時から常行三昧供《じょうぎょうざんまいく》が執り行われ、慈覚大師円仁が中国五台山から伝えたとされる毛越寺独自の音律を持つ声明《しょうみょう》が唱えられ、奥殿では毛越寺の秘法とされる常行三昧御本地供《ごほんじく》が修法される。午後八時からは護摩供が修され、引き続き午後九時から仏神に「毛越寺の延年」が奉納されるのである。

平成に入り、平泉藤原氏ゆかりの法会が中尊寺で執り行われるようになった。

法華経一日頓写経会《いちにちとんしゃきょうえ》は、『法華経』八巻に開経である『無量《むりょう》義経《ぎきょう》』と結経である『観普賢菩薩行法経《かんふげんぼさつぎょうぼうきょう》』を加えた一部一〇巻を多人数で一日のうちに書写しあげる写経会である。

藤原清衡は大治三年（一一二八）七月、七三歳で死去したが、二代基衡はその亡父追善のため法華経一〇〇〇部一日経を発願している。これは一日のうちに一部一〇巻を頓写・講説し、生涯で一〇〇〇部に達することを願うものである。現存する大阪府金剛寺所蔵の法華経の奥書によれば、清衡没後二〇年にあたる久安四年（一一四八）には第五七二部まで進んでいたことが知られる。一日頓写経会はその先例に倣《なら》い、平成九年から毎年六月に行われている。

平成二十八年、両寺をはじめとする僧侶等により、およそ八五〇年ぶりに如意輪講式《にょいりんこうしき》が復元された。講式とは特有の曲節をともなった、仏菩薩などの徳を讃える式文《しきもん》を朗々と唱える法会である。式文は漢文訓読体で仏典・故実などから多くを引用する流麗な文体からなり、文学性・音楽性に富んだものである。

三代秀衡の母が比叡山の僧澄憲《ちょうけん》に制作を依頼したと伝えられる『如意輪講式』の写本が京都大覚寺に伝わっている。奥書によると、秀衡の母は如意輪観音を厚く信仰し講式の制作を願ったところ、澄憲は姫路の書写山円教寺に一四日間籠もり、講式を完成させたという。

仏教・文学・音楽学の専門家等により詞章の読み下しの検討と復曲がなされ、全七段のうち第四「本願《ほんがん》利益門《りやくもん》」、第六「如意福徳門」、第七「往生極楽門」の三段からなる形式で如意輪観音の慈悲功徳《じひくどく》を讃える法会が厳かに行われたのであった。

中尊寺、毛越寺における慈覚大師円仁の遺風を伝える法会は一山の根幹をなすものであり、再興された法会は平泉藤原氏による作善《さぜん》（仏教的な善行）を現代によみがえらせたものといえよう。

第四章　平泉の延年

沖本幸子

はじめに

中世、寺院はしばしば芸能の熱狂に包まれた。その核となったのが延年《えんねん》で、重要な法会の後や大事な客のもてなしに芸能を尽くした。「遐齢《かれい》延年（寿命を延ばすこと）」から出た言葉といわれる。

主な演じ手は僧侶。それに僧侶たちのアイドルだった稚児《ちご》が加わることもあった。しかも、古式ゆかしい伝統芸能を演じたのではない。当時最先端の芸能を競い合ったのだ。稚児たちの姿や声の美しさ、才気を味わえる白拍子《しらびょうし》舞もあれば、僧たちの勇壮な乱拍子《らんびょうし》舞、しゃれを尽くした開口《かいこう》、当弁《とうべん》といった語り芸や、おなかを抱えて笑いたくなるような猿楽《さるがく》芸など、そのレパートリーは実に多彩だった。

そんな延年の芸能を今に伝えるところは少ないが、平泉には毛越寺と中尊寺とに延年がある。特に、毛越寺の延年は、謎の異神、摩多羅《またら》神を本尊としつつ、今も数多くの芸能を伝えている点で貴重であり、中尊寺には鎌倉時代の銘を持つ女面や、古い翁面が伝えられている点が特筆される。

以下、まずは、簡単に平泉と延年の関わりについて確認した上で、毛越寺の常行堂修正会延年の芸能、特に「唐拍子《からびょうし》」という芸能に焦点を当てながら、そこから見えてくる中世の延年と芸能の世界をひもといてみたい。

1　歴史と現在

平泉と延年

平泉の延年がいつ頃から始まったのか、はっきりわかる史料は見つかっていない。しかし、平安末期、つまり、畿内で延年が盛んに行われはじめたまさにその時期、平泉でも延年の芸能が行われていたことがうかがえる。

弘長二年（一二六二）の記録に、平泉には、田楽の曲としてかつては二一曲あったこと、しかし、文治五年（一一八九）以降役者が不足したため四曲しか演じられなくなったことが記されているからだ（『鎌倉遺文《いぶん》』十二巻、同年四月一日付「陸奥国平泉中尊・毛越両寺座主下知状写」)。文治五年といえば、源頼朝が奥州藤原氏を滅ぼした年。その混乱の中で延年も縮小を余儀なくされたということだろうが、それ以前の奥州藤原氏の最盛期に、都からさまざまな芸能が伝えられ、平泉の延年が活況を呈していたようすがうかがえる。平安時代末期、平泉は都と直結した、最先端の文化基地だったのだ。

　もう一つ特筆すべきは、中尊寺に残されている女面に正応四年（一二九一）の銘があることだ。これは毛越寺の延年にある「若女《じゃくじょ》」と同系統の芸能の面、猿楽系の面と考えられている（後藤淑、一九八七）。ごく最近、ベルリン国立民族博物館所蔵の翁面に弘安元年（一二七八）の銘があることが確認されたが（大谷、二〇一六）、それ以前に確認されていた最古の翁面は一四世紀のものだから、鎌倉時代、一三世紀の猿楽系統の面がいかに貴重かがわかるだろう。猿楽の「翁」の文献上の初見は弘安六年（一二八三）で、その時は、春日臨時祭で巫女によって翁芸が模倣されている。逆に言えば、猿楽は、その頃、他人に模倣されるほどポピュラーになっていたことになる。いっぽうで、「翁」以外の当時の猿楽の芸能が果たしてどのようなものだったのか、手がかりとなる史料はきわめて少ない。だから、中尊寺の女面は、畿内で猿楽が人気を高め、「翁」が広く認知されはじめた頃の猿楽系の面として貴重なのだ。

　中尊寺には、銘こそないものの、古い翁面の優品も伝えられており、延年では「開口」という文字通り口開けの儀礼に翁が登場する。中尊寺の「開口」は、能の「翁」とは異なるが、翁面の芸能の広がりを考える上で示唆に富む。

　先の田楽の記事と合わせて考えると、文治五年、奥州藤原氏が滅ぼされる以前に、こうした猿楽系統の芸能もまた平泉に伝えられ、はぐくまれてきた可能性が高い。だから、平泉の延年は、遅くとも一三世紀、ひょっとすると一二世紀後半にさかのぼる延年や猿楽芸の姿を今に伝えているのかもしれない。今やほとんど見られなくなった延年や能以前の猿楽芸を考える上でも、きわめて貴重な芸能なのだ。

毛越寺延年の現在

毛越寺の延年は、常行堂の修正会《しゅしょうえ》の最終日、昔も今も一月二十日に行われる。修正会は、修二会《しゅにえ》とともに、年頭にあたり国家安泰を願うもので、中世の諸寺院においてもっとも重要な法会と考えられていた。旧暦で考えると、今の二月頃の季節感になるが、いずれにせよ、東北の寒い冬、時に雪降る中で行われる新年行事だ。「二十日夜祭」とも、その主神の名を冠して「摩多羅神祭」とも呼ばれる。もともとは、十一日に始まり、十四日から一週間にわたって続けられてきた修正会の最終日でもあり、そのお祝いを兼ねたような行事だった。

　現行では、当日午後三時から表の阿弥陀如来《あみだにょらい》と裏に秘められた摩多羅神への献膳《けんぜん》式、四時からは、初夜《しょや》と後夜《ごや》、二度の常行三昧供《じょうぎょうざんまいく》が行われ、その後、明治時代に取り入れられた厄除けの裸祭、蘇民祭《そみんさい》が乱入して場をわかせた後、九時過ぎから、静かに延年がはじめられる。

昔は明け方まで延々と芸能が繰り広げられたようだが、今ではほぼ日付が変わる頃には終わる。厳寒の季節、夜の冷え切った堂内で行われる芸能には一種独特の雰囲気がある。

現在の演目を、現存最古の書き付けで、文安六年（一四四九）前後に書かれたという大乗院蔵「医王山由緒相伝」の「古実祭礼次第之事」とともに並べてみると、以下のようになる。

現在：呼立、田楽、路舞（唐拍子）、祝詞、若女・禰宜、老女、
　児舞、京殿舞

文安：路舞、延年舞、田楽舞躍、呼立、祝詞、老女舞、若女舞、
　禰宜舞、児舞、勅使舞（京殿舞）、音楽、舞楽

現在では文安の時代にはあった「延年舞」がなく、また、「老女（舞）」のように一時途絶えて復曲されたものもあるが、基本的には現在にいたるまで、ほぼすべてが伝わって上演されていることがわかる。ちなみにここでいう「延年舞」とは「延年能」、延年に行う演劇のことで、かつては「留鳥《とどめどり》」「卒塔婆小町《そとばこまち》」「女郎花《おみなえし》」「姥捨山《うばすてやま》」の四曲が伝えられていた。現在では「留鳥」のみ復曲されており、二〇一七年には「京殿舞」の代わりに「留鳥」が上演されたが、能の原型を想起させる素朴な芸能だ。

今では、厳寒の冬の夜、演じ手の口からもれる息は白く、観客も、板の間から立ちこめてくる冷気と戦いながら、「伝統芸能」をありがたく静かに鑑賞している。しかし、近代以前の延年は、ほぼ同じ演目を行いながら、どうやらもっと賑やかで笑いに満ちたものだったらしい。

どよめきの延年

天明六年（一七八六）、平泉にやってきた菅江真澄《すがえますみ》の『かすむこまがた』をひもとくと、そこにあるのは、僧侶と観客が繰り広げる笑いとどよめきにあふれた延年の世界だ。

そのようすをかいつまんで見てみることにしよう。常行三昧《じようぎようざんまい》を終え、直会《なおらい》の宴がすむと、いよいよ延年が始められる。まずは「呼立《よびたて》」。中老が「上所《しやうどこ》、下所《げどころ》、一和尚《いちわしやう》、二和尚《になしやう》、三和尚《さんわしやう》、その次々の下立新《げりゆうしん》入《にゆう》まで穀部屋へ入らひ給《た》べと申せ（上役から下々のもの、新入りの者まで、皆穀部屋にお入りなさいませと申せ）」と承仕《じようじ》という下役の者に言うと、彼がもう一度この言葉を伝える。すると一人の観客が「穀部屋へ」以下の部分をもじって、「瓢《ふくべ》槍《やり》で突くといふが痛いかゆいと申すな（ひょうたんを槍で突くというけれど、痛いだのかゆいだの申すでない）」と小声でまねをしたという。「瓢」と「槍」はもちろん女陰と男根のことだから、男女のセックスに読み替えて、大きなどよめきと笑いを巻き起こしたのだ。

毎年同じ言葉が繰り返される儀礼的なやりとりの部分を、見事に笑いに転化したところがおもしろいが、なにもこの観客だけがふざけていたのではない。延年の芸能自体、延年という場自体が、こうした笑いを求めるような雰囲気になっていた。今では演目毎に僧侶が説明を加えるが、もともとは演目の合間毎に戯れの芸能が入ったらしい。

稚児たちが舞う「唐拍子」の後には黒い仮面をつけた若い衆徒たちが不思議なふりをして戯れたというし、老女がくしけずるふりをする「老姥舞《うばまい》（現在の「老女」）」の後には、若い小法師たちが産婦のまねをしてふざけたという。若女と禰宜《ねぎ》の舞の後には、法師がかつらをかぶって出てきて「わたしはものを知らない者だが、大勢の人を笑わせてこいと楽屋で頼まれてきた。人が笑ってくれれば私の役はすむ。さあ笑ってくだされ」と言い、人々は大声で笑いどよめき「これでめでたしめでたし」などと言って引っ込んだ。菅江真澄は「能の合間の狂言のような」とたとえているが、しかり。

大きな勤行《ごんぎょう》をなしとげた安堵と、直会のお酒がめぐった心地良さの中で、正式な芸能の合間合間に、仕草やセリフで堂内をわかせる工夫がされていたのだ。即興的だったせいか、個別の演目名称はなく「雑曲」「狂言の事」（普賢院蔵『内習定触座並記』「異名並通用詞」文化十一年奥書他）などとしてひとくくりにされていたようだ。そして現在、そうした戯れ芸能はすっかり姿を消してしまった。

しかし、おそらく中世以来の修正会や延年を考える上で、笑いが引き起こすどよめきやある種の熱狂は重要な要素だったと思われる。とりわけ、常行堂の本尊阿弥陀如来に向けてではなく、堂内の奥や別の場所に祀られている摩多羅神《またらじん》という謎めいた神を本尊にして行われる常行堂修正会延年は「狂騒」という言葉がぴったりくるような、賑やかで、笑いと戯れ、多くの音に満ちたものだったからだ。

以下、毛越寺延年の諸資料をほりおこし、詳細な記録を残した本田安次の研究に基づきながら、山本ひろ子の近年の研究を手がかりに、摩多羅神と拍子の関係について考察を加えてみることにしたい。

2　「唐拍子」と摩多羅神

常行堂と摩多羅神

すでに明らかにされてきたように、摩多羅神にはさまざまな側面がある。その全貌を捉えることは困難だが、主に天台系寺院の常行堂の奥に念仏修行の守護神として祀られ、玄旨帰命壇《げんしきみようだん》という一種の秘密結社のイニシエーションの本尊としての役割も担ってきた。祀られている各寺院で恐れられ、秘匿されてきたのも特徴だ。

伝説によれば、慈覚大師円仁《じかくだいしえんにん》が唐から引声念仏《いんぜいねんぶつ》を請来する際、帰国の船の上に現れたのが摩多羅神とされ、自ら障礙神《しょうげしん》であることを告白し、「わたしを祀らなければ浄土往生はかなわないだろう」と語り、円仁は常行堂に祀ったという（『渓嵐拾葉集《けいらんしゅうようしゅう》』三九「常行堂摩多羅神の事」）。実際にその名が記録に見えはじめるのは中世にいたってからで、常行三昧《じょうぎょうざんまい》、念仏三昧の守護神として比叡山をはじめとする天台諸寺院の常行堂に祀られた。

常行三昧とは、阿弥陀の名号を唱えながら仏を念じ、本尊阿弥陀仏の周りを巡り続け、極楽往生を祈念するものだ。かつては七日七夜にわたって行われ、行者はこの間、座ることを許されず、わずかな仮眠も立ったままという厳しい行だった。ほぼ不眠不休の行の中で行者たちをおそうさまざまな幻覚や恐怖心。それは、当然、修行を妨害する天敵でもあった。そして、どうやら摩多羅神は、この修行を妨害するさまざまな魔を調伏する役割を担っていたらしい。すなわち、障礙神、荒神《こうじん》たるこの神を祀ることで、その強大なパワーを魔を調伏する力に転じさせたのだ。しかも、その方法が振るっている。阿弥陀仏の前で法式通りに引声念仏を行いながら、後ろでは、僧たちが「跳ね踊り」、アットランダムに経を読み、まるで狂ったように演ずることで魔を滅し、自らの行を成し遂げるという（山本、一九九八）。

囃し、囃される摩多羅神

しかし、こうした摩多羅神の魔を調伏するという荒々しい役割や、厳重に秘匿された神としてのあり方と、残された摩多羅神像のイメージとは大きく異なる。よく知られているように、摩多羅神は笑みを浮かべ、鼓（太鼓）を打つ姿で図像化され、その神に従う二人の童子（丁礼多《ちょうれいた》と儞子多《にした》）もまた、それに合わせて時には鼓を打ち、そして、舞う姿で描かれているからだ。

毛越寺にも摩多羅神の彫像と画像とがあるが、三三年目毎のご開帳の折にしか礼拝を許されていない。彫像を実見した本田安次によれば、左側に大鼓をかかえ、まさに打とうと身構えている摩多羅神像を中心に、向かって左には丁礼多が小鼓を打つ構えをし、右には儞子多が、こぶしを握った両腕を前方で交差させて舞っている姿につくられているという。また、常行堂別当・大乗院に秘蔵されている画像も、写真によれば、中央で摩多羅神が左に抱えた鼓を打ち、童子もまた向かって右の一人が鼓を垂直に立てて打ち、左の一人が拍子に合わせて舞っている（本田、一九九八）。

さらに、常行三昧が修されている間に摩多羅神の祀られた奥殿の中で修される秘経「常行三昧御本地供」と、延年で、鼻高の翁面の者が密奏する「祝詞《のっと》」の詞章によれば（本田、一九九八）、円仁が常行三昧と引声念仏を唐から日本に持ち帰り、比叡山延暦寺で勤行していたところ、魔多羅神が影向し、「歓喜の笑」を含み「随喜の御手」を合わせて「歌舞の妙曲」を伝え、この常行三昧を守護する善神となったという。この時円仁が喜びのあまりその尊儀を移し、「仏後の数曲」として整えたのが今夜の延年の始まりとある。

こうした図像や伝説をもって「芸能神」とされるのが一般的だが、ここではもう一歩踏み込んで考えてみることにしたい。なぜなら、神に芸能を奉納するのは一般的だが、摩多羅神の特徴は、神自らが楽器を奏で「囃《はや》す神」だという点にあるからだ。しかも、雅楽のような伝統的な音楽を奏でているのではない。鼓（太鼓）という打楽器を選んでいるところが「今風」だ。摩多羅神が姿を現す中世初期に大流行した芸能、白拍子と乱拍子とが鼓に囃されて歌い舞うものなのだ。白拍子・乱拍子はもともとは共にリズムの名で、そのリズムに乗って歌う歌、舞う舞のことも指していた。笛の旋律にリードされメロディが重視される音楽とは違う、打楽器中心のリズムの芸能。白拍子と乱拍子とは、鼓だけで囃されて舞う、はじめての芸能だったのだ（沖本、二

図4―1　摩多羅神二童子図（日光山輪王寺所蔵）
鼓を打ち、囃す摩多羅神と舞う二童子。

〇一六）。

そして、最先端の流行にも敏感だったその神は、自らもまた、リズムに乗って囃されることを好んだらしい。天台宗の常行堂修正会延年を伝えた寺院には、「摩多羅神拍子」などと呼ばれる拍子が伝えられていて、文字通り摩多羅神を囃して、その来臨を願ったからだ。

そう。摩多羅神は「囃し」「囃される」神、「拍子」とともにいます神なのだ。

本章では、こうした摩多羅神の性質に注目しながら、毛越寺の延年に登場する「唐拍子」について考えていくことにしたい。

摩多羅神の拍子

まずは毛越寺の修正会延年で伝えられてきた摩多羅神の拍子を見ておこう。「唐拍子」と呼ばれる六曲の中の一番だ。

摩多羅神は三反　時やを加ふ仏かな　参れば願い　満て給ふ

（摩多羅神はトキを加える仏だなあ。お参りすれば願いをかなえてくださるよ。「呼立次第」ほか）


これは「呼立」の際に囃されたもので、現在では、この「呼立」で延年が始まるが、もともとは、「呼立」で「穀部屋」へと衆僧を招き祝宴を張ったものという（大乗院蔵『故実興行書』『諸記抜書』）。「穀」部屋での祝宴や、毛越寺の摩多羅神の作神としての性格（本田、一九九八、山本、二〇〇六）を踏まえれば「時やを加ふ」の「時」は「斎」だった可能性もあろう。この歌で、笏《しゃく》を手にとり、手拍子、足拍子を鳴らしながら摩多羅神を囃し、諸衆を穀部屋へ入るようにうながしたのだ（普賢院蔵「呼立口伝」）。笏で拍子をとったことから「笏拍子」とも「呼立拍子」とも呼ばれた。

同歌は、多武峰の修正会延年でも「摩多羅神拍子」として登場していた。

ヤ摩多羅神は仏かな　〱　参れば願いみて給ふ　〱

（摩多羅神は仏なのだなあ。お参りすれば願いをかなえてくださるよ。談山神社蔵『常行三昧堂万覚書』）


修正会の三日初夜の「摩多羅神の御輿迎え」、五日初夜の「摩多羅神の御会」で、こちらは修正会のために「時部屋」（斎部屋か）の天井に勧請されていた摩多羅神を礼堂（本尊阿弥陀仏の前の空間）へと迎え、そこに僧たちを招き入れ、いよいよ魔多羅神の目前で芸能が尽くされるという際に囃された。僧たちは、踊りながら部屋に入り、部屋の障子をたたいたという（談山神社蔵『常行三昧堂儀式』）。

日光山でも、同じく修正会の三日と五日、摩多羅神を迎えた「コク部屋」へと僧たちを招き入れ、摩多羅神の眼前で芸能をはじめるにあたり、鼓と銅拍子（鉦）に足拍子を踏み合わせ、鼓の腰についた鈴も鳴らしながら摩多羅神を囃したとある（輪王寺蔵『常行堂修正故実双紙』）。

日光山の記録には残念ながら歌詞が残っていないのだが、多武峰の修正会延年と同じ日に、それぞれ「礼堂」（多武峰）、「コク部屋」（日光山）という、摩多羅神が勧請された常行堂内の一空間に向かい、いよいよ摩多羅神の面前でさまざまな芸能を行おうという際に囃されているので、同様の歌と考えて良かろう。

なお、この拍子は、毛越寺では行《ぎょう》の際にも歌われていた。さらに、天台宗の総本山延暦寺で摩多羅神を本尊とするイニシエーション、玄《げん》旨《し》帰《き》命壇《みょうだん》でも、

摩多羅神は神かとよ　歩みを運べ　皆人の願いを満てぬことぞなき

（摩多羅神は神様だったということだ。〈そのもとに〉歩みを運びなさい。必ず皆の願いをかなえてくださるよ。叡山真如堂蔵『玄旨灌頂私記』）

として、師から弟子へと秘歌として伝授されていた。

囃す神は、また、鼓をはじめ、鉦や笏、足拍子、手拍子にのって囃される神でもあり、摩多羅神が深く「拍子」（摩多羅神拍子・唐拍子・笏拍子・呼立拍子）と関わる神だったことがうかがえよう。

3　唐拍子と乱拍子

路舞の起源伝承

今見た摩多羅神の拍子は天台諸寺院共通のものだが、いっぽうで、毛越寺「唐拍子」のおもしろさは、同じ拍子にのりながら、摩多羅神拍子だけでなく、さまざまな歌詞を歌い込み、さらに、二人の舞をつけた「路舞」という芸能を生み出していった点にある。

図4—2　毛越寺の唐拍子（路舞、毛越寺提供）

現在では、囃子方が太鼓を床に置き、笏で拍を打ちながら短い詞章を歌っていくが、はじめに囃されるのは、唐拍子二番の呪文のようなこの歌だ。以下、路舞の詞章は『内習書』による。

そよや見ゆ二反　ぜんぜれぜいが　さんざらくんずるろや　しもぞろや　やらずは　そんぞろに　そんぞろめに　かうころなんつぐしに　そよや見ゆ

ほとんど意味不明にしか見えないが、山本ひろ子は、これを摩多羅神を本尊とするイニシエーション、玄旨帰命壇灌頂の周辺で流布したものと看破した。

玄旨帰命壇で、二童子（摩多羅神の前で舞う丁礼多《ちょうれいた》と儞子多《にした》）相伝の

歌は、「シ、リシニシ、リシト」「ソ、ロソニソ、ロソト」といった「呪文めいたもの」で、「シリ」は「大便道の尻」、「ソ、」は「小便道」を囃したもので、性的な意味を含み、二童子の舞う姿は、男女の性交を表象したものという。迷いがそのまま悟りになるという本覚の境地の極限ともいえようが、これを今様的な歌詞と曲想に取り込み、擬態語のように継承されていったものと読み解いている（山本、一九九八）。

たいへん興味深い指摘だが、ここでは、「唐拍子」のこの歌が、二童子のハヤシを元としながら、唐語めいて作られていることに注意しておきたい。

そもそも唐拍子（路舞）には、こんな起源伝承があるからだ。

慈覚大師が入唐した際、清涼山の麓に童子が出現して舞ったという。大師が日本に戻り、当山を草創し、常行三昧の修法をなさっていると、忽然として童子二人が出現し、歌舞したものを今に伝えるところである。（宝積院蔵『医王山毛越寺金剛王院書上』天保一二年（一八四一））

ここに登場する二人の童子とは、もちろん丁礼多と儞子多のこと（山本、二〇〇六）。唐拍子は、この起源伝承を再現し、摩多羅神の二童子になり代わって舞う舞として伝えられてきたといえる。

「唐」から伝えられた唐語的な歌と拍子、「唐拍子」の路舞は、摩多羅神に囃され、歌い舞いながら、摩多羅神の来臨を願う芸能といえようか。

路舞の詞章と芸態

さてここで、路舞で囃されるほかの唐拍子の歌にも目を向けてみよう。五番の歌は、

忉利《とうり》の都には二反　仏のみ名をば　しらすなり　りりや〱〱り
五台山《ごだいさん》には文殊《もんじゅ》こそ　六時《ろくじ》に花をば　散らす也　りりや〱〱り

というもので、『梁塵秘抄』巻二所収今様の、

忉利の都は　歓喜《かんき》の御名《みな》をぞ称ふなる
五台山には文殊こそ　六時に華をば散ずなれ（二〇五番歌）

とほぼ同じ歌だ。四番拍子も、

八十有余の宮仕い二反　千代のたまめは宮の前《まい》　はらはら々に給はろと　幸草《さゆわい》をば　あこの千代犬に授け給い

と若干崩れた七五調四句、今様形式の歌になっている。一番の「摩多羅神拍子」も「摩多羅神は」と冒頭を三回繰り返すことになっているものの、その後の詞章は七五調になっていて、「唐拍子」「笏拍子」が基本的に今様調の歌になっていることがわかる。

また、「唐拍子」「笏拍子」と呼ぶことに現れているように、いずれも拍子を主体とする芸能で、さらに路舞では、菅江真澄が「しで掛け烏帽子ひきれたる、わかほふし、ひとり〱踊りぬ。里人是を兎飛《うさぎばね》といふ」（『かすむこまがた』）と記したように、兎のごとく跳ねるように

舞うものだったこと、現在でも、太鼓の囃子に乗って跳ねるように足拍子を踏む芸能であることも注意されてよい。

唐拍子と相乱拍子の基底

今見た路舞の芸態と詞章が重要なのは、実は、二人の童子が舞う同種の舞が、中世寺院の延年で行われていた形跡がうかがえるからなのだ。そこで一度毛越寺から離れて、中世、大きな法会の後などに衆徒たちが開催した延年の中に登場する相乱拍子という稚児舞について見ておくことにしたい。

相乱拍子は、その名の通り稚児二人で舞う乱拍子だが、記録が確認できるのは一五世紀に入ってからだ。まずは、永享元年（一四二九）九月二十二日、興福寺維摩会《ゆいまえ》の風流《ふりゅう》「崑崙山《こんろんさん》」に伴う芸能として出てくる。風流とは一種の演劇だが、その劇の最後に、崑崙山の造り物の中から二人の稚児が出てきて乱拍子を舞い、見学に来ていた満済《まんさい》は「びっくりした」と記している（『満済准后日記』）。また、寛正六年（一四六五）九月二十一日、同じく興福寺維摩会でも、「漢皇帝、万歳山《ばんざいさん》を御覧の所」という風流の最後にやはり同様の芸能が付いてきた。「美麗の小児」二人が万歳山より出て舞ったこと、大衆の喝采を浴びたこと（『長禄寛正記』『蔭涼軒日録』）などが記されている。

この後、同演目は、興福寺維摩会延年では、小風流の次、その最後を飾る芸能として定着していったようで、最後の興福寺維摩会延年の記録（元文四年〈一七三九〉『興福寺延年舞式』『大乗院新御門主隆遍維摩会御遂行仁付延年日記』）にもその名が記されている。

『興福寺延年舞式』には、相乱拍子の詞章が「乱拍子一声」として掲載されているのだが、それを見ると、

・万歳年経る亀山の下には　泉のふせ《深》ければ
　こけむす巌に松生ひて　梢に鶴こそ遊ぶなれ
　（万年の年を経るという亀山の下には、泉が深くたたえていて、苔むした巌には松が生え、梢には鶴が遊んでいるよ）
・諸法実相と観ずれば　峯の嵐も法の声
　万法一如と見る時は　谷の巌も花の色
　（すべてをありのままの姿で見ようとすれば、峯に吹く嵐も法の声に聞こえる。すべての事物は同じであると思えば、谷の巌も花の色に見える）

などとあって、いずれも今様調の詞章であり、鼓に囃される芸能だった。

ここまで来ると、毛越寺の唐拍子との符合に気づかされるのではなかろうか。二人の稚児が聖なる唐の山の前で舞うという設定、今様形式の詞章、そして、鼓の拍子……。

興福寺維摩会延年で行われているのは衆徒たちの遊芸である。したがって、相乱拍子もまた稚児を鑑賞するための芸能として作られたものと考えられる。しかし、一五世紀になってこの芸能が突然作られたとは考えにくい。なぜなら、この元となる芸能、乱拍子の最盛期は一三世紀頃であり、最盛期を遙かに過ぎた時代になって、わざわざ乱拍

子を用いて新しい芸能を作り出したと考えることは難しいからだ。むしろ、こうした相乱拍子の芸が成立してきた背景には、常行堂修正会に伝えられた摩多羅神を囃す丁礼多と儞子多の舞、清涼山で円仁の前に登場し、また、常行三昧供を修する際にも忽然として登場したという二人の稚児舞、毛越寺延年に残されたような秘舞としての稚児舞が存在していた可能性も高いのではなかろうか。

路舞と日光山の倶舎舞の結節点

図4—3　日光山の倶舎舞（『下野新聞』2018年５月18日朝刊より）

・秘舞としての倶舎舞　なぜ、路舞（唐拍子）が乱拍子であることが重要なのか。実は、日光山輪王寺で、路舞と同様、円仁が伝えた秘舞とされる倶舎舞《くしやまい》が乱拍子の舞と考えられているからだ。かつて多くのレパートリーを抱えていたことが知られる日光山の常行堂修正会延年の芸能の中で、今も唯一伝えられている舞だ。延年舞の異名も持ち、現在では、五月十七日の東照大権現の例大祭に先駆けて、本堂で舞われている。

ここの倶舎舞は、初学者が学ぶ経の一つである倶舎頌を冒頭に取り込み、日光山三所権現と天台教学を説くもので、かつて最後は、

ただし我らは大権現　一乗妙花擁護して　生々世々に擁護して
帰命頂礼摩多羅神　今日より我らを捨てずして　生々世々に擁護して（輪王寺蔵「常行堂倶舎」文禄元年奥書）

と摩多羅神の加護を祈る文句で締めくくられていた。こうした舞頌を唱えている間に、二人の僧侶が、交代で足拍子を踏みならしながら颯爽と舞っていく。この舞が、「倶舎讃」と「乱拍子」を元に作られたことについては、すでに山本ひろ子が明らかにしており、また、中世に興福寺などの寺院で舞われた倶舎舞が乱拍子だったことも明らかになっている。（山本、一九九八、および、沖本、二〇一六）

この倶舎舞について、『日光山志』（植田孟縉編、天保七年〈一八三六〉成立）巻二「堂行堂」に以下のようなエピソードがある。

昔、慈覚大師が異国より将来なさった秘曲の舞を、嘉承年中、当山の大衆にお伝えになり、摩多羅神の神事の秘舞とし、それ以来、毎年十二月晦日の夜から正月七日の朝まで、常行堂にて修正会と称する奥秘の法儀を修行する間、日々延年舞を奏し、天下太平の法楽に備えなさったということだ。……（中略）……往昔は比叡山でも、慈覚大師が伝来なさった舞であるから、毎年修正会に此

舞を奏せられたということだ。今は比叡山には絶えて、当山にのみ伝え、千古の星霜を経て修せられてきた秘曲であるという。

以上のように、慈覚大師伝来の舞であり、摩多羅神の神事の秘舞であり、かつては本山比叡山にもあったことなどが記されている。日光で、ほかの芸能がすべて失われた後も、この舞だけは絶やさず伝えてきた背景には、倶舎舞が特別な「秘舞」だったことがあるだろう。

・加入儀礼の舞　さらに、倶舎舞が新入りの加入儀礼も担っていたことは、すでに松尾恒一や山本ひろ子によって指摘されているが（山本、一九九八、松尾、二〇一一）、毛越寺の唐拍子にも、実はそうした役割があった可能性がある。今では田楽の稚児二人が舞う舞として定着しているが、「古代は田楽人が勤めたというが、今は下の二人が勤めることになっている」（『故実興行書』）とあり、菅江真澄の『かすむこまがた』には「幣かけ烏帽子をかぶった若法師」が舞ったとあり、『医王山毛越寺金剛王院書上』にも「浅臈の者（新入りの僧侶）が二人でこれを勤める」とあって、少なくともある時期には倶舎舞同様、若い僧侶の加入儀礼だった可能性がうかがえるのだ。しかも、文政元年（一八一八）の大乗院蔵「次第書上」には「昔は稚児装束で踊ったと申し伝えている」ともあるから、おそらくかつては、新入の若い僧侶が稚児装束に身を包み、丁礼多と儞子多に化して舞う舞だったのではなかろうか。

共に円仁の伝えた秘舞とされる倶舎舞と唐拍子だが、倶舎舞では「倶舎」という初学者の学ぶ経典をきっかけに摩多羅神との結縁が試みられ、「唐拍子」では、清涼山での二童子出現の物語を再現することで摩多羅神との結縁がはかられたのだ。

しかも、先に述べたように、唐拍子は相乱拍子という乱拍子の一種だった可能性が高く、倶舎舞もまた乱拍子舞の一種と考えられる。ということは、円仁の伝えた秘舞とされる舞、そして、唐拍子一番の摩多羅神拍子も含めて、すべて乱拍子だった可能性があるということだ。

摩多羅神を囃し、摩多羅神に囃される歌舞としての乱拍子。ここからうかがえるのは、乱拍子という芸能に、ある種の力が見いだされていた可能性だ。

おわりに

本章では、主に毛越寺の延年の「唐拍子」に焦点を当てて論じてきた。多武峰や日光山の修正会延年と照らし合わせることで見えてきた摩多羅神と乱拍子との関わりや、広く中世の延年で行われていた倶舎舞や相乱拍子との関わりなど、たった一つの芸能の向こう側に、豊穣な中世の延年の世界がたぐり寄せられてくる。

摩多羅神が鼓を打つ神であり、乱拍子で囃され、乱拍子を囃す神であるというのは、あまりにもできすぎた話かもしれない。しかし、重要なのは、実際に中世の寺院において、摩多羅神を祀る天台常行堂に限らず、乱拍子の舞が群を抜いて流行し、多様な舞を創出していったことだろう（沖本、二〇一六）。この事実は、乱拍子という芸能が、力ある芸能と考えられていた可能性をうかがわせるものだ。つまり、乱拍子流行の背景には、乱拍子の「力」を必要とする社会、寺院の僧侶たちの要請があったということだ。

実際、寺院の乱拍子、とりわけ大人の僧侶が舞う舞では、日光山に残る倶舎舞のように、床板を大きな音で踏みならすことを大きな特徴とした。勇壮さより可憐さを求められる稚児舞でも、跳ねること、足拍子を踏むことでは共通している。それは、摩多羅神が魔を滅するために「跳ね踊る」ことを推奨し、また、各地の修正会において「乱《らん》声《じょう》」と呼ばれる、堂の内外をやたらと叩きまわったり、太鼓や鉦を打ち鳴らし、法螺《ほら》貝《がい》を吹き鳴らすなどして大音声を生み出していたこととも通底するものといえよう。板を打ちつけ音を鳴らすことで、魔を祓い、あるいは、諸神の覚醒を促して、その威力の発動を願ったのだ。

多武峰や日光山の延年には膨大な記録が残されているが、一方、多武峰の芸能はすでに滅びて久しく、日光山でも一五分ほどの「倶舎舞」が残るばかりだ。そうした中で毛越寺の延年が伝え残してきた一つ一つの芸能は、中世に流行した芸能を再現的に捉えるための大きな手がかりとなっている。

従来、摩多羅神との関わりから毛越寺の「祝詞」ばかりが注目されがちだったが、「唐拍子」のほかにも、在地狂言の「京殿舞」や、「留鳥」をはじめとする延年能、さらに、中尊寺の延年で翁が見せる「開口」や「祝詞」、中尊寺に残る正応四年（一二九一）銘の女面などを視野に入れることで、延年の諸芸能や能大成以前の猿楽芸をたどるヒントが得られることだろう。平泉の延年の向こうには、今やまぼろしとなった中世芸能の沃野が広がっている。

〔参考文献〕

大谷節子「弘安元年銘翁面をめぐる考察—能面研究の射程」神戸女子大学古典芸能研究センター『能面を科学する—世界の仮面と演劇』勉誠出版、二〇一六年
沖本幸子「衆徒の舞—延年の乱拍子をめぐって」『芸能史研究』一八一号、二〇〇八年
〃『乱舞の中世—白拍子・乱拍子・猿楽』吉川弘文館、二〇一六年
〃「〈翁〉形成の磁場—乱拍子・方堅・摩多羅神」松岡心平編『ZEAMI』五号、森話社、近刊予定
後藤淑『中世仮面の歴史的・民俗的研究』多賀出版、一九八七年
本田安次『日本の民俗芸能Ⅳ延年』能楽書林一九六九年→本田安次著作集『日本の伝統芸能』第一五巻、錦正社、一九九八年所収
松尾恒一『儀礼から芸能へ—狂騒・憑依・道化』角川学芸出版、二〇一一年
山本ひろ子「摩多羅神の姿態変換」『異神—中世日本の秘境的世界』平凡社、一九九八年
〃「毛越寺の摩多羅神と芸能—「唐拍子」をめぐって」別冊太陽『祭礼—神と人との饗宴』平凡社、二〇〇六年

コラム

延年を舞う

藤里明久

毛越寺には、「延年《えんねん》の舞」といわれる中世の芸能が伝わっている。「延年を舞う」と題したが、延年という芸能がある訳ではない。延年とは齢を延べる、つまり長寿のことであるが、次第に元の意味から離れて、法会に際し僧侶などによって神仏に奉納される芸能の催しを、延年と称するようになった。この延年の催しには当時流行の様々な種類の芸能が奉納され、神社の神楽に対して寺の延年といわれた。平安末から鎌倉室町にかけて興福寺、東大寺や多武峰などの諸大寺においてさかんに行われたが、その多くが次第に廃れてしまった。現在この古い行事を伝えているのは、毛越寺のほか、岐阜県郡上市の「長滝《ながたき》の延年」や宮城県栗原市の「小迫《おばさま》の延年」など全国でも数ヵ所に過ぎない。

＊

浄土庭園の一角、杉木立の中に草葺きの古いお堂がある。常《じょう》行《ぎょう》堂という。ここでは毎年毛越寺一山が大切に護り伝えてきた祭礼が執り行われる。それは「春神事」または「春祈祷」とよばれる祭礼で、別には「摩多羅《またら》神祭」ともいう。この祭礼は、年頭にあたって世の中の平和と人々の幸福を祈願するもので、数ある年中行事の中でもっとも重要な行事であるとされている。常行堂は平安時代に創建され、慶長二年（一五九七）に焼失した。現在の御堂は、享保十七年（一七三二）に再建されたものである。その間一三五年間、常行堂が無いという状況の中、仮堂を造り祭礼は怠りなく続けられてきたという。祭礼は昭和三十四年（一九五九）まで旧暦で催行されていたが、現在は新暦によっている。

＊

常行堂の御本尊は宝冠《ほうかん》阿弥陀如来、脇士は四菩薩、そして奥殿に守護神の摩多羅神を祀る。祭礼は毎年正月十四日に始まり二十日までの七日間執り行われる。二十日が結願《けちがん》の日でこの日は夜祭りとなるため、一般には「二十日夜祭」とよばれている。二十日夜祭の行事は、次の様な内容である。

先ず午後三時には献膳《けんぜん》式が行われる。本尊には水引《みずひき》などで造られた色鮮やかな華献膳が、そして摩多羅神には野菜献膳がそれぞれ供えられる。摩多羅神は常行堂の守護神であるが、古くから五穀豊穣を祈願する作神様《さくがみさま》として信仰されてきた。

午後四時、一山十八坊の僧侶により常行三昧供《じょうぎょうざんまいく》の法要が行われる。この法要は毛越寺を開いた慈覚大師円仁が中国五台山から伝えたものといわれ、毛越寺独特の旋律と節回しをもつ声明《しょうみょう》が唱えられる。

法要と並行して献膳上り行列が行われる。これは蘇民《そみん》祭（古い歴史を持つ岩手の祭礼で、一月から二月にかけて行われる裸祭りである。火焚き上り、別当上りなどの最後に小間木〈福物〉の入った蘇民袋の争奪戦が行われる。奥州市の黒石寺蘇民祭が有名である。）に由来する行事で、厄男の裸参りを中心に町内外数ヵ所の奉納宿を出発した人々は、やがて一つの行列になり道中をはらい清めながら常行堂へと上ってくる。午後八時、堂内では護摩を焚き厄払いなどの祈祷が行われる。

午後九時になると堂内を片づけ、延年の舞の奉納が始まる。

二十日夜祭での演目は、次のようなものである。

まず「呼立《よびたて》」の口上に続いて、笛に合わせ太鼓三人、編木《ささら》三人、瑟丁伝《しっていでん》、銅撥子《どうばつし》が陣形を変えながら舞う「田楽《でんがく》」、慈覚大師の五台山巡礼にちなむ「路舞《ろまい》（唐拍子《からびょうし》）」が舞われ、次いで摩多羅神の御本地《ごほんじ》を説きその御利生《ごりしょう》を現わし、御願円満息災延命《こがんえんまんそくさいえんめい》等を祈る「祝詞《のっと》」が行われる。さらに夢のような立ち姿に古さびて響く鈴の音に合せ舞う「若女禰宜《じゃくじょねぎ》」、神前にうずくまり白髪を櫛《くし》けずる仕草をし、中啓《ちゅうけい》と鈴を取り、立ちよろぼいながらも舞う「老女《ろうじょ》」へと続く。そして地謡に合せ中啓を取って舞う稚児舞「花折《はなおり》」「王母ヶ昔《おぼがむかし》」、一種の典雅な狂言ともいえる「勅使有吉《ありよし》」と舞いつがれ、すべてが終了するのは夜半過ぎになる。

他に二十日夜祭では演じられないが、舞楽「迦陵頻《かりょうびん》」、延年の能といわれる「留鳥《とどめどり》」「卒土婆小町《そとば》」「女郎花《おみなえし》」「姨捨山《うばすてやま》」の四曲の謡が伝えられており、昭和六十一年「留鳥」の舞が復元された。

一山の男子は、五、六歳になると舞の稽古を始める。一二歳位で稚児延年を終え、大人の舞へと移って行く。「延年の舞」は一山という限られた中で伝承されてきたものであり、当然のように人によって巧拙や熟達の違いがある。しかしながら演ずる者には巧さよりも先ず神仏に向かい合って舞う、という姿勢が求められる。「延年の舞」は単に芸能を奉納するというだけのものではなく、神仏を慰めそのお力によって安寧な世の中になることを願って演ずるものであり、形をかえた祈願祈祷といえる。

「延年の舞」の伝承は容易なことではなく、慶長の常行堂焼失、明治維新後の廃仏毀釈、第二次世界大戦など多くの困難があった。だがそれらを乗り越えて来られたのは、法灯・伝統を絶やさないという強い思いであり、先人の弛まぬ研鑽努力によって八〇〇年もの間綿々と護り伝えられてきたのである。

この祭礼行事は、昭和五十二年五月十七日「毛越寺の延年」として、国の重要無形民俗文化財に指定された。

コラム

中尊寺の祭礼

菅野澄円

中尊寺白山神社の例大祭は、毎年春のゴールデンウィークに行われている。まず五月四日には、献前《けんぜん》行列、獅子舞、法楽《ほうらく》、古実《こじつ》式三番《しきさんば》、御神事能《ごじんじのう》、そして五日には古実式三番のうち開口《かいこう》と御神事能が奉演される。翌六日には、同じく中尊寺鎮守の山王堂において山王講《さんのうこう》（法華経の問答講）が執り行われている。この春の例大祭は古来、旧暦の卯月（四月）初午《はつうま》の日に行われていた祭事で、往時は十四日間の精進潔斎をし、日常とは区切りをもうけて臨んでいたのである。鎌倉時代の記録によると田楽を専門とする田楽法師もいたようで、その賑わいを目当てに遠国から詣でる人も多かったという。

一八世紀後半から一九世紀初頭にかけて、数多くの旅行記で知られる菅江真澄《すがえますみ》は、天明六年（一七八六）一月二十日の『かすむこまがた』の中で、「（毛越寺）常行堂《じょうぎょうどう》に摩多羅神《またらじん》の祭」（毛越寺の祭礼）を詣でている。そこで「七歳（の）男子を馬に乗せ粧いたてる」「おひとつうま」（御一馬）や田楽・さるがくの賑わいを知ることになる。同年六月には、実際に中尊寺の祭礼を見学し、こう記している。

　おひとつうまといひて白き神馬《じんめ》、獅子愛しとて、ぼうたん手ごとにもたる童子《ワラハ》なにくれとねり渡りはつれば、白山ノ神の御前に幔《トバリ》うちまうけたる舞台にのぼりて、そうぞきたつ田楽・開口・祝詞をはれば、若女ノ舞、老女ノ舞なんど、いと古風《フル》めかしきさま也。

中尊寺に伝来する『年中行状記』（文政五年）や『関山中尊寺年中行事記』（天保三年）によれば、御一馬《おひとつうま》の行列は、小人払、足軽、箱、鎚《つち》、張笠、田楽笠、幣払、一の編木《ささら》、二の編木、三の編木、小鼓、一の太鼓、二の太鼓、三の太鼓、日光笠と月光笠、稚児《ちご》、神馬、口取、白丁、鉾《ほこ》、児笠（朱蓋《しゅがい》）、中尊寺一山僧衆、笛、田楽衆、後の足軽という蒼々たるものであった。江戸後期の人にとっても、「いと古めかしきさま」だったようである。

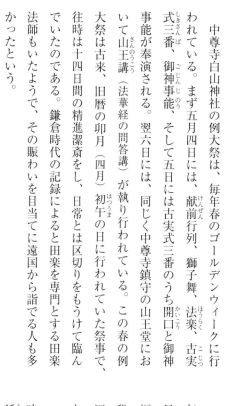

古実式三番の古実とは、「古例」、いにしえから恒例のという意味で、式三番は、もともと寺社の法要の後に行われていた猿楽で、延年《えんねん》と呼ばれる歌舞である。寺社で行われる延年は例が少なくなり、能の「翁」の式三番（翁・千歳・三番叟）がよく知られている。

中尊寺の演目は開口《かいこう》・祝詞《のつと》・若女《じゃくじょ》・老女《ろうじょ》である。開口は、面と装束が翁のつくりで、中尊寺の四方の霊峰を称えて、由緒・縁起を宣べ、千秋万歳楽を言祝《ことほ》ぐ。祝詞は額から顔を覆い隠すように毛髪を垂らし、手には幣束《へいそく》を捧げて白山神社を拝し、祝詞を微音で唱える。使用された幣束は、終了後に後見役が舞台正面の見所

若女《じゃくじょ》

開口《かいこう》（中尊寺提供、以下同）

老女《ろうじょ》

祝詞《のつと》

へ立てる。

若女と老女の舞には、大鼓と小鼓と笛の囃子《はやし》がともなう。金風折りの烏帽子《えぼし》の姿で打ち鳴らされる、若女の鈴の音と舞は優雅である。いっぽう、祝詞役に導かれて登場する老女の面は目がへの字、鼻と頬唇を歪めるほどの「大笑」の表情である。

伝存する古面の若女には、「正応四年（一二九一）三月二十四日」の刻銘があり、鎌倉後期の作として重要文化財に指定されている。

明治の神仏分離の影響もあり、現在、田楽やおひとつうまは廃れ、式三番と神事能だけが遺っている。かつての中尊寺一山の僧侶にとって、七歳で「おひとつうま」の白山神の憑代《よりしろ》役を務め、また僧侶の修行期間中には田楽や式三番の囃子役を、そして中老となって式三番を務める白山神社祭礼は、修行過程の重要な通過点であったことをうかがわせる。

第五章　奥州藤原氏の阿弥陀信仰と建築造形

冨島義幸

はじめに

平泉には奥州藤原氏によって、いくつもの阿弥陀堂が建立された。初代清衡は中尊寺に大長寿院《だいちょうじゅいん》と金色堂の二棟の阿弥陀堂を、基衡も毛越寺に常行堂《じょうぎょうどう》を建立している。二代基衡の妻は広大な園池に二つの阿弥陀堂をそなえる観自在王院《かんじざいおういん》、三代秀衡は平等院鳳凰堂（天喜元年〈一〇五三〉）を模して無量光院《むりょうこういん》阿弥陀堂《あみだどう》を建立した。そして奥州藤原氏は、三代にわたって阿弥陀堂である金色堂に葬られたのである。『吾妻鏡』文治五年（一一八九）九月十七日の条にのせられる「寺塔已下注文」に、中尊寺の創建は次のように述べられている。

清衡が六郡を支配した最初にこれを創建した。まず白河関より外浜にいたる二十余ヶ日の行程があり、その路の一町ごとに笠率都《かさそと》婆《ば》を立て、その面に金色の阿弥陀像を図絵し、当国の中心を計って、山の頂上において、一基の塔を立てた。

清衡は、奥羽の国を南北に貫く幹線道路である奥大道《おくだいどう》の、北端の外浜から南端の白河関にいたる道のりに、阿弥陀の笠率塔婆を立てた。平泉はこの道のりのほぼ中央に位置する（図5—1）。国の中心である平泉中尊寺への道は、南から、北からいずれも阿弥陀の巡礼道となった。奥州藤原氏による平泉建設はもとより、奥羽の国支配の理念と

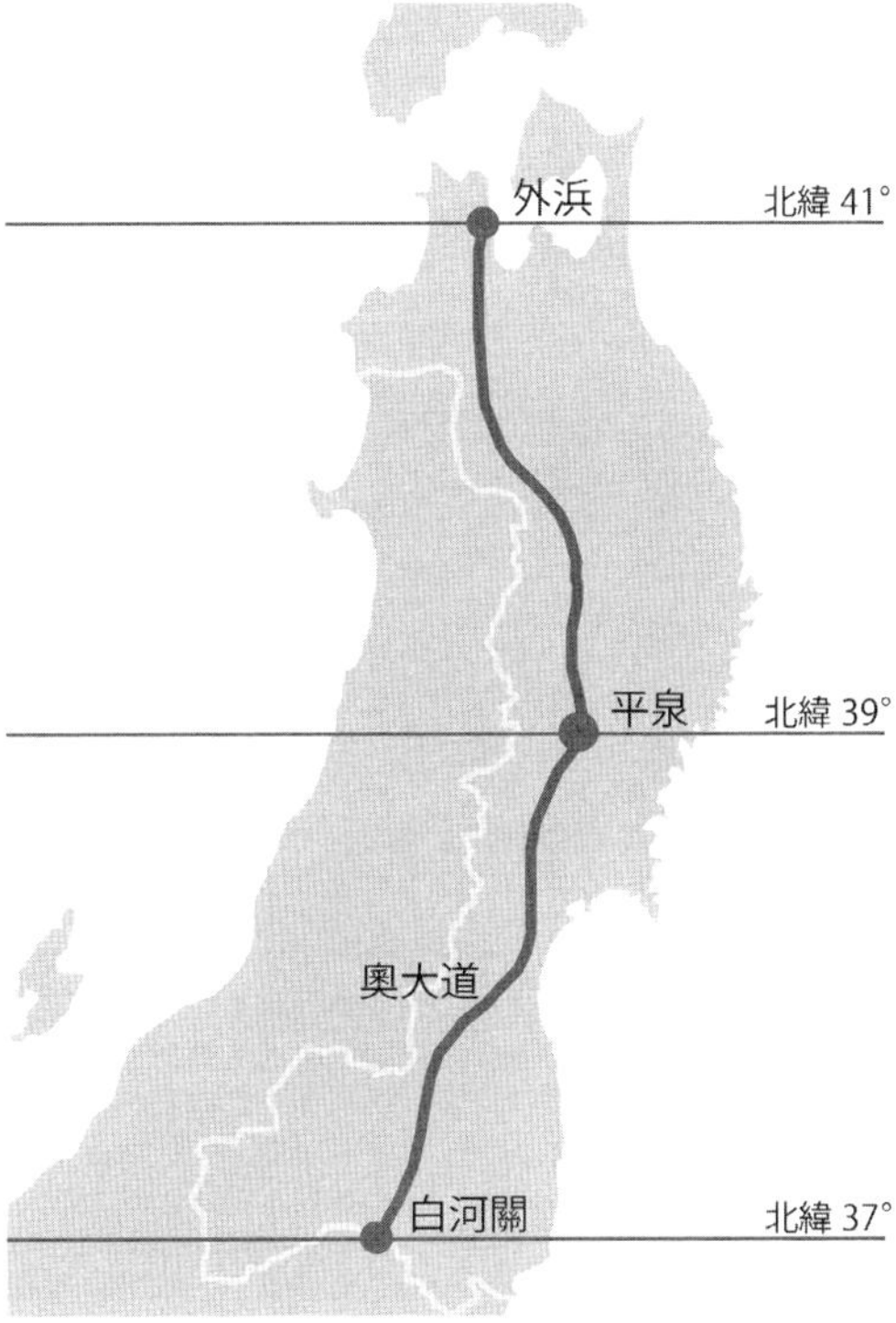

図5—1　奥大道と平泉

しても、阿弥陀信仰がいかに重要であったかが知られよう。本章では、平泉の阿弥陀堂の造形と信仰を見ていくことで、奥州藤原氏にとって阿弥陀信仰がどのような意味をもっていたのか再考したい。

1　中尊寺金色堂

堂内外の荘厳

中尊寺金色堂は、平泉で唯一現存する奥州藤原氏の建築として貴重であることはいうまでもない。その造形、すなわち内外の柱や壁・組物そして垂木まで漆箔をほどこし、本尊阿弥陀如来を安置する須弥壇《しゅみだん》のまわりでは螺鈿・蒔絵・金工で飾る、当時の工芸技術の粋をもって荘厳した建築としても高く評価されている。

堂内に入ると、母屋をとりまく四天柱（金色堂では巻柱《まきばしら》と呼ばれている）や須弥壇の下端には蓮弁の彫刻がまわされ、格狭間《こうざま》には優美な孔雀と宝相華《ほうそうげ》の文様があらわされている（図5―2）。母屋の左右奥の柱間にも須弥壇が設けられ、中央壇と同様の荘厳がなされている。この本尊まわりでは、四天柱をはじめ長押《なげし》や須弥壇、さらには組物や蟇《かえる》股《また》にまで螺鈿の装飾がほどこされている。側まわり、つまり外部に面した扉や壁の金色とは対照的である。京の平等院鳳凰堂では、本尊阿弥陀如来の上にかかる方蓋《ほうがい》に螺鈿をほどこし、今では失われてしまっているが須弥壇にも螺鈿をほどこしていた。本尊まわりを螺鈿で飾る点は金色堂と共通している。

図5―2　金色堂堂内（中尊寺提供）

一方、鳳凰堂では側まわり堂内の扉や壁に『観無量寿経』に説かれる、九つのランクの極楽往生をあらわした九品往生図《くほんおうじょうず》（阿弥陀来迎図）を描いている。外観は、今日と同じように朱色に彩色されていたとみられる。京の堂塔は、側まわりを彩色するのが主流で、対して金色堂は、外観はもとより堂内にも彩色をもちいず、扉や壁・柱、さらには組物にまで漆箔により金色としたところに独自性がある。

木瓦葺の屋根

大きく伸びた屋根から生まれる全体の優美な姿も金色堂の魅力の一

つで、これは平安時代の建築の特徴でもある。この金色堂の屋根は瓦葺ではなく、木でできた木瓦葺なのである（図5―3）。

木瓦葺は板葺の一種で、厚板を縦に葺き、板と板の間のつなぎ目に、丸い棒を半分に割った瓦棒をかぶせる。下の厚板が平瓦、上にかぶせる棒状の材が丸瓦にあたる。金色堂の場合、葺板・瓦棒ともに一枚一枚の瓦の形を彫り出している。その精巧な技法から「木瓦葺だ」と教えられないかぎり、それが木であることに気づく人はほとんどいないであろう。言い換えれば、木を葺きながら、瓦葺に見せようとしているのである。

今日のこる古代から中世の建築は、瓦葺や檜の皮を葺いた檜皮葺《ひわだぶき》の建築がほとんどで、板葺の建築はあまり印象がないかもしれない。しかし、実際には多くの板葺の建築があった。現存する建築では、飛鳥時代の法隆寺金堂・五重塔の裳階にみられる板葺は、厚板をもちいて、上下二重に交互に葺く形式である。

図5―3　金色堂の木瓦葺屋根
（中尊寺提供）

中世の建築では、奈良の当麻寺曼《たいまでらまん》茶羅堂《だらどう》の閼伽棚《あかだな》（鎌倉時代中期に付加）などが木瓦葺である。この閼伽棚では、平瓦に相当する葺板の上面を平瓦にならい湾曲しているように削り、瓦棒も丸瓦のように丸いものをもちい、軒先では丸い木口を見せる。ただし、中尊寺金色堂のように一枚一枚の瓦の形はつくりだしていない。

平安時代の建築についても、今は瓦葺でも、もとは木瓦葺であったと考えられている建築がある。天暦五年（九五一）建立の醍醐寺五重塔、天喜元年（一〇五三）建立の平等院鳳凰堂などである。後に詳しく述べるように、鳥羽上皇が鳳凰堂を参考にして鳥羽に建立した勝光《しょうこう》明院《みょういん》阿弥陀堂も木瓦葺であったと考えられる。金色堂の木瓦葺は、今のこる平安時代の建築では唯一であるが、当時はけっして特殊な技法ではなかった。

現在の金色堂の屋根は素木のままである。金箔を貼ったり、彩色したりした痕跡ものこっていないという。しかし、工芸技法の粋をつくした建物本体とくらべ、素木《しらき》のままの屋根はあまりにも簡素である。一般に考えられているように金箔をほどこしていたのか、あるいは何らかの彩色がほどこされていたのかもしれない。

それにしても、金色堂はなぜ瓦葺を意図しながら、わざわざ木瓦葺とされたのであろうか。この問題は、後に無量光院阿弥陀堂とあわせて考えることにしたい。

密教空間としての金色堂

奥州藤原氏が活躍した平安時代後期は、「浄土教」が隆盛する時期とされている。金色堂は阿弥陀堂であり、まさに「浄土教」を代表する建築とされてきた。

これまで、「浄土教」と密教は相容れないもので、密教を排除することで成立するとされ、当然、阿弥陀堂の密教要素も否定的にとらえられてきた。しかし、平安時代後期の京の阿弥陀堂には密教の阿弥陀曼荼羅を構成するものがあり、また密教修法である阿弥陀法が修されるなど、密教と深く関わっていたことが明らかになりつつある。金色堂でも、須弥壇の周囲を取り巻く四天柱（金色堂では巻柱とも呼ばれる）にあらわされた諸尊から、密教の意味をうかがうことができる。

四天柱は各柱に一二体ずつ、合計四八体の菩薩像があらわされている。これら諸尊には密教の胎蔵界《たいぞうかい》曼荼羅諸尊に近い姿のものが数体あるため、これまで胎蔵界曼荼羅とする説が有力視されてきた。平安時代の堂塔では、たとえば醍醐寺五重塔など胎蔵界曼荼羅や金剛界曼荼羅を意図する場合、仏・菩薩の選択や配置から、明確な構成理念が読みとれる。しかし、金色堂の場合、数体が胎蔵界諸尊と似ているというだけで、肝心の曼荼羅を構成する理念がまったく読みとれない。胎蔵界曼荼羅とみなすのは、まず無理であろう。

注意すべきは、同じ姿の菩薩がいくつも重複してあらわれることで、なかには印相や持物が完全に一致する菩薩があり、指先や持物にわずかなちがいしかない菩薩もある。こうした図像的な重複や近似は、典拠のない菩薩の図像を創作するさいに、苦慮した結果とみなされよう。では、阿弥陀信仰にかかわり、密教の図像を創作しなければならなかった曼荼羅とは何か。そこで注目されるのが、「五十二身像」と呼ばれる阿弥陀曼荼羅である。

五十二身像は、天竺の鶏頭摩寺の五通菩薩が現身のまま極楽世界に行き、現世にもどったところ本寺の樹の葉に一仏五十菩薩があらわれていた、という伝説にもとづく。日本では、一二世紀前期に恵什《えじゅう》が著した図像集である『図像抄』をはじめ、多くの図像集に引かれている。奥州藤原氏三代がねむる、極楽浄土としての金色堂にふさわしい。菩薩の数については、先の五通菩薩の五十菩薩にみるように、厳密に決まっていたわけではない。金色堂では、四天柱の四八尊に須弥壇上の阿弥陀三尊をあわせて、阿弥陀仏五十菩薩像を構成していたことが考えられるのである。

さて、京には平等院鳳凰堂や大原の三千院本堂など、密教の阿弥陀曼荼羅を構成した阿弥陀堂がある。平安時代後期の阿弥陀堂では、供《く》僧《そう》がおかれ、彼等はそこで供養法（阿弥陀法）や読経といった、顕密の行法を修していた。後世の史料ではあるが、正慶元年（一三三二）の中尊寺文書（『平泉町史　資料編一』所収「沙弥某権少僧都某連署ト知状」）により、かつては金色堂でも密教僧が長日供養法、すなわち阿弥陀法を修し、経衆すなわち顕教僧が読経を修していたことが知られる。つまり金色堂の空間は、奥州藤原氏の極楽往生を祈る阿弥陀法のための阿弥陀曼荼羅でもあったと考えられるのである。四天柱の諸尊は、密教の阿弥陀曼荼羅を構成すべく、胎蔵界曼荼羅諸菩薩を参考にして創作されたとみるのが妥当であろう。

墓堂としての金色堂

阿弥陀如来が坐す中央の須弥壇の中には、奥州藤原氏初代清衡の遺体が安置されている。後世、母屋の左右後方にも須弥壇が増設され、二代基衡・三代秀衡の遺体が安置されている。つまり、金色堂は奥州藤原氏の墓堂《ぼどう》でもあった。

清衡棺には、曳覆《ひきおおい》曼荼羅と呼ばれる絹の布（図5―4a）がおさめられていた。この布には、下半身のみ衣をまとい、仰向けに眠る男性像が描かれている。布の断片を復元して配置したところ、男は剃髪し、両肩には数珠がかかっていることがわかった（図5―4b）。男の顔と上半身に梵字《ぼんじ》を書くこの曼荼羅は、そもそも真言密教の仁海（九五一～一〇四六）が、藤原頼通のために書いたといわれている。悪魔を降伏し、臨終にさいして阿弥陀の来迎を受けるためのもので、密教の行者はこれを四六時中身につけていなければならないとされる。

当時の京の天皇・貴族の葬送では、臨終後、まず北首《ほくしゅ》（北枕）になおし、御衣・袈裟を着せ、念珠をもたせる。遺体が筵《むしろ》の上にある場合はそのまま、もし畳の上にある場合は畳表の筵を切り取り、筵をもって棺におさめる。筵の上に枕がある場合はそのまま棺に入れる。その後、遺体を曳覆曼荼羅で覆い、次に密教の光明真言で加持した土砂を散じ入れる。さらに、男ならば衣服、弓箭、太刀、墨筆を棺に入れるとされる。

清衡棺には曳覆曼荼羅のほかにも、太刀、刀子、枕、念珠などがおさめられていた。枕の下面には藺草《いぐさ》らしきものがつき、畳目もあったという。かなりの量の土砂も入っていたといい、これは光明真言加持した土砂とみなされよう。清衡の葬送は、まさに当時の貴族と同じであった。また、遺体の調査において頭髪が発見されなかった。清衡は剃髪、すなわち出家していたことになる。曳覆曼荼羅の男も剃髪しており、この男は清衡自身を描いたものではないだろうか。

このように、墓堂としての金色堂も京の影響を受けていたのであるが、大きな特質は遺体を仏壇の中に納めたことにある。京の貴族の場合、遺体は建物の下に埋葬するのが通例であった。対して、金色堂では遺体は堂内にある。こうした遺体との距離のちがいは、京の貴族と奥州藤原氏との死の穢れに対する観念のちがいから生じていると考えられる。すなわち、京の貴族が死の穢れを避けていたのに対し、奥州藤原氏は殺生を生業とする武士であり、死を避けることはできない。仏とともに死者をそのままつつみこむ金色堂には、死という穢れを受け入れざるをえない、武士としての奥州藤原氏のアイデンティティがあらわれているといえよう。

「寺塔已下注文」には、清衡の居館である平泉館は、金色堂の正方にあるとされる。これは逆に言えば、平泉館からは金色堂の正方を礼拝することになるわけで、極楽往生のため、曳覆曼荼羅を身につけ、日常的に阿弥陀と向かい合う、清衡の信仰深い生活のあり方が読み取れよう。平泉では、無量光院阿弥陀堂の中軸線が金鶏山頂にあたり、花館廃寺の遺構が柳之御所遺跡の正方を向くなど、都市計画において宗教施設の軸線が意識されたことが考えられる。同注文によれば、次に述べる三代秀衡の無量光院でも、東門に常の居所である伽羅御所を

図5―4a　金色堂曳覆曼荼羅
（中尊寺提供）

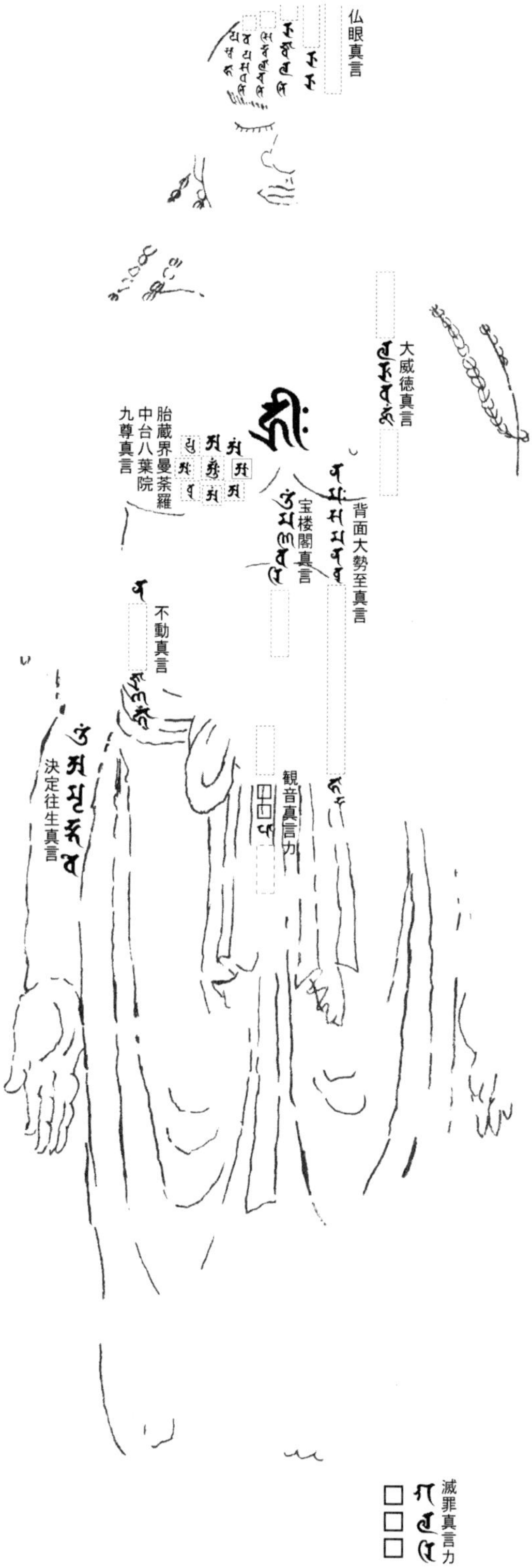

図5―4b　金色堂曳覆曼荼羅書起図

構えたといい、阿弥陀と向き合いながらくらした秀衡の姿がうかがえる。

なお、注意すべきは金色堂のじっさいの中軸線の延長は、高館の北側を通り、柳之御所遺跡の北、現在の北上川の場所にあたることである。おそらく「寺塔已下注文」の表現は観念的な方位の表現とみるべきであろうが、平泉館が今日考えられている柳之御所遺跡から北側に大きく展開されていた可能性も捨てきれない。また、高館との関係にも興味がもたれる。今後の課題となろう。

2　無量光院阿弥陀堂

無量光院阿弥陀堂と平等院鳳凰堂

藤原秀衡の無量光院阿弥陀堂について、「寺塔已下注文」には次のようにある。

一、無量光院〈新御堂と号する〉の事

秀衡がこれを建立し、その堂内の四壁と扉には観経(『観無量寿経』)の大意を図絵し、秀衡はこれに加えみずから狩猟の体を図絵した。本尊は丈六の阿弥陀如来像である。三重塔、院内の荘厳は、ことごとく宇治の平等院を模した。

無量光院跡での発掘調査により池の中島から、鳳凰堂とそっくりな建築の遺構が発見され、この記事のとおり鳳凰堂を模して造立されたことがたしかめられた。とくに中堂の母屋部分では柱間寸法まで一致しており(図5—5)、京の正確な情報をもとに造立されたことが知られる。平等院鳳凰堂は極楽浄土の様を現世に造りだしたものとして当時から名高かった。左右の翼廊・楼閣からなる様など、当麻曼荼羅など阿弥陀浄土図の宮殿をモデルとしたことは明らかである。無量光院阿弥陀堂も、こうした極楽浄土を造りだそうとしたものであった。

もちろん鳳凰堂とのちがいもある。一つは中堂の軒の出である。無量光院阿弥陀堂の軒の出は、雨が落ちる軒先が、雨落を基壇周囲に敷かれた石敷の外にくるとみるならば一七尺強(約五・一メートル)で、鳳凰堂の約一四・五尺を大きくうわまわる。少なくとも基壇を覆う必要があり、そうすると軒の出は一五〜一六尺程度必要となる。中堂側面の翼廊の取り付き部分には、石敷を敷いた雨落とみられる溝もある。これは基壇周囲に敷かれた石敷と同じ位置で、ここに雨が落ちていたとみることもできる。母屋の大きさとのバランスを考慮し、後にあげる復元CG(図5—9)では後者として設計した。

次に、中堂の左右にとりつく翼廊であるが、無量光院では鳳凰堂とくらべ左右への広がりが柱間数で一間大きい。しかも、柱間一間あたりの寸法も鳳凰堂より大きく、中堂への取り付き部分の間も大きくとられているので、建物正面は全体としては約一一メートルも大きい。さらに、翼廊両端で折れ曲がり、手前にのびる部分も一間大きく、奥行きも深くとられている。

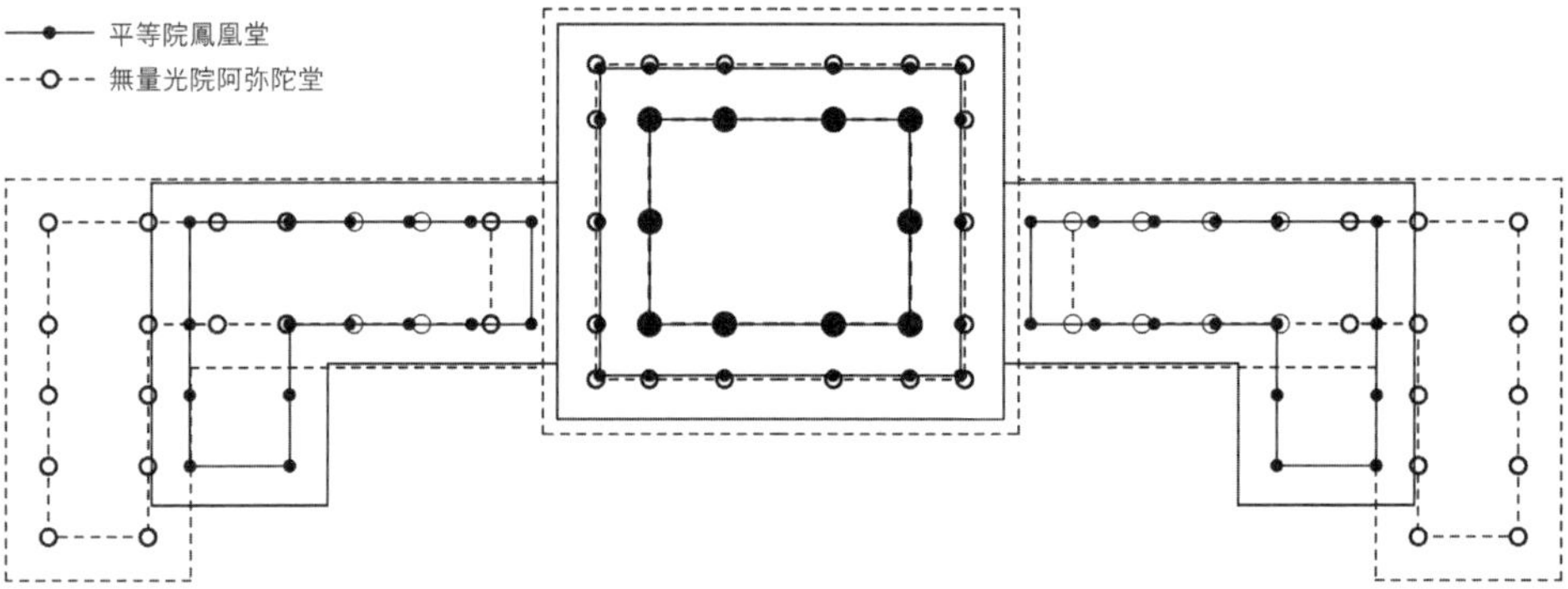

図5—5　平等院鳳凰堂と無量光院阿弥陀堂

檜皮葺か、木瓦葺か

　無量光院が模した鳳凰堂の屋根には、今日、瓦が葺かれている。しかし、無量光院阿弥陀堂跡の発掘調査では、瓦はまったく発見されなかった。つまり、無量光院の阿弥陀堂は瓦葺ではなかった。この遺跡を調査した藤島亥治郎は、檜の皮を葺いた檜皮葺として復元模型を制作し、この阿弥陀堂はながらく檜皮葺とみなされてきた。しかし、筆者は文献史料や経典を読み、現存する同時代の建築を見ていくなかで、別の葺き方の方ではないかと考えるようになった。なによりも、同じ奥州藤原氏が建立した金色堂が木瓦葺なのである。

　同じ頃の建築のなかで、木瓦葺との関係からとくに注目されるのが、鳥羽の勝光明院阿弥陀堂である。この阿弥陀堂は、鳥羽上皇が鳳凰堂を参考にして建立し、保延二年（一一三六）に供養したものである。造営にさいしては、大工や仏師・絵師を鳳凰堂に派遣し、仏像や荘厳の詳細を報告させた記録が源師時《みなもとのもろとき》の日記『長秋記』にのこっている。『長秋記』には、勝光明院阿弥陀堂の建設過程で「木瓦」を用いると記されているのである。ところが、この阿弥陀堂が供養されたときの願文（『本朝続文粋』十二所収）には、「瓦葺」の阿弥陀堂を建立したと記されている。このちがいについて、これまでは木瓦葺とする計画を途中で変更し、瓦葺で完成したと解釈されてきた。しかし、実態はそうではなかった。

　勝光明院跡での発掘調査では、阿弥陀堂と推定される基壇の一部が見つかったが、この周辺で瓦は出土しなかったのである（京都市埋蔵文化財研究所、一九八〇）。つまり勝光明院阿弥陀堂は、瓦葺ではなかった。したがって、造営過程の記録に示されたとおり、木瓦葺で完成されたと考えるべきである。ならば、供養願文では瓦葺でない建物を、なぜ「瓦葺」と書いたのかが問題となろう。

極楽浄土の理想の宮殿

木瓦葺を採用した理由を考える前に、当時の人びとが極楽浄土の宮

図5—6　平等院仏後壁前面画の極楽浄土（平等院所蔵）

殿をどのようにイメージしていたのか考えてみたい。そもそも平等院鳳凰堂も無量光院阿弥陀堂も、現世に極楽浄土をつくりだそうとしたのなのだから。

まずみるべきは、鳳凰堂仏後壁前面画の右上に描かれた伽藍である（図5—6）。その建物は中堂と翼廊からなり、池の洲浜に立ち、鳳凰堂によく似ている。天空では、楽器がリボンをつけて飛び、散華する飛天もいる。こうした天空の様は、当麻曼荼羅などの阿弥陀浄土図と同じである。つまり、鳳凰堂仏後壁画の右上伽藍は、鳳凰堂になぞらえた極楽浄土の宮殿なのである。その屋根は瓦葺で、しかも瓦の色は鮮やかな緑色だ。当麻曼荼羅に描かれた極楽浄土の宮殿の屋根も緑色の瓦葺である。

絵画以外にも、後白河法皇によって編纂された『梁塵《りょうじん》秘《ひ》抄《しょう》』には、

極楽浄土の宮殿は、瑠璃の瓦を青く葺き、真珠の垂木を造り並め、瑪瑙の扉を押し開き、

という歌がおさめられているように、極楽浄土の宮殿は瑠璃色の屋根というイメージがひろがっていた。こうした建築のイメージは、比叡山の静照が一〇世紀末に著した『極楽遊意』に、極楽浄土を想観、つまり心に想い描く方法を述べるなかに、

五百億の宝楼があり、真珠の瓦を青く葺き、瑠璃の壁を白く塗れり、

とあらわれている。『栄花物語』に藤原道長の法成寺は「ただ極楽もかくこそは」（「おもがく」）など、極楽浄土とされるが、その荘厳に

図5―7　無量光院阿弥陀堂復元CG（2004年復元）

ついては「宝楼の真珠の瓦青く葺き、瑠璃の壁白く塗り」（「おもがく」）と『極楽遊意』と同文が引かれている。平安時代の人びとが、極楽浄土の理想の宮殿には、瑠璃すなわち緑色の瓦を葺くイメージをもっていたことが知られよう。法成寺の跡からは、緑色の緑釉をほどこした瓦が出土しており、現実に極楽浄土と称えられる伽藍には緑色の瓦が葺かれていたことがわかる。

なぜ木瓦葺なのか

それにしても、中尊寺金色堂や勝光明院阿弥陀堂は、なぜ木瓦葺を採用したのだろうか。

　木瓦葺は、木の板を葺く板葺の一種であり、瓦よりもランクが低いと思われるかもしれない。しかし、勝光明院を建立した鳥羽上皇はいうまでもなく、鳳凰堂を建立した藤原頼通《よりみち》も当時の最高権力者の一人である。勝光明院は、鳥羽の堂塔のなかでも白河上皇の証金剛院とならび「華麗を究め、荘厳を尽くす」（『玉葉』建久三年〈一一九二〉十月二日条）と賞賛される建築であった。勝光明院阿弥陀堂跡からは、須弥壇の格狭間を飾ったとみられる、きわめて質の高い孔雀文金物が発見されている。これは金色堂須弥壇の格狭間につけられた同金具につうじる優美なもので、いかに華麗な建築であったかをうかがわせる。木瓦葺は、最高クラスの建築に採用されていたのである。とすれば、木瓦葺を採用したのは、経済的な理由とは考えられない。

　鳳凰堂は中堂の屋根が大きく出ており、それによって優雅な姿が生み出されている。しかし、小屋組すなわち屋根の中の構造は、庇がない特殊な平面形態をとることもあり、きわめて不安定なもので、重い本瓦葺になるとますます不安定になる。無量光院阿弥陀堂の屋根は、鳳凰堂と同じ寸法の母屋にかかりながら、さらに大きく軒が出ていたと考えられ、瓦葺では構造的によりきびしくなる。こうした諸点を考慮して、私は次のように考える。

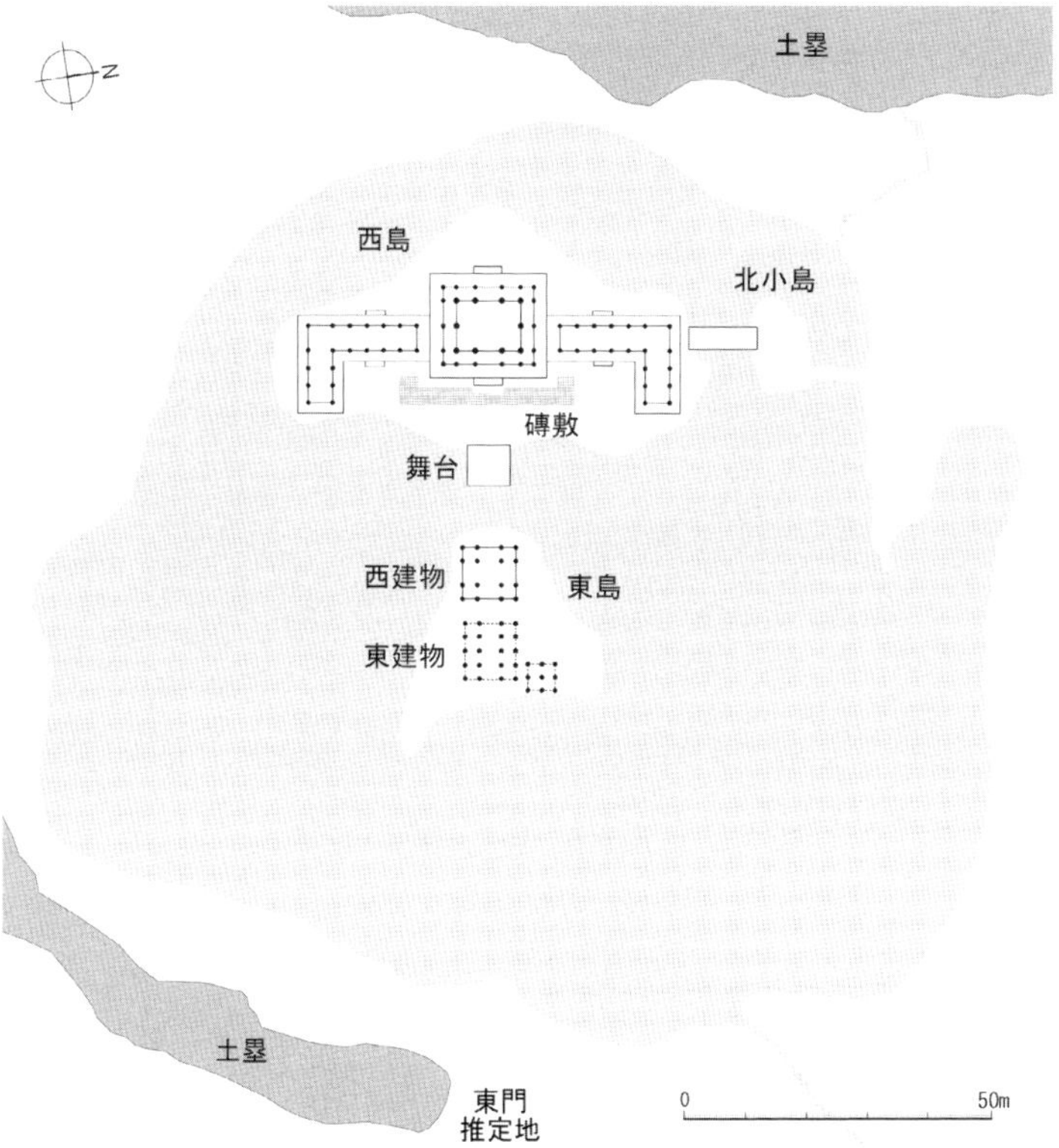

図5—8　無量光院伽藍図

すなわち当時の人びとは、極楽浄土の宮殿の屋根は瑠璃の瓦というイメージをもっていた。くわえて、大きな軒の出をもつ建築を理想としていた。こうした大きな屋根に瓦を葺くならば、その重量は非常に大きくなり、建築構造として無理が生じる。だから瓦葺に見えながら、はるかに軽い木瓦葺をもちいたのだと。

屋根で無理をすると、せっかくの優美な曲線を描く軒が垂れ下がってしまう。さらに、重い屋根は建物本体にも大きな負担となる。鳳凰堂では後世に何度も壁を修理したが、これは瓦葺にかえられたことで、建物本体にまでゆがみが生じたからとみられる。荘厳のかぎりをつくした建築だからこそ、その姿を維持すべく、木瓦葺によって軽量化し、負荷を減らそうとしたと考えられるのである。

一方、勝光明院阿弥陀堂の供養願文に「瓦葺」と記されたのは、実際には木瓦葺ではあるが、それが瓦葺を意図したものだったからといえよう。資財帳《しざいちょう》のような財産目録としての性格をもつ文書ならともかく、供養願文という願意を記した記念碑的な文書に、瓦葺を意図しながら、わざわざ木瓦葺とは記さないであろう。

こうした考証にもとづき、筆者は二〇〇四年、無量光院阿弥陀堂の復元CGを作成した（図5—7）。緑色の木瓦葺を葺いた阿弥陀堂は、斜め上空から見ると、鳳凰堂仏後壁前面画の右上に描かれた極楽浄土の宮殿（図5—6）にそっくりな姿となった。

ただ、この復元は昭和二十年代の発掘の成果によっていた。平成二十一年（二〇〇九）から無量光院跡であらためて発掘調査が行われ、

図5—9　無量光院阿弥陀堂復元CG（2017年復元　東島西建物より）

新たな知見が得られたことから、復元CGを改定することになった。以下に、新たな復元について述べていきたい。

平成の発掘調査結果にもとづく復元考証

無量光院阿弥陀堂は、西島に立つ（図5—8）。その北に小島があり、この小島を経て橋で渡っていくアプローチは、平等院と同じである。しかし、両者は池の規模がまったくことなる。無量光院の池は広大で、しかも阿弥陀堂の東にも島が設けられているのである。かつて阿弥陀堂へは、伽藍の中軸線上を、池の東対岸から東島へ、さらに阿弥陀堂の正面へとまっすぐに橋がかかると考えられていた。今回の発掘調査によって得られた重要な知見の一つは、阿弥陀堂の前に推定されていた東島をつなぐ橋がなく、かわりに舞台とみられる遺構があらわれたことである。さらにいえば、今回の発掘調査では、東島から池の東対岸に架かると推定されていた橋も見出されなかった。

阿弥陀堂前の遺構は方三間、掘立柱で池の中に立つ。掘立柱は下端を鉛筆の先のように尖らせ、池底に打ち込んでいた。重いものを受ける構造とは思えず、鳳凰堂仏後壁前面画右上伽藍（図5—6）に見るような、菩薩たちが舞踏する池の中の舞台と考えるのが妥当であろう。二〇〇四年の復元ではこの壁画の極楽浄土にそっくりな建築の姿をあらわしたのであるが、くわえて舞台までもあらわれたわけである。

もう一つ重要な発見があった。建物の基壇の仕上げである。藤島亥治郎は切石積みの基壇で復元しているが、昭和の発掘調査で基壇の石積みは確認されていない。二〇〇四年の復元ではこれ以上の史料もなく、藤島復元にしたがい切石積みの基壇としていたところ、平成の発掘調査で南翼廊の南面部分に、基壇の見切りとしてならべられた大きな川原石がみいだされた（図5―10）。中堂の背面でも、基壇の立ち上がり部分で、見切りの川原石を抜き取った跡とみられる、大きな窪みがならんでいる様子が確認できた。さらに、基壇上面は縁に向かってなだらかに低くなり、さまざまな色の玉石が敷き詰められていた。つまり、無量光院阿弥陀堂の基壇は、見切りとして大きな自然の川原石をならべ、その上面も州浜のように玉石を敷き詰めていたと考えられる。平等院鳳凰堂の発掘調査でも、翼廊の基壇の下から玉石を敷き詰めた当初の遺構面があらわれており、同様の仕上げであったことがわかっている。

図5―10　無量光院阿弥陀堂跡南翼廊基壇

　こうした新たな知見および考証をふまえ、新たに作成した復元CGが図5―9である。視点は、東島西建物の西庇に坐った位置に設定している。

自然と一体になった建築美

　先に述べたように、無量光院阿弥陀堂の翼廊は、鳳凰堂とくらべ左右に大きく伸びていた。無量光院の池は平等院の池よりもはるかに大きく（図5―11）、翼廊を大きくのばす阿弥陀堂の姿は、広大な園池にふさわしい。寺域の背後を区切るのにも、人工的な造形の築地をもちいず、土塁をもちいていることにより、東島の拝所から礼拝すると、阿弥陀堂と舞台以外に人工的な造形はあらわれないのである（図5―9）。まさに自然の風景のなかに極楽浄土の宮殿が立ち上がっていた。

　無量光院と同じく、鳳凰堂にならった勝光明院阿弥陀堂は、鴨川と桂川の合流点の広大な園池のなかに立っていた。無量光院の雄大さは、鳥羽の園池につうじる。勝光明院阿弥陀堂の建設途中の記録には、左右の楼閣は水中に立てると汚損のおそれがあることから、州浜に立てるとされている（『長秋記』長承三年〈一一三四〉五月二日条）。それでも「透廊《すきろう》」――左右翼廊の先端部に相当するか――は、水上に立てる計画であった。勝光明院跡の発掘調査では、阿弥陀堂の背後にも池がまわっていたことが確認され、鳳凰堂や無量光院阿弥陀堂と同じく、池のなかに立つ楼閣というイメージがふさわしい。こうした、広大な水辺の風景と建築からなる造形の展開の頂点に位置するのが、厳島神社の社殿であろう。宮島の弥山を背負い海上に浮かぶその姿は、自然と一体になった建築美の究極の姿を見ることができる。

　そもそも、こうした園池の造形は、当時の貴族の寝殿造住宅にもうけられた、海の風景を模した庭園と共通する。極楽浄土の宝池としてこうした園池がもちいられると、極楽浄土のイメージそのものにも変化があらわれる。

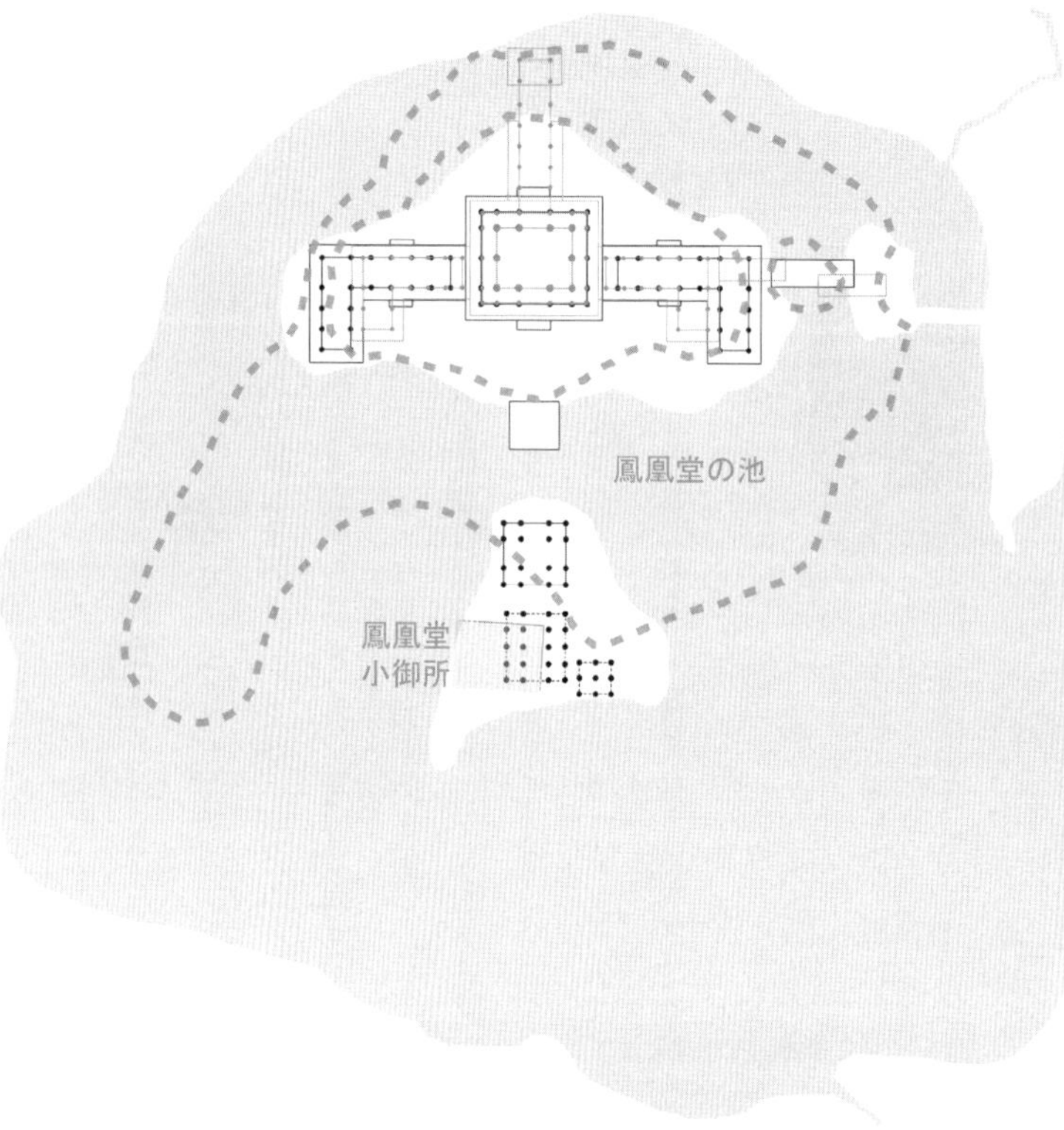

図5—11　無量光院伽藍と平等院伽藍の比較

当麻曼荼羅などにみる、中国の極楽浄土の宝池は幾何学的な形をしており、しかもタイルを敷いた人工的な仕上げである。自然の風景をおもわせる要素は、まったくといってよいほどあらわれない。対して、平安時代後期以降、日本で作成された阿弥陀浄土図、たとえば奈良国立博物館蔵阿弥陀浄土図や西禅院蔵阿弥陀浄土図では、タイル敷きで幾何学的な形の陸地の周辺に州浜がくわえられるようになる。

ところが、鳳凰堂仏後壁前面画右上の極楽浄土は、全体が州浜である。一四世紀初頭の金戒光明寺蔵地獄極楽図でも、極楽浄土全体が州浜として表現され、逆に舞台や楼閣の階の先に少しばかりタイル敷きがある（図5—12ａ）。無量光院阿弥陀堂の中堂前には、正方形の瓦を敷きつめた磚敷き《せんじ》（図5—8を参照）が見つかっているが、絵のタイル敷きはこれに相当するといえよう。おそくとも鳳凰堂において、自然の風景のなかにある、日本独自の極楽浄土のイメージが成立していたのである。

東島と舞台の意味

次に、東島について考えてみたい。東島の西端、つまり阿弥陀堂の正面の中軸線上に方三間の礎石建物がある。その背後にも複数の礎石建物があり、これまで藤島亥治郎の復元により左右対照の配置とされてきた。しかし、平成の発掘調査の結果（平泉町教育委員会二〇一五）をみると、方三間建物の東にある建物の礎石は中軸線から少しズレており、西建物と同時期か疑問である。また、東建物の北側にのみに建

図5—12a　金戒光明寺蔵地獄極楽図（金戒光明寺所蔵、京都国立博物館提供）

図5—12b　金戒光明寺蔵地獄極楽図　地獄部分
（前同所蔵および提供）

物があり、左右対称ではないこともわかってきた（図5―11）。

これら東島の建物のうち西建物は、舞台もしくは拝所とみられてきた。新たに中堂前に舞台とみられる遺構が出てきたので、東島西建物は拝所とみるのが妥当であろう。鳳凰堂は池の東対岸に拝所である小御所が設けられていた。無量光院の池は鳳凰堂よりもはるかに大きいので、阿弥陀堂との距離関係からいえば、鳳凰堂の小御所の位置は池の対岸ではなく、東島の東建物にあたる（図5―11）。西建物と東建物が同時期でないとすれば、それぞれ時期のことなる拝所であったことも考えられる。

こうした拝所をそなえる無量光院の東島を、菅野成寛は化生《けしょう》の舞台と考えた（菅野一九九二）。化生とは、臨終にさいして阿弥陀如来の来迎を受け、観音菩薩の捧げる蓮華の上に乗り、その蓮華が極楽浄土の宝池で花開くことで、これこそが極楽往生である。当麻曼荼羅には、宝池の蓮の花の上に童子が乗る様が描かれ、それぞれ短冊に『観無量寿経』に説かれる九品往生のうちの、上品中生《じょうぼんちゅうしょう》から下品下生《げぼんげしょう》までが記されている。無量光院で、池に望む東島西建物西端から阿弥陀堂を礼拝する者は、あたかも宝池のなかから礼拝しているかのように感じたことであろう（図5―9）。たしかにここは化生を疑似体験する場にふわさしい。

当麻曼荼羅の宝池で上品上生は、阿弥陀如来の前で陸地が張り出した部分にある。ここで菩薩の姿をした往生者は金剛の台《うてな》に坐し、阿弥陀を礼拝している。無量光院阿弥陀堂の前池にかかる舞台は、当麻曼荼羅にみる上品上生を体感する場とみなすことができよう。

ところで、これまで無量光院といえば、背後の金鶏山との関係が注目されてきたのであるが、西建物の西庇から見ると、中堂と翼廊、そして土塁があるためまったく見えない（図5―9）。それだけではなく、土塁によって周辺の平泉市街の景観もほとんど見えなくなる。土塁は無量光院以外の景観要素を切り取り、視界を極楽浄土の造形に純化しているのである。西建物は純粋に極楽浄土に浸る場ということができよう。さらにいえば、無量光院阿弥陀堂は鳳凰堂よりも翼廊を左右に大きく広げ、前面に折れ曲がった部分も長くのばすため、東島西建物や舞台から礼拝する者は、極楽浄土の宮殿に包み込まれるように感じたはずである。

一方、池の東岸から見ると、東島にどのように建物が建っていたかはっきりとしないが、手前の広大な池を挟んで阿弥陀堂を見ると（図5―13）、あたかも極楽浄土を遠望するかのようだ。平等院鳳凰堂が建立されると、その前を流れる宇治川は現世と浄土を隔てる海に見立てられ、平等院側である西岸は極楽浄土、都のある東岸は現世となり、ここに現世と浄土をつなぐランドスケープが生み出された（冨島二〇一〇）。無量光院の東島前面に広がる池も、現世と浄土を隔てる海に見立てられていたことが考えられよう。

無量光院の池では、東島への橋が見つかっていない。現段階で知られるかぎりでは、礼拝の場と考えられる東島へは船で行くしかなかったようである。平等院への参詣では、橋があるにもかかわらず、とき

図5—13　無量光院阿弥陀堂復元CG（2017年復元、池東岸より）

にわざわざ宇治川を船で渡ることがあった。これは、七世紀に唐の迦《か》才《さい》が著した『浄土論』に説かれる、阿弥陀が衆生を極楽浄土へと導く大願船を演じるものであったと考えられる。現世である池の東岸から極楽浄土である阿弥陀堂や東島に向かって、阿弥陀の大願船が演じられたことも考えられよう。

3　観自在王院の大阿弥陀堂

大阿弥陀堂とその安置仏

「寺塔已下注文」によれば、観自在王院は二代基衡の妻が建立し、ここには大阿弥陀堂、小阿弥陀堂と呼ばれる二棟の阿弥陀堂があったという。いずれの阿弥陀堂も安置仏は記されないが、大阿弥陀堂では周囲の壁に京の霊地や名所を描いたという。

発掘調査では、大阿弥陀堂のものとみられる遺構の一部が発見され、母屋の柱間が約一五尺（約四・五メートル）の一間四面、裳階付の平面と考えられている。その規模は、同じく一間四面の白水阿弥陀堂（母屋柱間一三尺）よりもひとまわり大きい。あくまでも一つの可能性ではあるが、筆者はこの阿弥陀堂に平泉近くの東山に伝わる松川阿弥陀迎接像（松川二十五菩薩像、図5—14a、b、c、d、以下、松川迎接像とする）が安置されていたのではないかと推測している（冨島二〇一七）。

松川迎接《ごうしょう》像は、来迎印の阿弥陀如来像と坐像・立像の菩薩像、さらに壁に取り付けるべく表側の半身だけを彫刻した、散華する飛天か

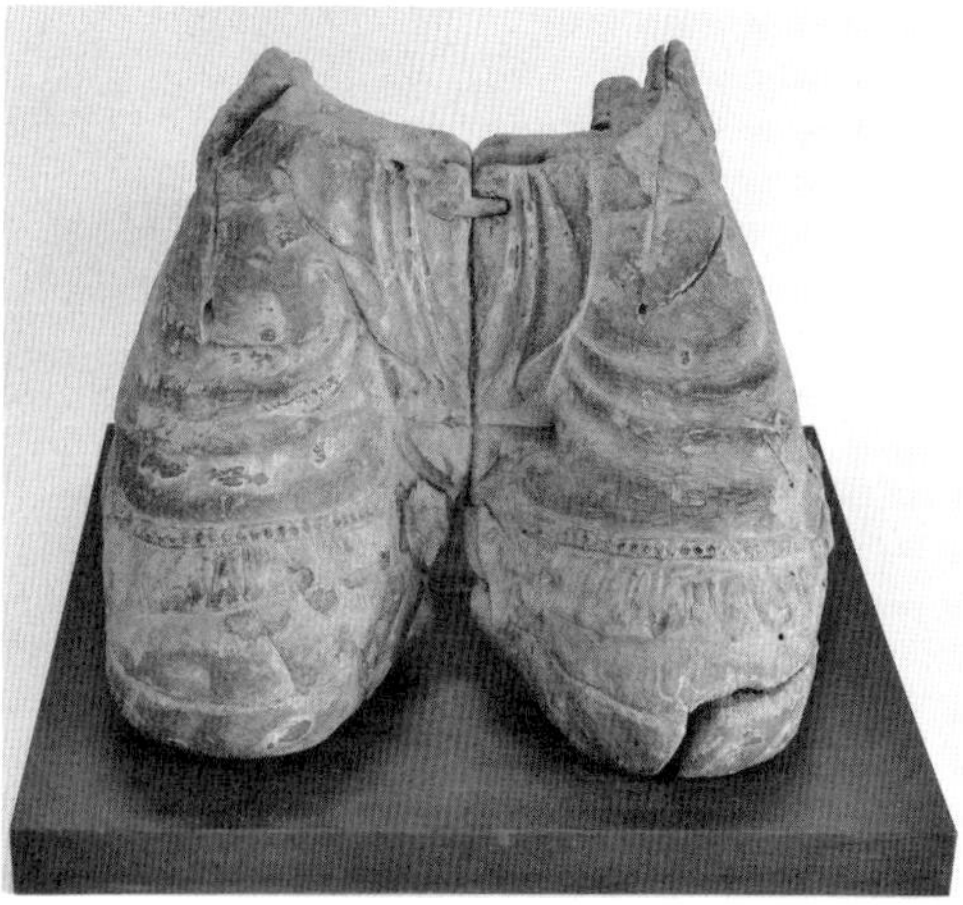

図5—14b　松川阿弥陀迎接像　脇侍像
（前同所蔵提供）

図5—14a　松川阿弥陀迎接像 阿弥陀如来像
（二十五菩薩像保存会所蔵、一関市博物館画像提供）

図5—14d　松川阿弥陀迎接像　立像
（前同所蔵、提供）

図5—14c　松川阿弥陀迎接像　坐像
（前同所蔵、提供）

図5―15a　鳳凰堂九品往生図　下品上生来迎部分
（模写、平等院所蔵）

らなる、阿弥陀聖衆来迎の群像である。破損がすすみ、すべての像で当初の面部はのこっていない。大洪水のときに東山に流れ着いたとも伝えられるが、造立にかかわる記録はまったく知られていない。

　阿弥陀如来像は六尺の規模で、頭部は後世に補われたものである。菩薩像は三尺程度で、断片もふくめて検討したところ、合計二五体が確認された。菩薩像には脇侍《きょうじ》である観音・勢至とみられる正坐する像がある。また、坐像・跪坐《きざ》像・立像があり、彼らは体を捻り、あるいは膝を立てるなど、躍動感に満ちあふれている。その像容は、平安時代後期の作品でいえば、鳳凰堂壁扉画の九品往生図（図5―15ａ）や高野山有志八幡講十八箇院蔵阿弥陀聖衆来迎図など阿弥陀来迎図の菩薩につうじる。彫像としては、鳳凰堂雲中供養菩薩像や即成院阿弥陀迎接像と造形上の共通点が多々認められ、京の情報を詳細かつ正確に把握している場で制作されたと考えられる。一二世紀の奥州で、京との直接的なつながりのなか、これだけ質の高い彫像を、三十数体もの群像として実現できたのは奥州藤原氏以外に考えにくい。

　細部を見ていくと、菩薩像の胸飾や鰭袖《はたそで》、腰布裾の宝相華文にきわめて特徴的な花蕊《かずい》をつけるが、まったく同じものが、金色堂の基衡の阿弥陀如来像のものと考えられる光背の脚部に見出される。さらに中尊阿弥陀如来像の衣文は、金色堂西北壇の基衡の阿弥陀如来像の衣文に近い。こうした特徴を総合すると、この群像は奥州藤原氏、なかでも基衡の周辺で造られた可能性が考えられる。これほど優れた群像が史料にまったくのこらないとは考えにくく、基衡妻の観自在王院に安置された可能性が浮かび上がってくるわけである。

松川阿弥陀迎接像は観自在王院の安置仏か

　松川迎接像が観自在王院に安置されていたとするためには、ほかにも解決しておかなければならない問題が二つある。一つは「観自在王院」という寺院名である。これは不空訳『金剛頂経観自在王如来修行法』にみるような、阿弥陀如来像の密教の名号である観自在王如来に由来する。阿弥陀来迎（迎接）は、いわゆる「浄土教」のものとされ、「浄土教」は密教を排除することで成立するとされてきたからである。「浄土教」の阿弥陀迎接像が、密教の阿弥陀堂に安置されてよいのか、

図5—15b　鳳凰堂九品往生図　下品上生網代部分（模写、平等院所蔵）

という疑問があろう。

たしかに、『金剛頂経観自在王如来修行法』は、両界曼荼羅のうちの金剛界曼荼羅にもとづいて阿弥陀如来を供養する方法を説いた密教の儀式書である。ところが、来迎の阿弥陀三尊像を安置する京の三千院本堂には、この儀軌にもとづく阿弥陀曼荼羅が構成されている（冨島、二〇一〇）。また、極楽浄土にして阿弥陀来迎の空間である鳳凰堂も、雲中供養菩薩像に金剛界曼荼羅の菩薩の名号が記されたものがふくまれ、金剛界系の阿弥陀曼荼羅を構成すると考えられる。文献史料をみていくと、たとえば源俊房《としふさ》の持仏堂では、臨終本尊としてつくった雲に乗る阿弥陀迎接像が、金剛界の供養法で供養されている。平安時代後期において、阿弥陀迎接像は密教、なかでも金剛界曼荼羅と密接な関係にあった。阿弥陀迎接像である松川像が、密教の名のついた観自在王院大阿弥陀堂に安置されていたとしても、当時の阿弥陀信仰のあり方から見てなんら問題はなく、むしろこの阿弥陀堂を鳳凰堂や三千院本堂の系譜に位置づけることができるのである。

第二の点は、「寺塔已下注文」に観自在王院の周囲の壁に京の霊地・名所を描いたとされていることである。平安時代の京の阿弥陀堂では、法成寺阿弥陀堂（無量寿院）や鳳凰堂、勝光明院、金剛心院（久寿元年〈一一五四〉）の阿弥陀堂など、周囲の壁や扉に九品往生図すなわち『観無量寿経』に説かれる上品上生から下品下生までの九ランクの阿弥陀来迎の図を描くことはある。無量光院阿弥陀堂で「観経の大意」を描くというのも、この『観無量寿経』にもとづく九品往生図にあたる。しかし、名所絵を描いた例は知られていない。

観自在王院の名所の絵は、日本の風景を大和絵として描いたものとみられ、阿弥陀堂との関係では、やはり鳳凰堂壁扉画の九品往生図が想起される。鳳凰堂九品往生図のなかでも下品上生図には、宇治川のものとみられる網代が描かれている（図5―15b）。宇治川の網代は藤原頼通自身が営んだ年中行事であり、この阿弥陀来迎図は京の名所絵の内容もそなえているわけである。鳳凰堂の堂内は、阿弥陀如来像と雲中供養菩薩像からなる阿弥陀聖衆来迎の世界であった。観自在王院大阿弥陀堂が阿弥陀来迎の空間であれば、壁扉画の画題は鳳凰堂のような阿弥陀来迎図こそがふさわしい。ここには、京の名所の風景、あるいは後世の平泉でそのように理解された風景のなかに、阿弥陀来迎が描かれていたことが考えられる。

ところで、宇治川の網代は願主の現実、そして罪を経典世界に投影するものである。「寺塔已下注文」によれば、無量光院阿弥陀堂では、鳳凰堂と同じく堂内に『観無量寿経』にもとづく九品往生図を描き、秀衡はそのなかに狩猟の場面をあらわしたという。狩猟は武士としての奥州藤原氏のアイデンティティの象徴であり、この場面は平泉の現実の風景のなかに描かれたであろう。

大阿弥陀堂堂内の想定復元

観自在王院の安置仏が、松川迎接像であるならば、その堂内はどのような空間だったのだろうか。

まず、安置仏の台座について。現在では菩薩坐像および立像の連肉、阿弥陀如来像蓮台の花弁がのこるのみで、これだけでは当初の形式はわからない。そこで現存する阿弥陀迎接像をみていくと、鳳凰堂雲中供養菩薩像や法福寺阿弥陀迎接像（平安時代後期）いずれでも雲をそなえている。文献史料にも、先にあげた源俊房持仏堂の本尊をはじめ、雲に乗る阿弥陀迎接像がいくつも確認できる。

あらためて松川迎接像をみると、坐像には片足を踏み下げるものがある（図5―14c）。その足が途中で止まっており、下で支える雲座の存在が想定される。鳳凰堂雲中供養菩薩像や法福寺阿弥陀迎接像の躍動感あふれる菩薩像は雲座である。常照皇寺阿弥陀三尊像（平安時代後期）も三尊形式ではあるが、観音は片膝を立てて前傾し、礼拝する者に蓮台を差し出している。躍動感あふれる松川迎接像には雲座がふさわしい。松川迎接像には蓮肉がのこっており、常照皇寺阿弥陀三尊像のように、これら蓮台の下に雲座が設けられていたと推定される。この阿弥陀三尊像の雲座の割合を参考に、松川迎接像の左右対称の菩薩像を二六体として配置すると、その面積は遺跡から知られる観自在王院大阿弥陀堂の母屋に符合するのである（図5―16）。

このように松川迎接像を安置した仏堂は、現在知られる平泉の建築のなかでは、観自在王院大阿弥陀堂がもっともふさわしい。そこでは内陣の小壁に散華する飛天が舞い飛び、須弥壇上で中尊寺金色堂西北壇中尊につうじる姿の阿弥陀をとりまき、菩薩たちが雲座に乗っていきいきと踊り、音楽を奏でながら来迎する様が想像されよう。

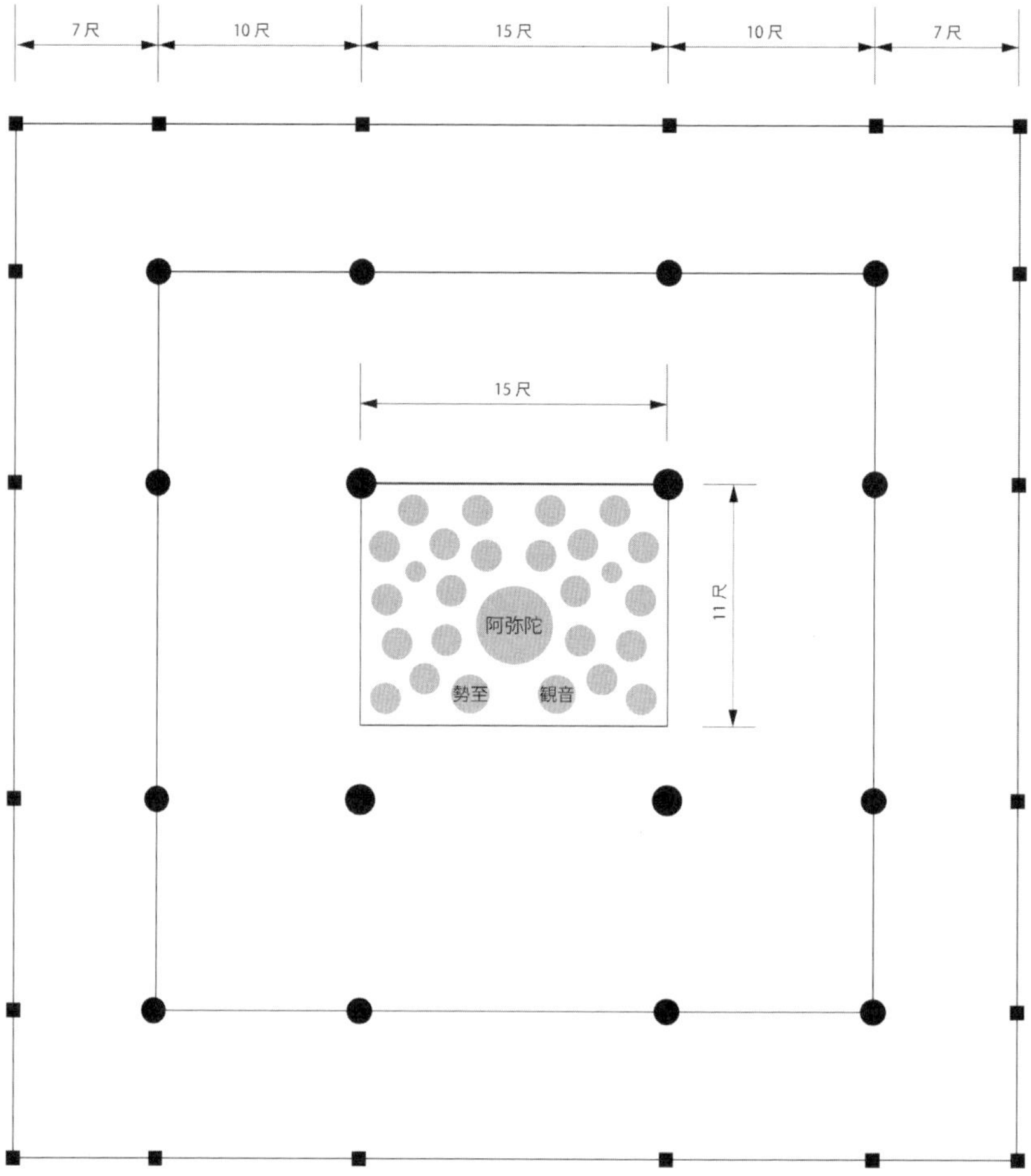

図5—16　観自在王院大阿弥陀堂における松川阿弥陀迎接像の配置案

4　大長寿院阿弥陀堂

建築と安置仏

大長寿院阿弥陀堂は、建武元年（一三三四）の中尊寺文書によれば初代清衡が嘉承二年（一一〇七）に建立したという。「寺塔已下注文」には、高さ五丈（約一五メートル）もある二階大堂で、本尊は三丈の阿弥陀如来像、脇士は丈六の九体の阿弥陀如来像とされる。この注文の記述どおりに理解すれば、この仏堂には一〇体の阿弥陀如来像を安置したことになる。平安時代後期には九体の阿弥陀如来像を安置する、いわゆる九体阿弥陀堂が多く建立されるも、一〇体の阿弥陀如来像を安置した事例は他に知られておらず、建築史学では九体阿弥陀堂の誤りとする見解もあった。いずれにしても平泉では群を抜いて大きな建築である。

平安時代後期の京では、三丈二尺の中尊と丈六の脇侍四体を安置した、藤原道長の法成寺金堂や白河天皇の法勝寺金堂が最大級の仏堂であった。中尊の規模はほぼ同じで、丈六の脇侍をさらに五体もしくは六体もくわえた大長寿院阿弥陀堂は、法勝寺金堂をはるかにうわまわる。中尊寺はもとより、平泉のもっとも中心となる建築といってもさしつかえなかろう。

さて、この阿弥陀堂に安置された阿弥陀如来像が一〇体か、九体かという問題を考えるうえで、一〇体の阿弥陀を『決定往生臨終十念縁起』に説かれる十界阿弥陀（仏界・菩薩界・縁覚界・声門界・天界・人間界・修羅界・畜生界・餓鬼界・地獄界にあてられた阿弥陀）との関係からとらえる菅野成寛（菅野二〇一五）の見解は傾聴にあたいしよう。京で数多く建立された九体阿弥陀堂は、『観無量寿経』に説かれる九品往生にもとづくといわれるが、ここに地獄からの救済はないのである。

一〇体の阿弥陀をそろえる事例は、後世には菅野のあげる重源の東大寺浄土堂がある。これらの阿弥陀如来像のうち九体は阿波国から移したもので、一体は六条殿尼御前が、壇の浦合戦で滅んだ平氏の救済のために造立したものである。さらに絵画作品としても、京都・知恩寺の十体阿弥陀像（鎌倉時代）がある。この絵には、一〇体の阿弥陀如来が雲に乗って来迎する様が描かれており、泉武夫は、これら一〇体の阿弥陀は九品阿弥陀に定印の阿弥陀をくわえたもので、十界阿弥陀にあてられていると考える（泉一九八六）。大長寿院の十体阿弥陀は、こうした十体阿弥陀の先蹤とも考えられよう。

阿弥陀如来による地獄からの救済

阿弥陀による地獄からの救済に関して注目されるのが、先にもあげた金戒光明寺蔵地獄極楽図（図5―12a）である。この絵では、画面の下方右側に現世、左側に地獄が描かれている。現世には雲に乗った阿弥陀と聖衆による上品の来迎や、金蓮華のみの下品の往生が描かれている。左側の地獄では、地獄の責め苦が描かれているが、注目すべきは、閻魔王庁の上に下品と同じ金蓮華が来迎していることである（図5―12b）。つまりこの絵は、通例の現世への上品から下品の来迎のみならず、地獄への阿弥陀の来迎があることを示しているのである。

また、その下で釜割れ、すなわち火にかけられた釜が割れて清涼な水となって流れ出し、その先では蓮の花が咲き、責め苦を受けていた罪人が赤子となって往生する場面が描かれていることも見落とせない。この主題そのものは中国の『三宝感応要略録』（一一世紀）に説かれ、日本でも『百座法談聞書抄』によれば天仁三年（一一一〇）に講説されており（加須屋、二〇〇三）、平安時代から知られるものであった。地獄からの阿弥陀による救済が、平安時代にさかのぼることを示す阿弥陀如来像もある。大秦寺阿弥陀如来像には保元元年（一一五六）の胎内銘《たいないめい》（水野、一九六七）があり、あわせて通例の滅罪生善、往生極楽にくわえ、多くの罪を犯したため地獄に落ちても、わずかに阿弥陀仏の名号を聞けば、猛火も清涼となり、阿弥陀仏の名号を念ずれば、西方から蓮の来迎を受けられるとされる。この阿弥陀如来像は、地獄からの救済も祈るものだったのである。

前九年・後三年合戦をつうじ、奥羽の多くの者が殺戮の罪を負うことになった。しかし当時は、臨終にさいして善知識の導きにより、十念の念仏がかなわなければ極楽往生できないという考えがあった。奥州には十念もかなうことなく、九品の阿弥陀の救済からもれ、地獄におちた者も多くいたはずである。こうした人びとの霊魂、罪を負いながら生きていかなくてはならない人びとをくまなく救済することが、戦乱後の国を統括していくうえで清衡の重要な政治課題であったことはいうまでもない。後白河法皇も、平氏をはじめ内乱による戦没者追悼のため、高野山大塔で長日両界供養法を修している。大長寿院阿弥陀堂が九品往生のみならず、地獄からの救済をも祈るべく、九品阿弥陀に一体を加えた十体の阿弥陀を安置するものであったことはじゅうぶん考えられよう。

おわりに

以上のように、平泉における阿弥陀信仰の造形のあり方は、多様かつ豊かである。無量光院阿弥陀堂は、当麻曼荼羅にみるような、極楽浄土を現世に具現したものである。毛越寺常行堂は、極楽往生を祈る不断念仏のための建築である。また平泉には、京でいくつも建立された迎接堂が知られていなかったが、観自在王院の大阿弥陀堂に松川阿弥陀迎接像を安置していた可能性が浮かび上がってきた。『観無量寿経』などに説かれた、阿弥陀来迎をうけて極楽浄土へ往生することこそが、当時の人びとが想い描いていた順次往生であり、平泉でもこのプロセスが阿弥陀堂の造形として具現化されていたといえよう。さらに平泉においては、阿弥陀信仰が都市空間へと展開していたことも見落とせない。平泉館で阿弥陀堂である金色堂と向き合う清衡、無量光院東門の伽羅御所で同じく阿弥陀と向き合った秀衡など、阿弥陀とともにあった彼らのくらしが、個々の伽藍をこえて都市スケールでも展開されている。

これまで、「平安浄土教」から法然の「浄土教」にいたる阿弥陀信仰は、きわめて個人的な信仰ととらえられてきた（井上、一九七〇）。しかし、奥州藤原氏にとって阿弥陀信仰は、たんに自らの極楽往生を祈るだけでのものではなかったと考えられる。清衡が奥羽の国を南北に貫く奥大道に、阿弥陀の笠率塔婆を立てたことによって、平泉への道は南から、北からいずれも阿弥陀の巡礼道となった。その先、まさに国の中心にあたる中尊寺には、平泉最大の仏堂である大長寿院阿弥陀堂が建立された。石田一良がこの笠率塔婆と大長寿院を結びつけ、「清衡の奥州統一の理念が九品来迎思想を受容する基礎に働いている」（石田、一九六四）と指摘したのは達見といえよう。この石田の理解に、地獄からの救済をも意図した大長寿院阿弥陀堂、そして奥州藤原氏の墓所としての金色堂の意味をくわえるならば、清衡の国土建設の理念をより深く理解することができる。

すなわち奥大道は、前九年・後三年合戦の戦没者はもちろん、殺戮の罪を負った奥州の人びとの救済を象徴する道であった。その先の平泉には大長寿院阿弥陀堂がある。奥州では九品往生だけだと、地獄に落ちて救われない者も多かったはずである。だから九体阿弥陀ではなく、地獄からの救済をくわえた十体阿弥陀が必要だったと考えられる。奥州藤原氏は殺生を生業とする武士である。中尊寺金色堂や無量光院阿弥陀堂には、武士という奥州藤原氏のアイデンティティが反映されていた。こうした平泉の阿弥陀信仰のあり方を勘案するならば、地獄からの救済まで意図した十体阿弥陀が、京ではなく、平泉にあらわれたことも理解しやすい。

大長寿院阿弥陀堂は、京の法成寺や法勝寺の金堂をはるかにうわまわる大建築であった。奥大道はこの阿弥陀堂への巡礼道であり、清衡はこの幹線道路と巨大建築とで、国を統括する宗教理念を体現したといえよう。それは国の万民を救済する、理想の統治者としての清衡の象徴でもあった。白河院政が巨大な法勝寺の金堂と九重塔によって、王家の宗教的イデオロギーとして密教の両界曼荼羅を京の都市空間のなかで掲げたように(冨島、二〇一三)、平泉では大長寿院阿弥陀堂によって阿弥陀信仰をかかげたのである。とすれば、中尊寺の寺号となっている中尊は、大長寿院の阿弥陀ではないかという考えすら浮かんでくる。大長寿院の阿弥陀は中尊寺の中尊であり、清衡が支配した奥羽の国の中尊でもあったと考えることはできないだろうか。そして、清衡が阿弥陀如来のもとで眠る金色堂は、清衡自らが阿弥陀によって救済されたことを示し、清衡の宗教理念の実現を証明するものといえよう。

中世の都市や国土は、政治・経済の理念はもちろん、そこには宗教的理念も重層していた。宗教理念がきわめて顕著にあらわれるのが、平安時代後期の京と平泉の特質といえよう。さらにいえば、京の王権をめぐって両界曼荼羅にもとづく国土観が形成されたのに対し、平泉では阿弥陀信仰にもとづく国土観があらわれている。これこそが平泉の京にたいする独自性であり、奥州藤原氏の思想的な特質といえるであろう。

〔参考文献〕

秋山光和他編『平等院大観　第一～三巻　建築』岩波書店、一九八七～九二年
石田一良「中尊寺建立の過程にあらわれた奥州藤原氏の信仰と政治」『日本文化研究所研究報告』別巻第二、一九六四年
泉　武夫「十体阿弥陀像の成立」『仏教芸術』一六五、一九八六年
井上光貞『新訂　日本浄土教成立史の研究』山川出版社、一九七〇年
加須屋誠「金戒光明寺所蔵地獄極楽図屏風試論―その図様構成と主題の問題―」同『仏教説話画の構造と機能　此岸と彼岸のイコノロジー』中央公論美術出版、二〇〇三年
菅野成寛「都市平泉の宗教的構造」『奥州藤原氏と柳之御所遺跡』吉川弘文館、一九九二年
〃　「平泉文化の歴史的意義」柳原敏昭編『東北の中世史Ⅰ　平泉の光芒』吉川弘文館、二〇一五年
京都市埋蔵文化財研究所編「鳥羽離宮跡第一一八次調査」『昭和六〇年度京都市埋蔵文化財調査概要』一九八〇年
冨島義幸「中尊寺金色堂再考」入間田宣夫編『兵たちの時代Ⅲ　兵たちの極楽浄土』高志書院、二〇一〇年

〃『平等院鳳凰堂―現世と浄土のあいだ―』吉川弘文館、二〇一〇年

〃「建築と景観の統合―中世顕密主義のコスモロジーと両界曼荼羅―」『岩波講座　日本の思想七』岩波書店、二〇一三年

〃「阿弥陀迎接堂の空間造形と信仰―松川阿弥陀迎接像を安置した仏堂をめぐる一試論―」『日本宗教文化史研究』二一―一、二〇一七年

平泉町教育委員会編『特別史跡無量光院跡発掘調査報告書一一　第二八次調査』二〇一五年

藤島亥治郎編『平泉―毛越寺と観自在王院の研究―』東京大学出版会、一九六一年

文化財保護委員会編『無量光院跡』一九五四年

水野敬三郎「(大泰寺)阿弥陀如来像」『日本彫刻史基礎資料集成　平安時代造像銘記篇三』中央公論美術出版、一九六七年

〈付記〉本稿脱稿後、本稿の内容の一部をもとに、大幅に加筆した冨島義幸「奥州藤原氏の阿弥陀信仰と国土観」(『日本宗教文化史研究』二三―二、二〇一九)を公表している。

第六章　鎌倉時代の中尊寺

菅野文夫

はじめに

平泉中尊寺には、鎌倉から南北朝期を主とする数十点の中世文書が伝来している。これをもとに、中尊寺の鎌倉時代を概観しようというのが本章の意図である。本論にはいる前に、本章でしばしば引用する三つの史料について述べておこう。

文永年間、中尊寺衆徒と平泉惣別当が鎌倉幕府の法廷で二度にわたって争い、その裁許《さいきょ》として文永元年（一二六四）十月二十五日関東下《げ》知状《ちじょう》、同九年六月二十三日関東下知状が出された（『鎌倉遺文』九一九六・一一〇五二）。以下、それぞれ文永元年裁許状、文永九年裁許状と呼ぶが、内容は多岐にわたり、また現存しない鎌倉初期の文書が多く引用されており、当時の平泉諸寺院の様相をうかがう上で不可欠の史料である。前者は現在では京都の住心院に伝えられているが、本来は中尊寺衆徒に与えられたものである。また建武元年（一三三四）八月日中尊寺衆徒言上状（『南北朝遺文』東北編一〇〇号）は、足利氏および陸奥国府に提出され、新政府の発足にあたって堂塔修理を求めた長文の申状である（入間田宣夫二〇〇五）。そこには草創以来の由緒と鎌倉期のできごとが詳しく書かれており、それ自体が中尊寺史ともいうべき内容である。本章では建武元年言上状と呼ぼう。

〈注記〉なお、現在のところ平泉関連の史料集で最も完備されたものは、『平泉町史』（「史料編一」平泉町、一九八五年）だろう。ただし史料の掲出にあたっては『鎌倉遺文』『南北朝遺文（東北編）』の番号を掲げ、これに収録されていないもののみ『平泉町史』の番号を記した。また『吾妻鏡』はたんに鏡と略記した。

1　鎌倉幕府の支配のもとで

平泉の衆徒と両寺惣別当

文治五年（一一八九）奥州合戦で藤原氏は滅び、平泉諸寺院は新たな支配体制に組み込まれた。文永元年裁許状に「右大将家《うだいしょうけ》の御時、没収の地として別当を補せられおわんぬ」、建武元年言上状に「関東の御代、始めて惣別当《そうべつとう》を補せらる」とあるとおり、幕府は平泉諸寺院の総括者として惣別当を設置した。惣別当は、「両寺貫首」「平泉両寺別当」などとも呼ばれ（鎌八七一九・一二二二七）、中尊寺・毛越寺両寺を中心に平泉の寺社全体を支配した。史料上はたんに別当と表記されることが普通だが、本章では経蔵や金色堂などの別当と区別するため、惣別当の呼称で統一しよう。

　この両寺惣別当体制は高橋富雄（一九七三）によって明らかにされ、遠藤巌（一九七四）、大石直正（一九八八）などにより深められた。ただし、従来はこの体制が鎌倉時代を通じて存続するように考えられてきたが、佐藤健治（二〇〇五）は弘安十年（一二八七）に大きな改編があったことを明らかにした。幕府は惣別当に中尊寺・毛越寺を一元的に管理させる体制を改め、それぞれに惣別当を任命するようになったのである。

　惣別当に任じられたのは幕府中枢と深い関係をもつ鎌倉在住の高僧で、遠藤により、初代の賢祐《けんゆう》から印鑁《いんばん》・定豪《じょうごう》・定親《じょうしん》・最信《さいしん》・盛朝《せいちょう》・実助《じつじょ》・春助《しゅんじょ》・定助《じょうじょ》・朝演《ちょうえん》をへて、幕府滅亡の時期の朝宗《ちょうそう》までが明らかにされている。最信以降は天台宗の僧侶であることが確実で、これについては鎌倉在住の天台系僧侶に関する平雅行（二〇〇〇）の詳細な研究が参考になる。いちいち注記しないが、本章で惣別当の出自や経歴などを述べるにあたっては、遠藤・平の研究を紹介しているに過ぎないことをお断りしておく。なお、惣別当体制の改編は盛朝の時期であり、盛朝は両寺惣別当からそのまま中尊寺惣別当に横すべりし、実助以降は中尊寺のみの惣別当である。

藤原氏の先例

　初代の惣別当は「最初別当賢祐」（鎌九一六九）、「前別当密蔵坊」（鎌一一〇五二）とあって、密蔵坊賢祐であることがわかる。『吾妻鏡』には賢祐が建久四年（一一九三）三月十三日条の後白河上皇一周忌の千僧《せんそう》供養《くよう》で、「宿老僧」一〇人のうちのひとりとして一〇〇人の僧侶を従えて法事に参加したこと、翌年閏八月八日の志水冠者《しみずかじゃ》源義高《みなもとのよしたか》の追善供養の竪者《りっしゃ》を勤めたことがみえる（それぞれ同日条）。初期の幕府にあって重きをなした僧だった。

　文永元年裁許状は、衆徒所進の文書として建久二年（一一九一）十月十日付関東下知状案を引用している。それは地頭らの寺領への非法を禁じたもので、「たとい堂塔においては荒廃の地として仏聖灯油《ぶっしょうとうゆ》の勤無しといえども地頭等に至りては押領を停止せしむべし」と書かれていた。下知状発給の前提として地頭に対する衆徒の訴えがあったはずである。なお文永九年裁許状には、建久二年十一月十五日付中原親《ちか》能《よし》奉書案と、これをうけた惣別当賢祐の同年十一月十八日施行状がみえる。遠藤巌が指摘したように建久二年のこの時期には中原親能は上洛しており、幕府発給文書の奉者とはなり得ないから、これは建久元年か三年の誤記だろうが、一連のものであることは間違いない。惣別当が、衆徒の訴えを幕府にとりもち、幕府の裁許を衆徒に施行したのだろう。

また嘉暦二年（一三二七）三月日中尊寺衆徒等解文《げぶみ》（鎌二九七九六）には、「右大将軍御代建久御成敗《ごせいばい》」のことがみえる。「平泉寺領の沙汰の事、清衡・基衡の例任に任すべし」と記されていた。確証はないが、この御成敗が建久二年の関東下知状をさす可能性は高いだろう。奥州合戦直後から、幕府の対奥羽政策の基調が藤原氏時代の先例に従えというものだったことはよく知られている（入間田、一九七三）。これは平泉の衆徒にとっても地頭の非法に対抗する有力な手段だった。承元四年（一二一〇）にも幕府は平泉保《ほう》の伽藍等興隆のことにつき、寺領の地頭に「故のごとく懈緩《けかん》の儀有るべからず」と命じたが、ここでも「本願基衡《もとひら》等の例」が強く意識されていた。幕府の命令が「寺僧おのおの愁い申」したことに応えたものであることも、建久の下知状とおなじである（鏡同年五月二十五日条）。

建保五年の訴訟

新たな体制による平泉諸寺院の支配は、日常的には藤原氏時代のあり方がかなり踏襲されたと想像されるが、鎌倉在住の惣別当により遠隔支配されるという一点だけをみても、大変な変化である。惣別当は新たに供僧を任命し、供田・講田を宛行《あてが》った。前代以来の本供僧と惣別当により任じられた新供僧との軋轢、寺田をめぐる衝突などさまざまのことがあったろう。それは時として衆徒と惣別当との対立に発展した。

賢祐のあとに惣別当に任じられた理乗坊印鑁は出自も経歴もはっきりしない。わかっているのは、建保五年（一二一七）に幕府が衆徒の訴えにより印鑁を罷免したことである（建武元年言上状）。同年六月二十五日付けで二階堂行光《ゆきみつ》奉書が出されているが、それは「当国中尊・毛越寺僧の訴訟の事、条々聞しめされ畢ぬ、別当職他人をもって改補せらるるべきなり、寺僧ら帰寺し、本のごとく安堵せしむべし」というものだった（文永元年裁許状）。衆徒は惣別当の非法を訴えて鎌倉まで列参したのである。背後には、要求が認められなかったならば逃散も辞さないような厳しい対立があったのだろう。なおこの奉書は幕府から直接衆徒に下されたものであり、少なくとも文永年間までは衆徒のもとに保管されていた。

定豪と良信・良禅

印鑁罷免の翌年には、新たな惣別当が任命されたはずである。建保末年に中尊寺領の給人注文《きゅうにんちゅうもん》が作成されており、これは新任の惣別当によると推測される（鎌七四〇二・七四〇三）。その人物を直接にしめす史料はない。ただ文永九年裁許状に「先別当僧正坊」とあり、嘉元三年（一三〇五）重訴状に「鶴岡八幡宮別当僧正御房」ともある（町史四四）。僧正に任じられ、かつ鎌倉鶴岡八幡別当に就任した経歴に該当するのが定豪で、建保年間には勝長寿院別当をつとめ、承久三年（一二二一）に鶴岡八幡別当に任じられ、後には東寺長者・東大寺別当を歴任して大僧正になった。鎌倉仏教界の大物の真言僧である。

ただし元仁元年（一二二四）三月の日付のある毛越寺本堂円隆寺《えんりゅうじ》

梵鐘銘写に「両寺別当権少僧都良信《りょうしん》」「両寺別当二位（律カ）禅師良禅《りょうぜん》」の名がみえる（町史二四）。この二人は山門系の天台僧で、良信はこの元仁元年から三一年間ものあいだ勝長寿院別当として鎌倉仏教界に重きをなし、また良禅は九条兼実の孫で、鎌倉から京にもどった後は日吉社別当となった。印鑁の次の惣別当をこの良信・良禅とみる見解もあるが、惣別当定豪の下位に両寺別当として良信らが位置したとするほうが自然である。以上はすべて遠藤巌が明らかにしたとおりである。

　とすれば、幕府はこのとき平泉諸寺院の支配のために鎌倉仏教界の有力者を複数配置したことになる。承久の乱勃発に際して幕府が世《せ》上無為《じょうむい》の祈祷を命じたのは寺門派天台僧円意・道禅、山門派の良信、真言の定豪だった（鏡承久三年五月二十七日条）。定豪・良信は、鎌倉にあってそれぞれの法流の中堅・若手を代表する存在だったのである。衆徒が列参して惣別当の非法を訴えるという事態を重くみて、幕府は平泉支配の立てなおしにそれなりに意を用いたのではないか。なお、文永年間の惣別当最信は弟子とみられる僧を権別当《ごんのべっとう》（別当代）として平泉に派遣していたが、定豪と良信・良禅はそもそも法流が異なる。定豪の時期の惣別当―両寺別当体制は、のちの惣別当―権別当と質的に異なっており、幕府が平泉諸寺院の支配を重くみていたことを思わせる。

承久元年の訴訟

しかし定豪―良信・良禅の新体制も、最初の段階では衆徒との厳しい緊張をはらんだものだった。承久元年（一二一九）六月十八日付の清原清定奉書には、「平泉中尊寺住僧四人、別当法橋《ほっきょう》の訴訟により対決を遂ぐるのところ、さしたる罪科無きの間、身の暇《いとま》を給わり下し遣わさるるところなり、元のごとく安堵せしむべし」とある（文永元年裁許状）。良信の当時の僧位は法橋だったから（鏡承久三年五月二十七日条）、ここにいう「別当法橋」こそ良信だろう。建保五年の訴訟とは反対に、別当が中尊寺衆徒四人を幕府に訴えたのである。対決のすえ幕府は四人に罪科なしという判決を下したが、「身の暇を給わり」「元のごとく安堵せしむべし」との文言から、穏やかならぬ事態だったことがうかがわれる。良信は四人をたんに訴えたのではなく、身柄を拘束し、住房や所領を没収しようとしたのだろう。対立の深刻さは、建保の訴訟を上まわるものがあったかもしれない。

平泉支配の安定

ただしその後は衆徒と惣別当との関係はある種の落ち着きをみたように思われる。少なくとも残された史料からは、その後建長年間まで、両者が激しく対立した形跡はみいだせない。元仁元年の円隆寺鐘の鋳造は、良信・良禅らと衆徒との和解のしるしといえるかもしれない。

　この時点ですでに幕府の支配下にあって三〇年が経過していた。その間に少なくとも二度にわたって、衆徒と惣別当との争いが幕府法廷に持ち込まれたのである。そこまでいかなかった小さな衝突は無数にあったろう。同時に、ある種の折り合いも成立したのではなかろうか。その意味で元仁年間ごろ、定豪初期までの時期は、平泉の僧侶たちが惣別当と対立しつつも鎌倉時代的なあり方をかたちづくる過程と位置づけられよう。

良信・良禅につづく両寺別当は確認できない。惣別当についていえば、定豪の死後はその弟子定親が任じられたと指摘されている。定豪死去は暦仁元年（一二三八）九月だが、その翌年あるいは翌々年にあらためて寺領給人注文が作成されており（文永九年裁許状）、定親の就任時期をうかがわせる。

衆徒と所領

承久元年の訴訟以後、惣別当最信の建長年間ごろまでの三〇年余りは、衆徒と惣別当の関係はおおむね安定していたように思われる。この時期の先例の蓄積によって、平泉諸寺院の鎌倉期的なあり方がかたちづくられたのだろう。文永元年・同九年裁許状の訴訟は、単純化していえば、そうした状況に満足せずより積極的な支配を企図した最信と、先例の遵守を求める衆徒という構図である。したがってこの二つの裁許状に先例として語られていることがらから、それ以前の様相をうかがうことができる。

衆徒の中核をなすのは各堂塔に配置された供僧で、供田《くでん》（供僧田）を領した。これには藤原氏時代に補任された由緒をもつ本供僧と、鎌倉期にはいってから惣別当によって任じられた新供僧がいた。また種々の講や法会を営む講衆・経衆がおり、それぞれ講田・経田を有した。たとえば白山講田は胆沢《いさわ》郡黒沢村と志波《しわ》郡乙部村に各一町が設けられ（鎌一三九八三・一六〇〇六・一五三八四など）、金色堂にも供僧（密供僧）と経衆がおり（鎌三一八六一）、胆沢郡石崎村に読経田五段などが設定されていた（町史六六）。講衆・経衆などもまた、供僧と同様に、藤原氏時代以来の由緒を持つものと惣別当から任じられたものがいたはずである。

本供僧と新供僧

しかし本新の区別は、もはや過去のものとなっていた。文永元年裁許状には「衆徒の所帯は基衡・秀衡の時、補任の供僧有り、また代々別当の時、寄附の料田有り、本新各別せず、その欠有るの時は、衆徒の挙に依り、法器《ほうき》の仁を撰び、別当下知状を成すところなり」とある。衆徒側の主張だが、惣別当側も反論していない。もはや本・新供僧がない交ぜになった衆徒の集団が成立していたのである。欠員が生じた場合には、衆徒の推挙をもとに惣別当が任命する慣例だったという。この慣例の背後には、当然のことながら衆徒のそれなりの自治が存在したはずである。

供田・講田などについても同様で、衆徒によれば「供田以下職」が「あるいは他人に譲り、あるいは沽却《こきゃく》」などによって外部に流出して「欠分」が生じた場合は、惣別当が「無縁《むえん》の衆徒に省かるる」のが「前例」だった。惣別当側も「最初別当賢祐講田を寄進せしめ以来、無縁の衆徒歎き申すの時、寺中興隆のため、講田・給田・祭田を寄せ置くこと、百陸拾町に及」ぶと、同趣旨のことを述べている。実際、惣別当最信が派遣した権別当栄賢《えいけん》は、弘長元（一二六一）年九月に中尊寺経蔵文殊講《もんじゅこう》畠として阿闍梨《あじゃり》永栄《えいえい》に畠地を寄進している（鎌八七一九）。衆徒の所領も、藤原氏時代以来のものと鎌倉期に新たに加わったものとが、すでに渾然一体となっていた。

所職の相伝

供田などは衆徒間で相伝されてきた。文永九年裁許状によれば、衆徒行朝の小山薬師堂免田三町は父隆近《りゅうきん》より天福二年（一二三四）に譲られたものである。帝釈堂免田畠は五代にわたって相承されてきた。所領だけではない。供僧職も相伝の職であり、金色堂供僧職は栄尊《えいそん》から行朝《ぎょうちょう》に譲与された。白山宮別当職が「四代相承の職」だったように、堂塔の別当職ですら師資相承されるものもあった。

しかもこうした相伝に惣別当は原則として関与しなかったらしい。文永元年裁許状に、衆徒の主張として「相論せざるの外任符を成さず」「師跡を相伝するの時、先例別当の任符を取らず」とある。相伝をめぐって衆徒間に紛争が起こったときに惣別当の裁許を求めることはあっても、通常の師資相承であれば惣別当に任符（安堵状）を申請することはないというのである。惣別当側は従来から相伝の際に安堵状を下していたと主張するが、具体的な根拠を示していない。おそらく衆徒の言い分が事実に近いのであって、最信以前の時代は、衆徒所領の相伝に惣別当がかかわることは通常はなかったのだろう。関与するとすれば、衆徒間の紛争の調停者としてだった。衆徒と惣別当との関係は、そのようなルーズともいえる一面があったのである。

2　文永・弘安の転換

文永年間の訴訟

宝治元年（一二四七）六月、執権北条時頼は名族三浦氏を滅ぼした。宝治合戦である。幕府政治はいわゆる得宗《とくそう》専制に大きく傾斜する。三浦氏と結びつきが深かった鶴岡八幡宮別当定親は翌月に鎌倉を去り、兼任していた平泉惣別当も交代した。新任の惣別当となったのは足利氏嫡流出身の山門僧最信《さいしん》である。足利氏はこの合戦で北条氏にしたがって功績をあげた。すでに指摘されているように、その論功行賞の一環だろう。また最信が、惣別当定豪の初期にその下で両寺別当を勤めた良信の弟子だったことも関わるのかもしれない。

最信の辞任は建治三年（一二七七）六月だから、宝治合戦直後に任じられたとすれば、任期は三〇年におよぶ。歴代中最長だろう。しかしその間は、衆徒と衝突することがしばしばだった。早くも建長六年（一二五四）に、平泉の衆徒は「当別当不法の条」の申状を幕府に提出している（文治元年裁許状）。惣別当が堂塔修理の責任を果たさなかったことを訴えたもののようだが、詳細は不明である。あるいは紛争の端緒は三年前の検注かもしれない。建長三年（一二五一）十一月付の中尊寺領惣検取《そうけんとり》帳が残されている（鎌七四〇二）。その一〇年後、衆徒と惣別当が幕府法廷で争い、文永元年裁許状がだされた。さらにその八年後に両者の訴訟が再度幕府法廷に持ち込まれ、文永九年裁許状が下されている。二度の裁許をへても対立は解消されなかった。建治三年の辞任も、建武元年言上状に「非拠を致すに依り建治三年六月二十三日改易せらる」とあり、衆徒が幕府に訴えたことによるものだったらしい。

惣別当の安堵

惣別当と衆徒の対立の原因は、先に少しく述べたように、最信がそれまでの惣別当とは異なって積極的な寺院管理を試みたことにある。そのひとつは、師資相承に安堵の申請をするのを義務づけたことである。安堵にあたっては任料を支払うことも求めた。これまでの惣別当は衆徒間の相伝に積極的には関与しなかったが、最信は衆徒所領への進退権を主張して安堵を制度化しようとしたのである。衆徒が反発したのは当然で、文永元年裁許状の相論では最大の争点となる。

幕府の裁許は、任料を要求するのは「すこぶる正義にあらず」と禁じたものの、「寺務の仁としていかでか任符を成さざらんや」と、最信側の主張を認めた。惣別当であるから当然安堵する権限を有するという、先例とは別の次元での判断である。衆徒はなお不服で、文永九年裁許状の相論でも再度「別当の任符を停止せらるるべきこと」を要求したが、幕府は文永元年裁許状を再確認してこれを斥けた。師資相承を惣別当が安堵する原則が、二度の裁許によって確定したのである。

実際、現存するもっとも古い安堵状はこの時代のものである。建治二年（一二七六）二月二十四日補任状がそれで、最信が、僧円喜が道毫阿闍梨より譲与された光勝寺修正田を安堵している（鎌一二二二七）。道毫の譲状はこれより八年も前の文永五年（一二六八）のもので、文永九年裁許状で幕府があらためて惣別当の安堵を正当化してよりもさらに四年近く経過しての安堵である。ここに、惣別当の安堵を容易には受けいれない衆徒の姿がうかがわれる。

中尊寺文書からその後の安堵状をさがすと、弘安七年（一二八四）・延慶二年（一三〇九）・正和二年（一三一三）の惣別当補任状（安堵状）が残されている（鎌一五一一二・二三七二四・二四八一八）。またこれに代わる惣別当の外題安堵《げだいあんど》は、正安二年（一三〇〇）閏七月十八日阿闍梨寛西譲状の実助の外題をはじめいくつか確認される（鎌二〇五二六・二五〇七六・二五〇七七・二五三八四）。衆徒の相伝を惣別当が安堵する制度は、結果的にみれば、それなりに定着したのである。この点では文永の相論は惣別当—衆徒関係のひとつの転機ではあった。ただしこれを惣別当の支配の強化、衆徒の敗北とみるのは早計だろう。そのことを次に述べよう。

衆徒の相伝

惣別当は衆徒所領への進退権を有するという理由で、最信は有力な衆徒の相伝を否定することがあった。衆徒からみればこれは恣意的な権限乱用である。文永九年裁許状によれば、衆徒行朝は父隆近より相伝した免田三町を惣別当に押領されて一八年になるという。永幸も「五代相承」の帝釈堂免田畠を公役対捍《たいかん》（拒むこと）を理由に改補され、さらに印鑁―有賢―永幸と相伝されてきた白山講田も改補されて「別当方寺僧」の公賢に与えられた。勝弁が本主栄尊から相伝した金色堂免田胆沢郡黒沢村、明元の「四代相承の職」である白山宮別当職も改補され、大長寿院灯油畠一所、釈尊院灯油畠二所も惣別当が割り取ったという。

これらにたいする一斉の反撃がこの裁許状の訴訟であって、幕府の裁許はおおむね衆徒側の主張を認めたものだった。衆徒所領に対する惣別当の進退権は文永元年裁許状で形の上では認められたものの、その実質はおおきく制限されたのである。衆徒にとっては輝かしい勝利である。

だからこそ、文永九年裁許状は衆徒のもとに大切に保管された。嘉暦二年（一三二七）三月に、衆徒は新任惣別当朝演に解状を提出して堂塔修理を求めたが、ここに「如法光寺殿《（北条時宗）》御代文永御下知」として引用されている（鎌二九七九六）。また勝弁は、弘安九年（一二八六）に黒沢村以下を頼賢に譲与し、以後黒沢村は金色堂別当所領として相伝されるが、その手継《てつぎ》としてこの裁許状の案文が伝えられていた（鎌一六〇〇六・一〇四〇八）。

衆徒の自治と権別当

文永九年裁許状の訴訟は、最信によって直接の被害をこうむった行朝・永幸・勝弁・明元らが中心になった。「衆徒所進文永元年下知」とあるように、かれらは文永元年裁許状を所持していたのだから、文永元年の相論を主導したのもかれらとみてよい。永幸・明元についてはこの裁許状以外に他に史料はないが、行朝は後述するように弘安十年（一二八七）に衆徒選任の権別当となり、また勝弁は永仁年間の葛西氏との訴訟で中尊寺を代表する立場にあった。この時期に最信に抵抗した人々は、中尊寺衆徒の自治の核だったのである。

他方最信は、配下の僧侶を権別当として平泉に派遣して寺院の支配にあたらせていた。文永元年裁許状の相論で最信の代理人をつとめた栄賢が権別当だったことは確実だが、文永九年裁許状の相論で代理人となった有信、また在任時期は不明だが壱岐阿闍梨最清も最信配下の権別当と指摘されている。

権別当は別当代とも呼ばれるが、相当の権限を与えられていたらしい。文永元年裁許状で衆徒は、栄賢が権律師から律師に昇進する成功《じょうごう》の費用調達のために、新儀の課役を課したと非難している。文永九年裁許状でもこの問題は蒸し返されたが、ともかくも権別当は独自に課役を賦課する権限を有したのである。またかれらはときどき下向してくるような存在ではなく、平泉に常住したのだろう。最清は中尊寺境内に的庭《まとば》をつくろうとして草木を焼き払い、成就院《じょうじゅいん》を類焼させてしまうという失態を演じている（建武元年言上状）。

惣別当が鎌倉在住である以上、最信以前にも代官が下向することはあったはずである。しかし最信が派遣した権別当は、従来の代官よりも大きな権限をもち、日常的に管理運営にあたった。それだけに衆徒と対立するのは避けられない。権別当の存在自体が文永年間の訴訟の底流だった。

堂塔修理をめぐって

文永年間の訴訟でもうひとつ、大きな争点となったのが、堂塔修理の問題である。そしてこれはその後の平泉寺院の最大の課題となる。

文永元年裁許状によれば、毛越寺・中尊寺はかつて二四〇余宇の堂塔があった。いまはあわせて四〇余宇、中尊寺には白山山王社と堂塔一六宇しか残されていない。寺領は八〇〇余町あるのだから、惣別当はその収益で修理をすべきところ、修理料はわずかに二町しか設けられておらず、それも逃人料所《とうにんりょうしょ》を宛てているだけである、というのが衆徒の主張である。惣別当側は、堂塔の破壊顛倒《てんとう》は最信就任以前のことで、「秀衡代々陸奥・出羽両国の大営として、あるいは十年、あるいは二十年造営するところなり、大破の今微力に及び難し」と述べ、それでも以前の惣別当と同程度の修理は継続していると抗弁した。修理料についても、寺領は五〇〇町で、このうち経常的な支出を除いた別当得分は一〇〇町分であり、この収益で修理をまかなっているという。衆徒は、「前々の如く修理せしめば、いかでか訴え申すべけんや」と反論し、最信が以前の惣別当のようには修理していないと難詰した。

幕府の裁許は、「別当の沙汰として力の及ぶところ、修理を加うべし、もし寺用を貪りその功を成さざらば所職を改補せらるべきなり」というものだった。惣別当が堂塔修理の責任を負うことを明言したのである。文永九年裁許状の相論でも、衆徒は再度最信が修理の責任を果たしていないと訴えたが、最信側が反論したため、幕府は修理の実否の調査を命じている。惣別当は、修理にそれなりの実績をあげざるをえない状況に立たされた。

おそらく最信以前も、経常的な修理は惣別当の負担でなされたのだろう。それがどれほどの規模であったかは不明である。最信の時期は、より大規模な修理が必要になり、それが誰の眼にも明らかになってきたのではないか。文永元年裁許状の訴訟で衆徒は、「あるいは顛倒あるいは破壊の条、注文に見ゆ」と、堂塔の荒廃を調べ上げた注文を副進していた。文永九年の裁許の後、最信が衆徒を満足させるような修理を施した形跡はない。建治三年の最信罷免の理由は定かではないが、修理造営問題が背景にあった可能性は高い。

弘安年間の転換

最信ののちは、さほど間をおかずに盛朝がその任に就いたらしい。盛朝は北条時盛《ときもり》の子で、最初の連署として知られる時房《ときふさ》の孫にあたる。幕府政治はこの時期に本格的に得宗専制の段階にはいるが、平泉惣別当にもはじめて北条氏一族が任じられた。

盛朝の就任後一〇年をまたずして、平泉両寺惣別当体制が大きく転換する。惣別当は中尊寺・毛越寺をはじめ平泉諸寺院を統括していた。

弘安十年（一二八七）に幕府はこの体制をあらため、中尊寺と毛越寺にそれぞれ別の惣別当を置くこととした。盛朝は中尊寺惣別当にそのまま横滑りし、毛越寺の惣別当には新たに宴信僧都が任じられた（建武言上状）。佐藤健治が明らかにしたとおりである。惣別当体制がはじまってほぼ一世紀がたとうとするこの時期、幕府の平泉支配はかたちを大きく変えたのである。

その理由を明示する史料はないが、文永の相論以降顕在化した修理造営問題への対応ではなかろうか。建武元言上状によれば、弘安十年八月九日に盛朝は幕府に「修造のこと、別当の沙汰として五箇年以内その功を終うべし」との請文《うけぶみ》を提出し、毛越寺惣別当宴信《えんしん》も翌弘安十一年（一二八八）三月二十二日に同様の請文を提出している。堂塔の荒廃は従来の一元的な体制では手に負えない状況で、中尊寺と毛越寺を個別にすすめることが効率的とされたのだろう。

佐藤が指摘するように、モンゴル襲来後、幕府は諸国の寺社修理をうながす政策をすすめた。建武元年言上状によれば、盛朝が請文を出したのは、衆徒が幕府に修理造営の要求をだしたことが背景にあった。幕府の政策と、衆徒による突き上げのなかで、盛朝にはそれなりの修理の実をあげることが求められたのである。

衆徒と権別当

弘安十年にはさらにもうひとつ、重要な体制の変化があった。惣別当が派遣していた権別当は廃され、各寺院の衆徒から権別当が任命されるようになったのである。中尊寺では行朝が権別当に就任した。行朝が文永九年（一二七二）の訴訟で、勝弁などとともに衆徒の中心として惣別当最信に抵抗したことはすでに述べた。最信時代は惣別当による恣意的支配の権化であった権別当が、衆徒による自治の制度的な拠点となったのである。

これは惣別当―衆徒の関係の再構築ともいえる。建保五年（一二一七）の印鑁の更迭、承久元年（一二一九）の相論、最信時代の一連の訴訟など、衆徒と惣別当の対立はしばしば幕府法廷に持ち込まれてきたが、こうした事件は弘安十年以降は確認できない。権別当が衆徒を代表して惣別当と向き合う体制は、それなりに機能したというべきだろう。毛越寺についても同様の体制がとられたと思われる。

本堂の修復と金色堂覆堂の造立

惣別当盛朝と権別当行朝の新体制のもとで、堂塔の修復もたしかにそれなりの前進をみた。建武元年言上状は盛朝による修理を、「顛倒の古材木等をもって本堂ばかり形の如く」造立しただけだという。しかしこの言上状は、幕府滅亡直後に足利氏あるいは陸奥国府に保護を求めて提出されたものである。盛朝以後の惣別当に北条氏一族が相継いだことを述べるにあたって、彼らが堂塔修理に消極的であり、あるいは無力だったことをことさらに強調している。額面どおりにはうけとれない。

本堂が修復されただけでなく、正応元年（一二八八）十月に金色堂の覆堂も新たに建立された。その棟札には将軍惟康《これやす》親王の仰せをうけた修造であることが、執権北条貞時《さだとき》・連署大仏宣時《おさらぎのぶとき》の名とともに記されていた。もちろん、惣別当盛朝、権別当行朝、金色堂別当朝賢の名もみえる（町史三六）。この年は藤原氏四代泰衡の百回忌にあたる（大矢邦宣一九八七）。衆徒たちの堂塔修理を求める運動が大きなたかまりをみせていたはずである。なお盛朝は、弘安九年（一二八六）九月に幕府にも文書を提出している。内容は不明だが、これはのちに金色堂別当の頼賢の手に残されたのだから、覆堂造立に関わるものと推測してよいだろう（鎌二〇八〇四）。

葛西氏との相論

中尊寺文書に、正応元年（一二八八）七月九日関東下知状が残されている（鎌一六六九二）。これは、中尊寺・毛越寺衆徒が磐井・胆沢郡の山野の用益をめぐって、地頭の葛西宗清・時員・親時を訴えた訴訟の裁許状である。衆徒は草木の採集に葛西氏が公事課役《くじかやく》を課したことを不当と訴え、幕府は沼倉行蓮・和賀行盛を両使として派遣し絵図を注進させた上で、問題の山野が「寺家件の領内たるの間、違乱を致すの条、不便《ふびん》の儀を致すか」と葛西氏に課役賦課を禁じている。

この関東下知状には、建治三年（一二七七）と弘安八年（一二八五）の訴訟のことも記されていた。前者は平泉白山別当顕隆と葛西経蓮とのあいだの山野相論で、幕府は、経蓮が山野の用益について違乱をなし、また白山宮の神官神人を狩猟に駆使することを禁じる裁許を下したという。後者については、「宗清代々の御下知に背き、先年煩いを成すの間、弘安八年のころ上訴を経るのところ」とあり、「時員代々の御下知に背き、山野草木違乱の上、寺領の土民をもって狩り以下の雑役に召し仕い、銭貨を宛て取るの間、弘安八年訴え申しおわんぬ」ともある。平泉の衆徒と葛西氏の相論は建治年間よりはじまっており、争点も用益権だけでなく、葛西氏が百姓を駆使したことなどに及んでいた。

葛西氏との相論といえば、嘉元三年（一三〇五）三月日中尊寺衆徒重訴状がある（町史四四）。中尊寺衆徒と葛西宗清との相論の文書で、内容は後述するが、ここに衆徒側の主張として「宗清の正応の訴状のごとくんば、御下文を帯し両国所済物《しょさいもつ》を催し取り寺社等に配分せしむる由、重々段々承伏しわんぬ」と、正応の相論のことがみえる。ただし葛西氏側は「正応の相論は検断の事なり、布施物の相論にあらず」と反論し、衆徒は「正応の相論は検断并《ならび》に仏神物の沙汰たるの条、御下知明鏡」と応じている。これをみると正応年間に山野相論とは別に、検断をめぐって葛西氏との相論があったことはたしかである。ただし嘉元の重訴状で争点となる仏神事用途《ぶつしんじようと》未進のことが、正応の時点で争われたかどうかは判然としない。

3　仏神事興行への模索

経蔵修復と仏神事興行

盛朝ののちに惣別当就任が確認されるのが実助である。惣別当としての活動をしめすもっとも早い史料は、正安二年（一三〇〇）潤七月十八日阿闍梨寛西免畠《めんはた》相博《そうはく》状の安堵の外題だが、「別当権大僧都（花押）」とあるだけで日付はない（鎌二〇五二六）。いっぽう、正和二年（一三一三）十二月十八日行盛譲状に「先寺務御補任状」が副進されており（鎌二五〇七七）、これは延慶二年（一三〇九）七月二日実助補任状（鎌二三七二四）をさすことは疑いないから、正和二年十二月の時点で実助はその任を辞していたことになる。

平雅行によれば、実助は名越《なごえ》宗長《むねなが》の子で、園城寺門跡の聖護院覚助法親王から伝法灌頂《でんぽうかんじょう》をうけ、名越氏の菩提寺である鎌倉の長福寺を管領した。長福寺は実助のあと、その甥にあたる春助・定助・朝宗の兄弟に伝えられる。春助らも同じ寺門派で、やがて中尊寺の惣別当に就任した。盛朝も北条氏一族ではあったが、実助以降は有力な名越氏の出身であり、しかもその菩提寺を相伝したことから、幕府における地位はそれなりのものがあったろう。中尊寺の衆徒はこうした惣別当をいただくことで、以前にもまして幕府中枢に近づいた。中尊寺の修復に進展があったことのひとつの理由だろう。嘉元二年（一三〇四）三月には経蔵が修理された。その棟札には、実助および権別当行盛・経蔵別当朝賢の名とともに、「征夷将軍家の仰に依り修理し奉る」と書かれていた（町史補八）。幕府の祈祷所としての修理であることが明記されている。

なおこれよりさき、権別当は正安三年（一三〇一）に行朝から讃岐法眼行盛に交代した（町史五九）。経蔵の修理も、実助—行盛の体制で実現したのである。

嘉元三年重訴状

平泉の衆徒が葛西氏と山野の用益などで相論を続けてきたことはさきに述べたが、嘉元三年（一三〇五）三月日中尊寺衆徒重訴状の相論は、それとは次元を異にする（町史四四）。長文の訴状で、争点は二八条に及ぶが、最初の三条分は失われている。

中尊寺衆徒が訴えたのは、仏神事用途の未進である。葛西宗清は「出羽・陸奥両国の済物を催し取り」、平泉の仏神事興行のために寺院に納めるべき義務があるにもかかわらず、それを果たしていない。数十年分の未進は数千貫にのぼる、というのが衆徒の言い分である。これまでの相論が地頭としての葛西氏を相手にしたのとちがい、葛西氏の「関東御代官」、すなわち奥州惣奉行としての責務を問題にしたのである。

最初の訴訟は永仁ごろで、同二年（一二九四）には幕府の裁許状が出された。詳細は不明だが、衆徒の訴えをそれなりに認め、葛西氏に未進の支払いを命じたものだったはずである。宗清は、翌永仁三年十二月十四日付けで「諸社仏□（神）事用途の未進代に打ち渡す田畠等の事」という去状《さりじょう》を出している。衆徒の代表として訴訟を担当したのは勝弁で、文永九年裁許状の訴訟で行朝とならんで衆徒の中心にあった人物である。

ところが十年ほどのちに、衆徒のあいだに、この勝弁の対応が葛西氏に対して手ぬるいものだったとの批判がおこる。宗清は勝弁を相い語らい、勝弁は宗清に引汲《いんぎゅう》して、未進分の数千貫の支払いのかわりに「有名無実田地」を去り渡すことで手を打った。この田地は「十年間の得分は仮令《たとえ》弐百余貫か」というほどのもので、本来支払われるべき額に到底及ばない。そうした主張のもとに、頼潤が衆徒を代表して、あらためて葛西氏に本来納めるべき未進代を求めて訴えたのである。はじめの訴状がいつ提出されたのかはわからないが、嘉元三年の重訴状は葛西宗清の重陳状に対する三問状であり、頼潤によって作られた。頼潤は、少し前の嘉元元年（一三〇三）ごろには骨寺《ほねでら》村の境相論も担当しており、この時期の中尊寺における訴訟担当者だった人物である（町史四二）。

仏神事復興の気運

重訴状で頼潤は、勝弁が宗清に語らわれ、「六箇度の大法会をもって弐箇度」とし、「莫大の布施物」の減少を容認したという。六度の大法会とは、『吾妻鏡』文治五年（一一八九）九月十七日条の有名な「寺塔已下注文」のなかに「年中恒例法会」としてみえる、二月常楽《じょうらく》会《え》以下をさすのだろう。平泉諸寺院のもっとも重要な行事で、左方請僧《しょうそう》を中尊寺衆徒が、右方請僧を毛越寺衆徒がつとめることとなっていた。常楽会の請僧は八二人にのぼるにかかわらず、宗清はその布施物としてわずかに奥布一五端しかおさめず、勝弁はそれを許容したという。

未進分は数十年分とあるから、葛西氏が用途をおさめなくなってすでに相当の年月を経ていたはずである。初代奥州惣奉行葛西清重は、源頼朝より「平泉の寺塔ことに修理を加うべし」と命じられたが（鏡建久六年九月二日条）、それからすでに一世紀の年月を経ていた。清重のころには藤原氏以来の平泉の仏神事を支える体制がそれなりに機能していたろうが、宗清の段階ではもはやそれが困難だったのは想像に難くない。にもかかわらず未進を一挙に、全額支払えというのだから、頼潤の主張には無理があろう。永仁の訴訟で勝弁が引汲したといわれるのも、むしろ妥協はやむを得ず、実を取ろうとした現実的な対応ではなかったか。

重訴状で、衆徒が三月の千部《せんぶ》一切経会《いっさいきょうえ》を六度の大法会のひとつとし、「一切経会無きの由」をいう宗清に対抗して「朝隆清書願文并《なら》びに清衡願文」を提出したことは興味深い。この願文が有名な天治三年（一一二六）三月二十四日藤原清衡願文である（町史一一）。おりしも前年三月に中尊寺経蔵が修復された。清衡願文に記された金銀字交書一切経が、そこに納められていたのである。勝弁が訴訟を主導した永仁のころには経蔵も荒廃していて、大規模な一切経会を挙行できる状況ではなかったのだろう。惣別当盛朝時代の本堂の再建と金色堂覆堂の建立、そして経蔵の修復と、堂塔の修理造営はそれなりの進展を見せた。当然のことながら一切経会を含む仏神事再興の気運が高まったに違いない。

頼潤は、藤原氏時代の先例を基準に、葛西氏が本来負うべき仏神事用途を要求した。重訴状には、「請僧の人数といい布施物以下といい秀衡等の例の注文」が副えられていた。この注文は、当時伝えられていた聖教《しょうぎょう》や文書の調査を通じて作成されたのだろう。それが仏神事再興への熱気をもりあげたことは想像に難くない。こうしたことが、頼潤の極端ともいえる主張の背景にあったのだろう。

ただしこの急進的路線が、そのまま中尊寺衆徒に支持されつづけたかどうかは疑問である。のちに頼潤は頼勝と金色堂別当の座を争って敗れ、さらに金色堂の「仏具以下紛失」の責任を問われ、ついには衆徒より連署《れんしょ》起《き》請文《しょうもん》をもって「当寺の交衆《きょうしゅう》を停廃」された。重訴状より五年後、延慶二年（一三〇九）頃のことである（鎌二三七二四・町史六三）。

宋本一切経をめぐる事件

前述のとおり正和二年（一三一三）十二月十八日行盛譲状から、これ以前に実助が惣別当を辞していたことがわかるが、この譲状に翌正和三年（一三一四）三月十五日付けで安堵外題を加えた「別当（花押）」がいる。実助のあとにさほど間をおかず新たな惣別当が就任したことは確実だが、その人物は不明である。建武元年言上状には備前助僧都春助などの名がみえるが、平雅行によれば春助は嘉暦三年（一三二八）七月に二六歳で死去しており、逆算すると正和三年ではまだ一二歳である。実助と春助のあいだに、もうひとり別の惣別当がいたとせざるをえない。

正和二年末におこった宋本一切経召し上げの動きは、この惣別当就任直後のことだろう（町史五一）。当然のことながら衆徒は頑強に抵抗した（鈴木亜紀子、一九九七・菅野、二〇一三など）。このとき衆徒が惣別当に宛てた申状には、一切経「七千余巻」は藤原清衡が一〇万五〇〇〇両の沙金を「宋朝帝院」に送り、万里の波濤を凌いで渡来させたものである。もし「召し上げらるるの由仰せ下さるるにおいては、鳥羽皇帝御願所の金堂、釈迦堂、一切経蔵、金色堂以下の堂塔、諸社伽藍、一宇も残さず皆々焼き払いて鹿島の栖《すみか》と成すべき旨」を衆徒一同の儀で決定した、とある。

事件の発端は「有名無実の僧」の「偽訴」というだけで、詳細は不明である。堂塔修理、仏神事再興の気運のなかで、寺宝についても強く意識されるようになったことだろう。それが裏目に出たというのがこの事件ではなかろうか。

春助・定助と朝演

正和二年の事件のときの惣別当は、その名を史料にとどめないまま早々に辞任したようである。やがて実助の甥の春助・定助兄弟が相継いで惣別当をつとめた。建武元年言上状に、「先別当備前助僧都春助病床に沈むの刻、修理造営と云い、仏神事等と云い、先例に任せ精誠を致すべきの由、願書を当社に納むるといえども死去せらるるの間、彼の跡を舎弟助阿闍梨定助に相伝せしむるのところ、翌年また定助他界せしむ」とある。あたかも造営と仏神事興行を中尊寺鎮守に誓いながらも、それを果たせなかった起請の失により死去したような書きぶりである。先述のように春助は嘉暦三年（一三二八）に二六歳で死去しているが、言上状によれば春助の没後に定助が跡を継いだものの翌年没したとする。しかし嘉暦三年の惣別当は朝演であることが確実である（町史五九）。春助・定助の就任時期は、朝演の前のわずかな期間だったはずである。かれらは若年のうえ病弱で、ほとんど実績を残すことができなかったのだろう。

大規模修理への動きと挫折

朝演の出自などについては何もわかっていない。春助らの弟で幕府滅亡期の惣別当である朝宗と同一人物の可能性も否定できないが、別人ではなかろうか。おそらく就任の時期は嘉暦二年（一三二七）のはじめだろう。

この年三月、衆徒は惣別当に宛てて解状《げじょう》を提出し、「早く恒例の寺《じ》役《やく》と云い、堂社の修理と云い、先規に任せ厳蜜（密）の御沙汰を経られんこと」を求めた（鎌二九七九六）。「本堂仏像并《なら》びに惣門・塔婆以下、寺家の御経営たるといえども、一向新造として大営たるべきの間、御挙状を帯し公方に言上」したいとある。修理造営は本来は「寺家御経営」すなわち惣別当の責務だが、すべて新造が必要な大営であるので、惣別当の挙状《きょじょう》をもって幕府に言上したいというのである。「寺務憲政の御代に相い当り、当寺の繁栄この時に有り」との文言には、新任惣別当朝演への衆徒の期待が込められている。

この解状にも、「寺役以下堂社破壊註（注）文」も副えられていた。こうした注文は文永元年裁許状の相論でもつくられ、嘉元三年重訴状の相論でも藤原氏時代の仏神事物の注文がつくられたが、そのたびに網羅的な堂塔および寺宝の調査があったはずである。嘉暦の注文作成の過程でも、堂舎修造と仏神事興行に対する衆徒の要求が一層高まったに違いない。実助時代の復興の気運が再燃したはずである。

その後の経緯は建武の言上状に詳しい。大規模修復のためには「仏像・塔婆・楼門等新造の事、仏師・番匠以下諸道の輩の勘定の如くんば、一万余貫」もの巨額の費用が必要で、「別当の力に及び難」い。そこで衆徒は幕府に「関東において便宜の料所御寄進有るべきの由」を言上したとある。惣別当朝演も挙状をだす以上のことをして、衆徒の要求を幕府にとりもったことだろう。その結果、ついにこの問題が嘉暦二年五月二十九日の幕府の評定《ひょうじょう》で取りあげられ、六月十六日に使者を派遣して「仏像以下朽損の次第」の実検を命じ、十一月にはそれも終了して次の段階をまつばかりになったが、「京都鎌倉の怱劇のため自然延引」したという。この「怱劇《そうげき》」は幕府滅亡のことだろうが、嘉暦二年からはまだ数年の月日がある。幕府の支援による大規模修理が実現しなかったのは、何か別の理由によるのではないか。

清衡願文の模本

嘉暦三年（一三二八）に行盛に代わって信濃律師行円が権別当となるが、この時点ではなお大規模な修復の可能性があったに相違ない。翌年八月に行円は、藤原輔方《すけかた》に依頼して、天治三年三月二十四日藤原清衡願文の模写本に「奥書端書」を得ている（町史一二）。

清衡願文については、嘉元三年中尊寺衆徒重訴状に「朝隆清書願文」のことがみえ、その時点では、能書で知られた藤原朝隆《ともたか》の筆による正文が中尊寺に残されていた。残念ながら現在は正文は失われ、現存するのはこの嘉暦三年以前に作成された模写本（いわゆる輔方本）と、南北朝期にこの模写本をもとに北畠顕家《あきいえ》が書いたものの二本である。前者についていえば、これはたんなる案文《あんもん》ではなく、正文の筆跡、配置などを忠実に写しとったものと考えられる。名児耶明（一九七八）は書道史の立場からこの模写本を、平安期の書風を伝え、しかも現存する朝隆の遺墨によく似ていると指摘している。模写本は平泉で作成され、権別当行円はこれを藤原輔方のもとに持参して、朝隆筆の正文の模写としての鑑定を依頼したのだろう。輔方は、朝隆の兄でこの願文に「勅使」とある藤原顕隆の子孫であり、その父宣方も能書家として知られていた（『尊父文脈』）。名児耶がいうように、輔方はこの模写がまさしく朝隆の筆跡を伝えるものとして、「冷泉中納言朝隆卿筆」としたためた。現存するこの模写本が清衡願文の内容ばかりか、その書風までも伝えるものであることは疑いない。

模写本作成の理由は、正文が訴訟における証拠文書として提出され、そのまま散逸してしまうことに備えた可能性が指摘されている（入間田宣夫、二〇一三）。あるいは、朝隆筆の正文が修復不可能なほどに痛んでしまっており、後世に伝えるためには模写せざるを得なかったとも考えられよう。堂塔修復、仏神事興行の動きのなかで、寺宝の修復の一環としてつくられたのではあるまいか。

鎌倉幕府支配の終焉

幕府のてこ入れによる大規模な堂塔修復は結局実現しなかった。朝演もこのときに辞し、朝宗がその任に就いたとするのが自然だろう。そのことを明示した史料はないが、正慶元年（一三三二）十月三日付で権別当行円にあてた詰問状ともいうべき文書が残されている（鎌三一八六一）。

寺内の坊地ではなく里中に居住するとか、寺内用木を勝手に伐採するなどの違反者の取り締まりが命じられ、「寺中制法」に違反した僧侶について、一人も漏らさず交名《きょうみょう》を注進せよとある。権別当の責任の追及も厳しく、別当の代官でありながら制法に従うよう衆徒に催促せず、また寺中の状況を報告しないのは「当寺荒廃の基い」とまで言い切る。差出書きは権少僧都・沙弥の連署だが、実質的な発給者は新任の惣別当で、従来の慣習を無視して綱紀粛正を迫ったものといえそうである。行朝以来の権別当の次第、また金色堂供僧《ぐそう》の系譜もこれに応えるために作成されたのだろう（町史五九・九一八、菅野、二〇一三）。

この想定があたっていれば、朝宗が惣別当として活動をはじめたのは幕府滅亡の半年ほど前である。建武の言上状に朝宗は「未安堵に年序を送るの刻《きざみ》、関東の乱に依り逐電《ちくでん》しおわんぬ」とあるが、正規の就任手続きもないままに幕府の滅亡を迎えたのではあるまいか。

元弘三年（一三三三）に幕府が滅んだときの衆徒の動きは素早かった。建武の言上状によれば、その年のうちに足利氏の戦勝を祈願する勝軍法《しょうぐんほう》の法会を行い、侍従阿闍梨行算・伊勢房俊盛を京都に派遣して足利氏より「一見の状」を得ている（建武元年言上状）。機敏に新たな政治支配に備えたのである。

おわりに

以上が鎌倉期中尊寺の概略である。ふれられなかった事柄はいくらもあるが、鎌倉時代一五〇年のおおよそは、以上のようなものだったと考える。最後に、主要な史料として用いた中尊寺文書自体について、多少の見通しを述べておきたい。

現存する中尊寺文書の主要な部分は、文永年間の相論で活躍した行朝・勝弁らが所持したもの、また彼らが作成したものにはじまるといってよい。すでに近世にはこれらは経蔵文書、金色堂文書に二分されており、そうした状況は室町期に遡るように思われるが、そのために当初より経蔵別当と金色堂別当の相伝文書とみなされがちである。しかし主要な部分は、衆徒の自治の中心となった権別当のもとに保管された文書群ではなかろうか。文永九年裁許状の案文は金色堂別当領の手継となったことを述べたが、正文はのちに権別当のもとで管理されたのだろう。嘉元三年の重訴状や建武元年言上状にしてもそのように考えるべきだろう。

では、それ以前のものはどうか。鎌倉初期のものはなぜ残されなかったのか。これまで述べてきたところからすれば次のような事情も考えられよう。

文永九年裁許状の訴訟で、衆徒は建久二年十月中原親能奉書案と初代惣別当密蔵坊賢祐の施行状を提出した。惣別当の沙汰雑掌をつとめた有信は、ともに謀書《ぼうしょ》と主張したが、幕府法廷で賢祐施行状と「雑掌（有信）所進の類書を比校」した結果、「判形相違無し」と判断された。そのため有信は、御成敗式目一五条にある実書をもって謀書と称した罪で寺社修理を命じられているが、ここでは文永年間の惣別当が、半世紀以上前の惣別当の「類書」を所持していたことに注目したい。平泉寺社の管理運営に関する膨大な文書群は、もっぱら代々の惣別当に引きつがれていたのである。しかしこれらは弘安十年の体制改編を機に散逸したのではあるまいか。中尊寺文書の残り方は中尊寺の歴史そのものを示唆しているように思われる。

〔参考文献〕
遠藤　巌「平泉惣別当譜考」『国司談話会雑誌』一七号、一九七四年
入間田宣夫「鎌倉幕府と奥羽両国」小林清治・大石直正編『中世奥羽の世

界』、東京大学出版会、一九七八年
〃　「鎌倉期における中尊寺伽藍の破壊・顛倒・修復記録について」
同　著『平泉の政治と仏教』、高志書院、二〇一三年、初出は二〇〇五年
〃　「中尊寺供養願文の偽作説について」東北芸術工科大学東北文化研究センター『研究紀要』一二、二〇一三年
大石直正「鎌倉時代の平泉」『平泉町史』三巻「総説・論説編」、一九八八年
〃　「『吾妻鏡』と奥州合戦」『六軒丁中世史研究』一〇号、二〇〇四年
大矢邦宣「中尊寺金色堂内両脇壇再考」『岩手史学研究』七〇号、一九八七年
菅野文夫「中尊寺文書正和二年衆徒申状の周辺—鎌倉後期の中尊寺権別当—」藪敏裕編『平泉文化の国際性と地域性』、汲古書院、二〇一三年
〃　「鎌倉時代中尊寺略史の試み」『岩手大学文化論叢』第九輯、二〇一七年
佐々木徹「平泉諸寺社・伊沢正法寺と中世社会—南北朝期奥州葛西領における地域社会秩序の構造転換—」『民衆史研究』六八、二〇〇四年
佐藤健治「平泉惣別当体制と中尊寺衆徒・毛越寺衆徒」入間田宣夫編『東北中世史の研究』上巻、高志書院、二〇〇五年
鈴木亜紀子「正和二年中尊寺衆徒等申状について」『中尊寺仏教文化研究所論集』創刊号、一九九七年
平　雅行「鎌倉山門派の成立と展開」『大阪大学大学院文学研究科紀要』四〇、二〇〇〇年
高橋富雄「一中世文書からみた平泉問題」豊田武教授還暦記念会編『日本古代・中世史の地方的展開』吉川弘文館、一九七三年

第七章　「偽文書」からみた中尊寺経蔵別当職

――天治三年経蔵別当職補任状案と毎日御仏供料――

堀　裕

はじめに

天治三年（一一二六）三月二十五日の日付をもつ中尊寺経蔵別当《きょうぞうべっとう》職補任状案《しきぶにんじょうあん》は、鎌倉期に作成された文書、いわゆる偽文書と考えられる。そこには、金泥《きんでい》と銀泥《ぎんでい》をそれぞれ一行おきに用いて写した「金銀泥行交一切経」書写の功により、藤原清衡が、僧蓮光《れんこう》を中尊寺経蔵別当に任命したと記された。本章では、この文書の成立過程とその歴史的な意義を明らかにしたい。

・偽文書とする説　先に、本文書の成立過程に関わる先行研究に触れよう。

この文書は、早くから偽文書の疑いがもたれていたものの、かつては十分な検討もないまま、内容はおおむね正しいという前提で議論が組み立てられていた（高橋富雄、一九五八）。当初、これとほぼ同じ姿勢を示した大石直正だが、のちに、内容の判断は保留しつつ、「この文書は案文《あんもん》（うつし）であって、形式的にも疑問の余地がないではない。あるいは鎌倉時代のある時期の、何らかの相論の過程で作成されたものであるのかもしれない。」と慎重な表現で、文書の評価を退行させた（大石直正、一九八八）。その後の研究は、この記述をもとに、この文書を含む一部の中尊寺文書を偽文書として、分析対象としないことが定着したのである（大石直正、二〇一一・菅野文夫、二〇一三）。このため、近年は、正面から本文書に言及する研究を目にすることがない。

その一方で、中世中尊寺文書の解明が進み、この文書を再検討するための研究状況も整いつつある。寺院組織の変革により、弘安十年（一二八七）に中尊寺衆徒から中尊寺権別当《ごんのべっとう》が任命されるようになったことはよく知られている（佐藤健治、二〇〇五）。これを踏まえた菅野文夫は、現存する中尊寺文書が、「権別当文書」ともいうべき文書群であり、なかでも、初代権別当行朝ゆかりの文書群がもっとも古く、天治三年三月の経蔵別当職補任状案以降、いくつかの鎌倉初期の日付を有する偽文書等もそこに含まれるとしたのである（菅野文夫、二〇一三）。

ここに、本文書作成の時期についての有力な展望が示されたといってよい。これら先行研究を踏まえて、偽文書群の成立過程を明らかにする必要がある。

・文書の内容の検討　次に、本文書の内容、おもに「毎日御仏供料」を検討することで、本文書作成の意図や、文書作成の時点での中尊寺経蔵の歴史的な意義を明らかにしたい。ただし、先にみた本文書の評価の変遷のため、その内容に踏み込んだ研究は、偽文書としての扱いが明確になるより前まで遡らなくてはならない。

本文書の中でも目を引く記述は、中尊寺経蔵別当に付属する権利として、経蔵で開催されるべきさまざまな法会と、その財源が記された箇所である。財源の種類は、おもに骨寺《ほねでら》を含む田畠や屋敷なのだが、なかでも「毎日御仏供料《おんぶつくりよう》」は「高御倉《たかみくら》」から、「毎月箱拭料《はこぬぐいりよう》」は「御《おん》政所《まんどころ》」からそれぞれ受け取ることになっており、ほかとは明らかに異なっていた。これらについて、高橋富雄と大石はともに、平泉藤原氏の政庁の「高御倉」や「御政所」からの現物支給とする。そのうえで、おのおの中尊寺の徴税の仕組みのなかに位置づけようとした。

高橋は、竹内理三の東大寺領荘園の変遷の研究に従って理解している。たとえば竹内は、東大寺大仏供料の財源が、「官稲《かんとう》」の出挙《すいこ》である正税《しようぜい》であり、平安期になると大《だい》仏供《ぶつく》白米免田《はくまいめんでん》へと変化していくとみている（竹内理三、一九三四）。そのため高橋も、「毎日御仏供料」等の支出は、律令制度にならい、国家の管理する官寺への正税支給と同じであるとし、平泉藤原氏滅亡後、土地を介した支給に転じていくと述べた。ひいては、これら中尊寺経蔵「毎日御仏供料」を古代的と評価するのである（高橋富雄、一九六〇）。けれども、のちに述べるその実態からみても、また

証文		所領			平泉町史
		骨寺（村）	瀬原村	麓	
		○	○	○	12
		○	○	○	15
ア	自御館御下知之状				16
		○			22
ア イ	清衡御館御下知之状 右大将家御下知之状				23
	次第證文等	○	○	○	32
		○	○		33
					59
イ ウカ	右大将家以下次第証文等事	○	○	○	38
					59
ア イ ウ	きよひらの御たちの御時の安堵状 右大将家の御下文 代々師々相承次第證文等	○（悔返）			42
					43
			○	○	49
		○	○	○	52
	次第證文等	○	○	○	53
		○	○	○	58・59

表7-1　中尊寺経蔵別当関係文書（1328年まで）

史料番号	年号	年	西暦	月	日	文書名	差出	譲先１	譲先２	権別当相伝系図	鳥羽院御願
1	天治	3	1126	3	25	藤原清衡経蔵別当職補任状案	藤原清衡	蓮光			○
2	保延	6	1140	3	28	経蔵別当蓮光譲状案	蓮光	幸玄	蓮心		
3	保延	6	1140	3	28	経蔵別当蓮光譲状案	蓮光	幸玄	蓮心		○
4	文治	5	1189	9	10	中原親能奉書案					○
5	承元	2	1208	5	22	経蔵別当幸円譲状案	幸円				○
6	弘安	3	1280	5	25	経蔵別当永栄譲状	永栄	朝賢	永朝 行朝		
7	弘安	7	1284	3	11	某袖判補任下知状案		朝賢			
	弘安	10	1287							行朝任権別当	
8	正応	4	1291	4	5	経蔵別当朝賢譲状	朝賢	行朝			
	正安	3	1301							行盛任権別当	
9	乾元	2	1303	閏4	22	経蔵別当朝賢置文	朝賢	行盛			
10	嘉元	2	1304	7	8	経蔵別当朝賢置文	朝賢	（行盛）			
11	正和	2	1313	12	18	経蔵免田畠坊地譲状	行盛	行賢			
12	正和	3	1314	12	25	経蔵別当行盛譲状	行盛	行円	乙王丸		
13	正和	3	1314	12	25	経蔵別当行盛譲状	行盛	行秀 行円 行勝	乙王丸		
14	嘉暦	3	1328	6	15	経蔵別当行盛譲状	行盛	行円		行円任権別当	

凡例　史料番号…本文中の「史料○」と対応する。

差出・譲先１・譲先２…文書の差出と、譲先（宛所）、さらにその後の譲先。

権別当相伝系図…権別当の任命年を注記した。『平泉町史』史料59掲載。史料14と同年の例は同じ行に記載している。

鳥羽院御願…文書冒頭に「鳥羽院御願」とある場合○を付けた。

証文…文書の譲状を掲載する文書。アは藤原清衡下知状、イは源頼朝下知状、ウは代々師資相承次第
所領…骨寺（村）・瀬原村・麓に関する記載がある場合は○を付けた。他の土地の所領は記載していない。

平泉町史…『平泉町史』に記された文書番号

平泉藤原氏の評価からみても、従うことはできない。

いっぽう、大石は、高橋の理解について、畿内の東大寺領荘園の変遷を当てはめたに過ぎず、確たる証拠はないと批判する。そのうえで、一三世紀の訴訟文書の間接的な記述を根拠に、平泉藤原氏滅亡ののちも、基本的には鎌倉幕府が現物支給を維持したとした（大石直正、一九七二・同、一九八八）。

その大石も、東大寺の畿内とその周辺に分布する荘園と中尊寺の陸奥国の所領を比較し、ともに寺社の近郊に位置する膝下荘園とする（大石直正、二〇一二）。このように、両寺を比較する視点を提示しただけでなく、東大寺大仏供料の白米免田を研究したことがある（大石直正、一九五五）にも関わらず、本尊への毎日の供養料である東大寺大仏供料と中尊寺の「毎日御仏供料」の関係には触れなかった。

なぜこのようなことになったのか。その理由は、東大寺大仏供料の財源に対する、長年の誤解にある。筆者が別稿で行った東大寺大仏供料の財源に関する竹内等への批判にもとづけば、仏供料一般を踏まえつつ、東大寺大仏供料と中尊寺経蔵の「毎日御仏供料」との比較検討を進めることも可能である（堀裕、二〇一〇）。

以上、大きく二つの問題関心から、近年あまり取り上げられることのなかった天治三年三月の経蔵別当職補任状案について、偽文書であることの意味を探究したい。

1　経蔵別当職補任状案の概要

文書の紹介と語句の検討

天治三年（一一二六）三月の経蔵別当職補任状案（史料一）の全体を書き下し文で提示し、その概要を示すこととしよう。なお、「史料一」と記したが、関係する中尊寺文書を一覧にした表7―1（前頁）の左端につけた通し番号に従っている。

次のように、史料一には、便宜上、AからEまでの記号を付け、五つに分けた。原文書では、文字を抹消して修正した箇所があるが、修正後の表記に従っている。

〔史料一〕天治三年（一一二六）三月二十五日藤原清衡経蔵別当職補任状案

A鳥羽院御願
　関山中尊寺金銀泥行交一切経蔵別当職の事
　　　　僧蓮光所

B　所領骨寺岩井郡にこれ在り。
　御堂出入料　田漆段・屋敷壹所瀬原《せわら》にこれ在り。
　燈明《とうみょう》料　屋敷参所の内北谷・赤岩両所麓にこれ在り。瀬原村にこれ在り。

C　毎日御仏供料　白米弐斗　銅鉢弐にこれを入るべし。高御倉よりこれを取り請けらるべし。
　毎月箱拭料　上品絹壹疋・白布壹段　御政所よりこれを取り

請けらるべし。

毎日毎御仏事　請僧壹口、請定せらるべし。

毎年正月修正《しゆじよう》・二季彼岸懺法《ひがんせんぼう》、毎月文殊講　彼、骨寺田畠を以て、一向募るべきの故なり。是れ偏えに聖朝安穏の御祈祷、懈怠《けたい》無く勤仕《ごんじ》せしむべし。

D

右件《くだん》、自在房蓮光においては、金銀泥行交一切経の奉行として、八箇年より内に書写し畢ぬ。これに依り、且は奉公として、且は器量為るの故、御経蔵別当職に定むるところなり。なかんづく、御経蔵に蓮光の往古私領骨寺を寄進せしむ。然るに永代を限り、蓮光の相伝に任せ、御経蔵別当並びに骨寺に致りては、他人の妨げ有るべからず。仍って寺家をして宜しく承知せしむべきの状、件の如し。

天治三年丙午三月廿五日　俊慶在判

金清兼在判

坂上季隆在判

藤原清衡朝臣在判

E

Aには、「鳥羽院御願」である「関山中尊寺金銀泥行交一切経蔵別当職の事」について、「僧蓮光所」に宛てたことが記される。

このように「某所」と書いて宛所を示す例は、他の中尊寺文書にもみられる。たとえば、正和二年（一三一三）十二月十八日経蔵免田畠坊地譲状（『平泉町史』史料編・文書番号四九号。以下「平泉町史四九」と表記する）にある「阿闍梨行賢所」がその例である。

続くBとCには、経蔵別当に付属する権利が記された。

Bには、まず骨寺が挙げられる。この項目そのものには、支出に関わる記載はない。次に、「御堂出入料」として、衣川のすぐ北の瀬原《せわら》村にある田と屋敷、「燈明《とうみよう》料」として二ヵ所の麓（中尊寺が立地する丘陵のあたり）と瀬原村にある屋が記される。なお、「御堂出入料」のうち、瀬原村の「屋敷壹所」は他の史料にみられず、誤記の可能性がある。

Cには、四点があげられる。（一）文殊菩薩を指すとみられる経蔵の「仏」に備える「毎日」の「御仏供料」は「高御倉」から受け取ることと、（二）「毎月」の「箱拭料」は、「御政所」から受け取ることが認められた。史料一の前日の日付をもつ供養願文に記されたような、一切経を納める螺鈿の題目をもつ漆塗の経箱（平泉町史一一）に用いられたであろう。（三）「毎日」の「御仏事」ごとに、一人の僧侶を呼ぶことも決められている。（四）経蔵で「毎年」行われる「正月修正・二季彼岸懺法」と、「毎月」開かれる「文殊講」では、Bで記された骨寺の田畠を財源とすることが記された。

なお、BとCについて、他の文書と比較すると、両者の相違は明らかである。Bに記された骨寺以下の田や屋敷の伝領は、個々に相違はあるものの、これよりのちの日付を持つ経蔵別当譲状にも記載されている。これに対し、Cの内容は、本史料にしかみられない独自の記載である。つまり、史料一は、Bの部分が現在知られる史料から作成されたとみられるいっぽうで、Cの部分は、他に知られていない史料があったか、この文書制作時に、新たに創作された可能性がある。

このCの部分の「高御倉」や「御政所」には、「御」が付く。先に、高橋富雄や大石直正が、これらを平泉藤原氏政庁の倉や政所とみていることを紹介した。この場合、「御」は自尊敬語となる。

藤原清衡から蓮光へ

D・Eは、藤原清衡が、蓮光を金銀泥行交一切経書写奉行の功績によって、その一切経を納めた経蔵の別当に任命したことを記す。とくに、蓮光が昔からの私領であった骨寺を経蔵に寄進したことを明示し、これら別当や骨寺が、この後も蓮光以降、師弟関係を通じて代々伝えられることを保証している。

経蔵別当補任状案が、形式上、藤原清衡から蓮光宛であることは、経蔵別当にとって重要であったと想像される。そのうえで、この補任が、「寺家」、つまり中尊寺にも披露されるべきだという文言も意図的な付加ではなかったか。このことは、ほかに比較すべき中尊寺文書の例がないため明証を得ないが、経蔵別当職が中尊寺にとって重要な役職であることを主張するようである。

2　経蔵別当職補任状案の語り

文書の日付と文殊菩薩

天治三年（一一二六）三月経蔵別当職補任状案（史料一）の内容上の特色を検討しよう。一般に偽文書の内容の検討には、深読みの危険がともなうことを念頭に置きつつ、この文書を作成することで、藤原清衡に何を語らせようとしたのかを明らかにしたい。まず、史料一のEに記された文書の日付に注目しよう。

この文書の「天治三年丙午三月廿五日」は、供養願文（平泉町史一一）の日付の翌日にあたる。すでに指摘があるように、天治三年は、正月二十二日に大治元年（一一二六）に改元されていた。供養願文が旧年号を使用しているのは、この草稿が早くに平泉に到着していたため、改元前の年号が使用されていたとする説がある（石田一良、一九六四）。仮にこの理解が正しいとしても、史料一が天治三年と記す必然性は見当たらない。おそらく、供養願文を参照しながら本文書が作成されたのであろう。

それでは、なぜ供養願文の翌日なのであろうか。供養願文にも記載があるように、一切経蔵の本尊は、文殊菩薩像である。このことを踏まえるならば、文殊菩薩の縁日が二十五日であることが関係すると想定される（保延六年八月僧西念願文『平安遺文』第一〇巻補六四号）。

このことを明らかにするために、『吾妻鏡』にみる源実朝が行った文殊供養を概観しよう。実朝は、将軍居所で「五字文殊像」を供養したほか（『吾妻鏡』元久二年五月二十五日条）、五十回の供養会を行うことを発願し、しばしば持仏堂での恒例文殊供養（講）の記録が残されるのだが（同承元四年九月二十五日条、同年十一月二十五日条等）、それらはすべて二十五日に行われている。

また、史料一のCには、中尊寺経蔵で開かれたとする「毎月文殊講」が記されている。この文殊講は、弘長元年（一二六一）九月二十五日に両寺（中尊寺・毛越寺）権別当律師から、経蔵別当とみられる永栄《ようえい》への下文によって「御経蔵文殊講油畠」が施入されており（平泉町史二六）、一三世紀後半には実施されていた。そして、この文書の日付が、二十五日であることも偶然ではなく、「毎月文殊講」も二十五日に開かれていたに違いない。一三世紀後半以降の経蔵別当職の譲状の発給日もまた二十五日である例が散見されるのである（表参照）。

つまり、本史料の年月日は、供養願文の天治三年三月二十四日を参照しつつ、文殊菩薩と縁のある二十五日を意図的に選んだ結果であって、文殊信仰を示すと考えられる。

毎日御仏供料

史料一のなかでも、とくに文殊信仰を表すのは、Cの記述に他ならない。この箇所に注目し、なおかつ文殊菩薩に関わる部分を取り上げることに意味はありそうである。そのなかでも最初に記載された「毎日御仏供料」を検討したい。

検討に先だち、平泉藤原氏と関わる「仏性燈油《ぶっしょうとうゆ》」の記事を取り上げよう。『吾妻鏡』文治五年（一一八九）九月十七日条には、源忠已《げんちゅうい》講《こう》と心蓮大法師《しんれんだいほうし》が、源頼朝に「清衡已下三代造立堂舎事」を記して申上すると、寺領はすべて寄附し、祈禱を募るようにさせよと命じられた。この時、円隆寺南大門に張られた「一紙壁書」には、「堂塔は、たとえ荒廃の地たるといえども、仏性燈油の勤めに至りては、地頭等はその妨げを致すべからざるものなり」などとあった。また、同年九月二十三日条には、かつて藤原清衡は、陸奥・出羽の両国に「一万餘の村有り。村ごとに伽藍を建て、仏性燈油田を寄附す。」とある。これらは、毎年・毎月の恒例法会の供養料を含む可能性があるものの、毎日の供養料を含まないとは考えがたい。

この「仏性」とは何を指すのであろうか。「仏性燈油」の語は、おもに一一世紀後半以降に散見されるが、その類例として、「仏聖《ぶっしょう》燈油」の用例がより早くから現れている（長保四年二月十九日山城国珍皇寺領坪付案・『平安遺文』第二巻四二一号等）。「仏聖」とは、仏等の尊像と、僧侶の観念上の代表である聖僧、具体的には賓頭盧《びんずる》または文殊菩薩を指す。「仏聖」と比較すると、「仏性」に、聖僧が含まれるかどうかは明確でないものの、「仏性燈油」と「仏聖燈油」の両者は、おおむね同じ実態を指すとみられる。

それゆえ、次のように、建武元年（一三三四）八月中尊寺衆徒等申状案において、中尊寺などの歴史を語るなかで示された「仏聖燈油」と同じなのである。つまり、藤原清衡が治め、「その後、当州刺史大善（ママ）大夫時行両寺巡礼の時、仏聖燈油の料所として、毛越寺は、柏崎七箇村、中尊寺は、瀬原・黒沢・白浜三箇村を寄進せらるるの間、清衡・基衡・秀衡・泰衡四代は、□専ら修理修造、供料供米、仏聖燈油の間、相違無きものなり。」（平泉町史六一）とあった。

それでは、「仏性燈油」は一語なのであろうか。『吾妻鏡』延応元年

（一二三九）七月十五日条によれば、北条泰時が信濃国善光寺に「不断念仏料所」を寄進した。そのうち、毎月の勤めのための「仏性燈油の料田」の内訳は、「燈油参斗陸升」と「仏性参斗陸升」である。「仏性燈油」は「仏性」と「燈油」を指している。同様の例は、治承元年（一一七七）十二月山城国長福寺縁起（『平安遺文』第八巻三八一七号）にもみられる。つまり、「仏性」は、燈油料とは異なるもので、「仏性供」や「仏聖供」「仏供」と類似または同じと考えられる。

本尊等を対象とした毎日の供養料である仏性供（仏聖供・仏供）は、日本では、八世紀には設けられていた（堀裕、二〇一〇）。それは、燈油料とともに尊像を安置・供養するための基礎的で恒常的な経費である。それだからこそ、先に掲げた『吾妻鏡』では、まず「仏性・燈油」の保全や寄附に触れたのではなかったか。

東大寺大仏供料と中尊寺経蔵毎日仏供料

この点を踏まえて、東大寺大仏供料に言及したい。東大寺大仏供料の財源は、従来、正税出挙とする説と元慶《がんぎょう》官田とする説があった（竹内理三、一九三四・田村憲美、一九八〇・朝倉弘、一九八三等）。その財源を示す史料をみると、『延喜式』巻二三には「大和国官田稲《かんでんとう》」とあり、『東大寺要録』巻六・寛弘七年（一〇一〇）八月二十二日東大寺牒には「供御稲《くごとう》」とある。「官田」には御田を指す場合があり、後者の例からも御田であることは明らかである。御田とは天皇の食事に供する米を収穫する田であり、その稲を割いて東大寺大仏の毎日の供料を支出していたのである（堀裕、二〇一〇）。これがのちに東大寺大仏供白米免田へと転じていった。他の寺院の仏供料の記録からも、奈良・平安期を通じて多くの類例が見られる。詳細は別に論じることとして、今は拙稿に一部言及があることを示すに止めたい。

改めて冒頭で触れた研究史に戻るならば、東大寺大仏供の財源を正税出挙とみていたため、高橋富雄は、中尊寺経蔵の「毎日御仏供料」を律令国家的な現物支給と評価してしまったし、大石直正は、そもそも東大寺大仏供と比較することができなかった。東大寺大仏供料が御田であることを踏まえれば、中尊寺経蔵の「毎日御仏供料」も異なる評価が可能である。

高橋と大石は、「毎日御仏供料」と「毎月箱拭料」が、それぞれ平泉藤原氏の政庁の「高御倉」と「御政所」からの現物支給であると述べた。この理解に従うならば、「高御倉」は『吾妻鏡』にみる平泉館の「高屋」等を指す可能性がある（『吾妻鏡』文治五年八月二十一日条、同年九月十七日条）。つまり、東大寺大仏供が壇越である天皇の食材を割いたのと同様に、中尊寺経蔵の仏供は、壇越藤原清衡の家の財政から支給したことを示すのである。

ただし、この「毎日御仏供料」の記述が架空なのか、それとも実態を反映したものかは、不明と言わざるを得ない。文書作成の時点では、中尊寺経蔵の仏供料は藤原清衡の家の支出であったと観念されており、また実態としても決してあり得ないことではなかったとまでは言えよう。

3　経蔵別当職補任状案の成立

藤原清衡と源頼朝の下知状

天治三年（一一二六）三月の経蔵別当職補任状案（史料一）が、ほかの文書に引用される例を検討し、文書の成立時期を明らかにしたい。

・鳥羽院御願　検討を始める前に、史料一のAにみえる「鳥羽院御願」の文言を取り上げよう。

天治三年三月の供養願文（平泉町史一一）の分析から、中尊寺は本来、鳥羽院御願ではなく白河法皇御願とする説がある（石田一良、一九六四）。丸山仁は、この説や、史料一を偽文書とする説を踏まえ、「鳥羽院御願」とする言説が成立する時期とその意義を探求した。その検討の過程で、「鳥羽院御願」と記された史料一と、保延六年（一一四〇）三月経蔵別当蓮光譲状案（史料三）、文治五年（一一八九）九月中原親能《ちかよし》奉書案（史料四）の三点について偽文書の疑いがあることに触れている（丸山、二〇〇一）。

丸山の分析に付け加えるならば、これら偽文書の疑いの残る中尊寺文書案文は、いずれも文書の冒頭に「鳥羽院御願」の文字が記されている。表の中の「鳥羽院御願」の項目に「○」を付した史料がそれにあたる。丸山の先の指摘のほかにも、承元二年（一二〇八）五月経蔵別当幸円《こうえん》譲状案（史料五）を挙げることができる。この譲状も譲先が記されないなど、先の三点の文書とともに、内容に疑いがもたれている（一関市博物館、二〇〇八・同、二〇一七）。

これら「鳥羽院御願」の共通した文言・記載形式をもつ偽文書群は、承元二年以前、つまり一三世紀初頭までの年紀をもつことが確認されるのである。

・藤原清衡御館《みたち》御下知状　これを念頭に置きつつ、史料一などが別の文書に引かれる四つの事例を提示し、それらの成立時期を考えよう。なお、先述のように、史料の番号は、表の番号と対応しているほか、以下の史料に付けたア・イ・ウの記号も、表の「証文」の項目の記号と対応している。また、引用文中の傍線と記号は、便宜上、筆者が書き加えた。

〔史料三〕保延六年（一一四〇）三月二十八日経蔵別当蓮光譲状案

鳥羽院御願　御経蔵別当職并
（ア）自御館御下知之状
真密房幸玄所
（後略）

〔史料五〕承元二年（一二〇八）五月二十二日経蔵別当幸円譲状案

鳥羽院御願
中尊寺御経蔵別当職事
（ア）清衡御館御下知之状一通
（イ）右大将家御下知之状一通
（後略）

〔史料八〕正応四年（一二九一）四月五日経蔵別当朝賢《ちょうけん》譲状

譲与　中尊寺御経蔵別当職事
　副右大将家以下次第証文等事
　同御堂免田畠、骨寺村岩井郡内在之
　出入免田七段、瀬原村在之
　燈油畠参所　壱所瀬原村在之、二所麓内字平次跡、赤岩畠・坊地
　等在之
（後略）

〔史料九〕乾元二年（一三〇三）閏四月二十二日経蔵別当朝賢置文《おきぶみ》

申おく状の事
去弘安年中ニ遠江国久野四郎兵衛入道子息乙増丸、師弟のけいやくあるによんて、御経蔵別当職をゆつるうへ、（ア）きよひらの御たちの御時の安堵状、并、（イ）右大将家の御下文・（ウ）代々師々（ママ）相承次第證文等をあつけおくところに（中略）
一、骨寺の四方のさかい、（イ）右大将家の御時さためおかる、御下文事、彼さかいそうろんの沙汰ニよりて（後略）

まず、ア「清衡御館御下知之状」の検討から始めたい。一関市博物館の『骨寺村荘園遺跡村落調査研究総括報告書』等は、史料九のア「きよひらの御たちの御時の安堵状」などが、史料一そのものを指すと指摘する。その上で、史料一が、のちの文書に証拠として引用されていることや、端裏書《はしうらがき》（文書の右端の裏側の書き込み）に「若《もし》入《いる》事有ハ此《この》案文進候也」とあることに注目し、「経蔵別当による骨寺村知行の正当性の証と認識され、実際に利用されてきた歴史を持つ。」と述べた（一関市博物館、二〇一七）。

案文である史料三や史料五にも、ア、つまり史料一が引かれている。しかし、先にも一部触れたように、これらは文書として不審な点がある。そのため、史料一が引用された確実な初例は、乾元二年閏四月に経蔵別当朝賢から行盛《ぎょうせい》へと出された置文（史料九）となる。

・**右大将家（源頼朝）の御下文**　史料九には、イ「右大将家の御下文」も引かれた。史料中、この「御下文」と「骨寺の四方のさかい」が関係しているとも記されている。これらのことから、イが、次の文治五年九月中原親能奉書案（史料四）を指すとみる説が有力である。

〔史料四〕文治五年（一一八九）九月十日中原親能奉書案

鳥羽院御願
関山中尊寺御経蔵所領骨寺の内（中略）但し、限る骨寺の内の堺、東は鎰懸、南は岩井河、西は山王岩屋、北は峯山堂の末、限る馬坂、惣て堺においては水境を限るべきなり。仍って仰せ下さるるところ、執達件の如し。
　文治五年九月十日　親義
　（花押）

この文書は、『吾妻鏡』当日条と内容がよく似ている。このため、鎌倉幕府御家人の葛西氏との相論を背景に、本文書が作成され、『吾妻鏡』もこれに従って記載したとする説がある（大石直正、二〇〇四）。いずれにしても、この文書が最初に引用されたのは、偽文書の疑いがある史料五を除けば、正応四年四月の朝賢から行朝への譲状（史料八）

の「右大将家以下次第證文等」とみられる。より確実には、それに続く乾元二年閏四月の朝賢から行盛への置文（史料九）となる。

以上の検討から、史料に引用されたのは、イ「右大将家御下知状」（史料四）の場合、正応四年四月の朝賢から行朝への譲状（史料八）とみられ、ア「清衡御館御下知状」（史料二）の場合、イと並記された、乾元二年閏四月の朝賢から行盛へと出された置文（史料九）となる。このように、両文書の成立時期の下限は近接するいっぽうで、イの文書は、アの文書よりも先行して作成された可能性が残る。

代々師資相承次第證文

史料九にはもうひとつ、ウ「代々師々（ママ）相承次第證文」が引かれている。これは、弘安三年（一二八〇）五月経蔵別当永栄譲状（史料六）の「次第證文等」と類似し、また、史料八の「右大将家以下次第証文等」と部分的に重なる。いずれにしても、ウの実態は、表に掲げた種々の譲状だと考えられる。

それら譲状の中には、内容が異なるものの、まったく同一の日付の譲状が二通ある。それは、保延六年三月二十八日経蔵別当蓮光譲状案である。

そのうちの一通は、次の史料二である。

〔史料二〕保延六年（一一四〇）三月二十八日経蔵別当蓮光譲状案

譲与

中尊寺御経蔵別当職事

所領骨寺石ハ井郡の内にこれ在り。免田七段　燈油料畠一所瀬原村にこれ在り。

屋敷一所麓にこれ在り。　同油畠一所赤岩麓にこれ在り。

真蜜房幸玄所

右件、御経蔵別当職においては、金銀の泥交行一切経書写をもって奉り、その奉行の功為るに依り、清衡御館より、御経蔵別当職を預かる。（中略）

保延六年三月二十八日

中尊寺御経蔵別当自在房蓮光在判

このように、史料一などの文書には触れず、骨寺以下の所領のみを記している。こうした譲状を仮に「所領の譲状」と呼ぶ。これら所領の譲状は、ほかにもう一通、正文である弘安三年五月経蔵別当永栄譲状（史料六）もある。なお、史料二は、案文だが、少なくとも冒頭に、「鳥羽院御願」の文言がなく、明確には偽文書と指摘されていない。

同じ日付のもう一通の譲状は、先の史料三である。所領の譲与にはまったく触れず、ア「自御館御下知之状」に言及する。つまり、権利の由緒を示す文書に言及することで、間接的に骨寺の領有などを主張するものである。これを仮に「文書の譲状」と呼ぶこととしよう。文書の譲状は、史料三のほか、承元二年五月経蔵別当幸円譲状案（史料五）がある。いずれも文書冒頭に「鳥羽院御願」と記されており、所領の譲状とは異なり、明らかに偽文書であった。

こののち、先に触れた、一三世紀末の正応四年四月経蔵別当朝賢譲状（史料八）になると、所領の譲状と文書の譲状の内容が、一つの文書に並記されるようになる（表参照）。先の検討を踏まえると、アやイを引用する史料三と史料五の文書の譲状も、このころに作成されたとひとまず推測される。

ただし、所領の譲状の初例である史料二は案文であり、偽文書の可能性が残ることは留意しておきたい。たとえば、史料二の所領の記載内容は、偽文書とみられる史料一や、その創作と関わる可能性のある正応四年四月経蔵別当朝賢譲状（史料八）とおおむね一致する。これに対して、同じ所領の譲状である弘安三年五月経蔵別当永栄譲状（史料六）に見られる「岩井郡骨寺村以下免田・屋敷等林鹿并瀬原村にこれあり。」の簡潔な記載内容とは異なる。これらの点はやや不審であり、後考を俟ちたい。

いずれにしても、ここで強調したいのは、たとえ史料二が偽文書であったとしても、所領支配の由緒を一時に造作するならば、保延六年三月二十八日経蔵別当蓮光譲状案が、所領の譲状（史料二）と文書の譲状（史料三）の二通に分かれる必然性がないという点である。つまり、所領の譲状は、文書の譲状よりも早く成立していたと考えるほかないのである。

この点は、史料二の本文中に、史料三と関わる「清衡御館」から経蔵別当に任命されたという由緒が述べられているにも関わらず、由緒の文書に言及していないことも、その傍証となるであろう。なお、史料二の端裏書に、「経蔵別当手継《てつぎ》注文」と記されていることも、ある時期に、これが一連の譲状の初めに位置づけられていたことを示すと考えられる。

以上の検討から、当該の中尊寺文書の生成過程を整理したい。（一）文書の譲状よりも、所領の譲状が先に作成された。ただし、史料二が年紀通りに作成されたかどうかは明確でない。（二）イ「右大将家御下知状」（史料四）は、正応四年四月の譲状（史料八）に見られる。（三）ア「清衡御館御下知状」（史料一）は、イ（史料四）とともに、乾元二年閏四月の置文（史料九）に見られる。（四）史料八や史料九作成と同じころ、文書の譲状も作成されたと考えられる。

おわりに

本章は、天治三年（一一二六）三月経蔵別当補任状案（史料一）の検討を行ってきた。まさに管見のため、思わぬ過ちがあることを恐れつつ、まとめと展望を示しておわりとしたい。

まず、史料一は、経蔵別当職に付属する所領が示されたほか、経蔵の本尊である文殊菩薩への信仰がみられた。また、経蔵別当職が、藤原清衡から直接任命されたことが重要であっただけでなく、経蔵の本尊への毎日の供料や、金銀字一切経の毎月の管理に使用する絹布について、藤原清衡の家の財政から直接支出されたことを示すことで中尊寺寺内でも由緒の正しさを示そうとしている。これらが、文書創作時の観念に過ぎないのか、実態を踏まえているのかは不明である。

次に、この文書を含む、いわゆる偽文書群の作成時期を検討してきた。そこで、菅野文夫が、天治三年から鎌倉初期までの日付をもつ中尊寺文書の一部は、弘安十年（一二八七）に権別当に任命された行朝ゆかりの文書群であると論じたこと（菅野文夫、二〇一三）を踏まえて述べたい。

この文書群の内訳は、おおむね経蔵別当の由緒を示すことにある。権別当は当初、経蔵別当に任じられており、それは寺内において早くから、経蔵別当が重要な位置にあったためと考えられる。

そのうえで、弘安三年五月経蔵別当永栄譲状（史料六）には「次第證文等」が引かれており、少なくとも所領の譲状を含んだと考えられる。正応四年（一二九一）四月の譲状（史料八）は、朝賢から行朝への譲状であったが、この時にイ「右大将御下知之状」（史料四）が現れたとみられる。ア「清衡御館御下知之状」（史料一）の初見は、それよりやや遅れて乾元二年（一三〇三）閏四月の譲状（史料九）で、行朝に譲ったことを取り消す悔《く》い返《かえ》しにより改めて朝賢から行盛に譲状が出された時になる。文書の譲状が作成されたのもこのころまでと考えられる。それは、確かに菅野が述べるように行朝の時の可能性がある。他方で、仮にア（史料一）が作られたのが、イ（史料四）より遅れるとなると、偽文書群の生成には、行朝ゆかりの文書群だけでなく、行盛ゆかりの文書群も含まれる可能性も顧慮すべきであろう。

いずれにしても、ア（史料一）は、経蔵別当がいかに藤原清衡と深い関わりがあり、中尊寺寺内でも有力な職であるかを示している。寺外との相論や経蔵別当職の相伝をめぐる問題、また衆徒から選ばれることとなった権別当を支える職としての重要性を示すようである。ここに、金色堂別当職に関する文書も加えた総合的な検討を行うべきだが、この点は後考を俟ちたい。

〔参考文献〕

朝倉　弘「大和国雑役免庄考」『奈良工業高等専門学校　研究紀要』第一八号、一九八三年
一関市博物館『奥州平泉中尊寺経蔵別当領中世荘園骨寺村』二〇〇八年
〃『骨寺村荘園遺跡村落調査研究　総括報告書』二〇一七年
石田一良「中尊寺建立の過程にあらわれた奥州藤原氏の信仰と政治」『平泉町史　第三巻　総説・論説編』平泉町、一九八八年、初出一九六四年
大石直正「所謂畿内型庄園の成立と百姓名—大和国小東白米免庄を中心として—」『文化』第一九巻第五号、一九五五年
〃「陸奥国中尊寺領の構成」『東北学院大学論集　歴史学・地理学』第三号、一九七二年
〃「鎌倉時代の平泉」『平泉町史　第三巻　総説・論説編』平泉町、一九八八年
〃「『吾妻鏡』と文治奥州合戦」『六軒丁中世史研究』第一〇号、二〇〇四年
〃「膝下庄園としての骨寺村」『一関市博物館研究報告』第一五号、二〇一二年
菅野文夫「中尊寺文書正和二年衆徒申状の周辺—鎌倉後期の中尊寺権別当—」小島毅編『東アジア海域叢書10　平泉文化の国際性と地域性』汲古書院、二〇一三年

佐藤健治「平泉惣別当体制と中尊寺衆徒・毛越寺衆徒」『東北中世史の研究』上巻、高志書院、二〇〇五年
竹内理三「寺領荘園の成熟—東大寺領に就いて—」『竹内理三著作集　第三巻　寺領荘園の研究』角川書店、一九九九年、初出一九三四年
高橋富雄『奥州藤原氏四代』吉川弘文館、一九五八年、七三—七五頁
〃　「中尊寺領の歴史的性格」『奥州藤原氏—その光と影—』吉川弘文館、一九九三年、初出一九六〇年
田村憲美「雑役免荘園の構造と在地の動向」『日本中世村落形成史の研究』校倉書房、一九九四年、初出一九八〇年
堀　裕「東大寺大仏と宮—大仏供起源考—」『日本史研究』第五六九号、二〇一〇年
丸山　仁「平泉藤原氏と鎮護国家大伽藍一区」『院政期の王家と御願寺』高志書院、二〇〇六年、初出二〇〇一年

第八章　「骨寺村荘園絵図」の社会史

佐藤健治

はじめに

岩手県一関市厳美町本寺地区は中世において「骨寺村《ほねでら》」と呼ばれ、中尊寺経蔵別当領として、経典類を納めた経蔵を管理する別当家の荘園であった。中尊寺には本章の検討対象である骨寺村の中世絵図が二枚ほど残されており、「陸奥国骨寺村絵図」として国の重要文化財に指定されている。さらにこの絵図に示された景観が現在もよく残されており、本寺地区は国の重要文化的景観に指定されている。

本章ではこの二枚の絵図を中心素材として、骨寺村の在地状況を示す史料や、あるいは歴史学の枠を越えた最新の骨寺村研究の成果を取り入れながら、中世骨寺村をとりまく社会状況がどのようなものだったのか考えていきたい。

1　骨寺村絵図

中世骨寺村と二枚の絵図

二枚の絵図ともに中世骨寺村を描いたものだが、このうち村内の寺社と神田を描いた方を仏神絵図あるいは簡略絵図（図8—1）と呼び、また在家《ざいけ》や田の様子をリアルに描いた方を在家絵図あるいは詳細絵図（図8—2）と呼んでいる（巻頭口絵参照）。

まず詳細絵図については郡地頭の葛西氏との堺相論に際して作成された絵図であり、鎌倉時代後期のものとされている。骨寺村は文治五年（一一八九）奥州合戦の折、源頼朝によっていち早く安堵をうけた寺領とされ、その四至の堺として、東は「鎰懸《かぎかけ》」、西は「山王窟《さんのうのいわや》」、南は「岩井河《いわいがわ》」、北は「峯山堂《みねやまどう》馬坂《まさか》」であった（『吾妻鏡』同年九月十日条）。詳細絵図にも同様に東の「鎰懸」、西の「山王石屋」、南の「石ハ井河」が記され、北も「ミタケアト」と「馬坂新道」が記されている。また詳細絵図において、骨寺村の域内は「寺領」と記すいっぽう、

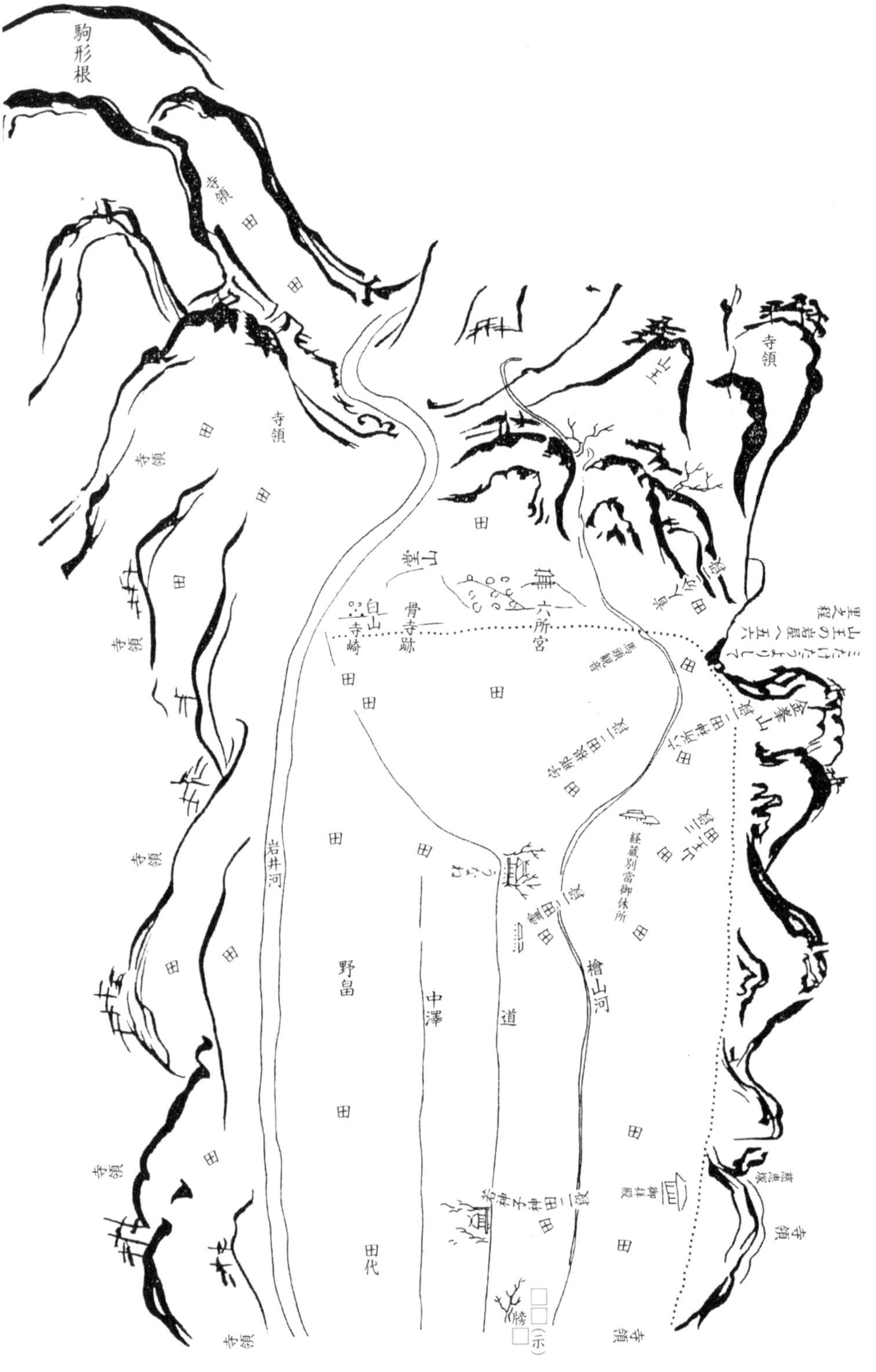

図8—1　陸奥国骨寺村絵図（簡略絵図）（一関市博物館、2008を改変）

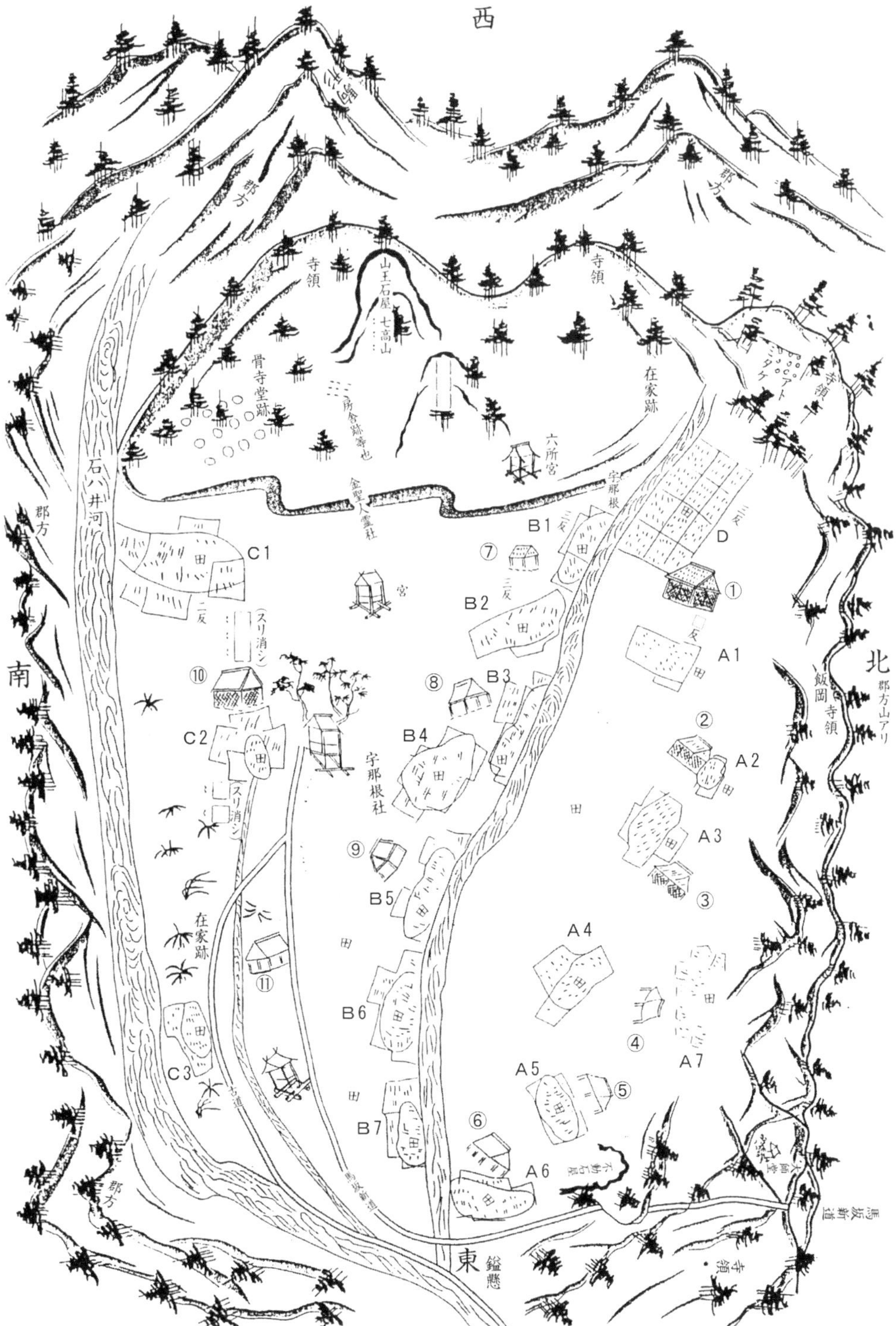

図8—2　陸奥国骨寺村絵図（詳細絵図）（一関市博物館、2008年を改変）

域外には「郡方」と記されており、詳細絵図は骨寺村の境界に重大な関心を寄せていることがわかる。よって詳細絵図の作成目的は、骨寺村の四至堺についての相論との関係が想定され、郡方の地頭である葛西氏との相論のためのものと考えられている（大石直正、一九八四）。葛西氏と中尊寺あるいは毛越寺は磐井郡や伊沢郡の山野をめぐって相論を繰り返しており、史料が残されているだけでも、弘長三年（一二六三）、建治三年（一二七七）、弘安八年（一二八五）、正応元年（一二八八）と訴訟が相次いだ。さらには乾元二年（一三〇三）閏四月二十二日の法橋《ほっきょう》朝賢《ちょうけん》置文《おきぶみ》には、骨寺村に堺相論があって、その証拠文書として「頼朝によって定められた四至の文書」を幕府法廷に提出していることが記されている（『平泉町史』四二号）。詳細絵図がどの訴訟の時に作成されたかを特定することは難しいが、これら鎌倉時代後期の中尊寺と葛西氏との対立のなかで、訴訟のために作成されたと考えることは十分可能である。

次に簡略絵図については、その作成年代が問題となっており、伊藤信はこれを南北朝時代とし、大石直正は鎌倉時代後半としている。伊藤の根拠となっているのが、簡略絵図と、後で取り上げる「骨寺村在家日記」の内容とが類似しているという点である。「骨寺村在家日記」には年紀は記されていないが、これに署名している行栄《ぎょうえい》の名が永和二年（一三七六）の文書に見えるので、「在家日記」もこの頃のものとされた（伊藤信、一九五七）。これに対して大石は、簡略絵図と「在家日記」との共通点を認めつつも、両者には若干のずれがあり、伊藤が言う地積《ちせき》図と土地台帳の関係というほどに、両者がぴったりとは一致していないとする。さらに大石は、建長年間に行われた惣検注《そうけんちゅう》に際して定田《じょうでん》（年貢など徴税の対象となる田地）と除田《じょでん》（年貢などが免除された田地）の面積が問題となるなかで、このような絵図が作成されたとする（大石直正、一九八四）。

この惣検注というのは、建長三年（一二五一）十一月から十二月にかけて中尊寺領の村々で検注（租税徴収のための耕地と耕作者の確定作業）が行われ、その結果が翌建長四年正月に報告されていることを指している。その内容は、村ごとに定田と除田の田数が記され、除田はその内訳として神田《しんでん》や首人免《おびとめん》などを計上している（『平泉町史』二五号。三浦澄応、一九〇四）。いま骨寺村分の検注については史料が残されていないが、骨寺村でも検注が行われたと考える。惣検注の四年前、宝治元年（一二四七）に中尊寺・毛越寺両寺惣別当として足利氏出身の山門（延暦寺）僧・最信《さいしん》が就任し、彼は一代一度の惣検注のほかたびたび寺領の検注を行っているのである。そのため彼は中尊寺・毛越寺衆徒らと対立して訴訟を起こされ、ついには建治三年（一二七七）に解任されている（遠藤巌、一九七四）。

検田使の簡略絵図作成

簡略絵図が作成された契機として、大石は建長三年の中尊寺領の惣検注のような中尊寺・毛越寺両寺惣別当の最信がしばしば行った検注に関係あるとする。実はこれを裏付けるような痕跡が、簡略絵図には残されている。簡略絵図には追記の多いことが以前から指摘され、近年の調査でもこれが明らかとなってきている（鈴木弘太、二〇一七）。その調査によれば、簡略絵図中の「山王」「馬頭観音」「慈恵塚」の墨書、および「経蔵別当御休所」「御拝殿」の墨書とその図像、絵図外周の「寺領」、南と西の山中にある「田」やこれと同筆の平野部の「田」などが後筆とされている。また図中に「山王」の図として山王岩屋が描かれているが、これは元からのものではなく、簡略絵図右上部の欠失部分に本来は山王が描かれていたと推測されている。これらにより元来の簡略絵図は、山々に取り囲まれた骨寺盆地に社や河・道などが描かれ、さらに除田である神田が記載されたかたちとなる。大石が、簡略絵図の作成目的は、検注にともなう相論に際して除田の存在とその面積が問題となり作成されたとしたのは、卓見であった。

　さらにこの事は墨書の向きからも裏付けられる。「宇那根田《うなねた》二段」「六所神田《ろくしょしんでん》二段」「山王田《さんのうた》三段」「霊田《れいた》二段」（以上神田）と「首人分《おびとぶん》二段」の墨書は、絵図の右上（北西）方向に筆者がいて、これらを記入したことが墨書の向きからわかる。この絵図の作成目的が神田など除田を記入するためとするならば、はじめ骨寺村のおおよその景観を描き、つぎに除田の特定のために神田名など除田の名称と反数を記入したと考えられる。検注のための検田使が骨寺村の現地に実際に立って、彼が立っていた場所からみて、この絵図面に必要事項（除田名と反数）を記入したのである。では彼はどこに立っていたのか。詳細絵図を参照すると、そこは大石が寺の直営田とした、方形の水田がきれいに並んでいる場所あたりで、同氏が簡略絵図の記載から経蔵別当御休所とした骨寺村で一番立派な建物が建っている場所であった。大石は、ここを荘園なら政所《まんどころ》（荘園の管理事務所）にあたる場所で、領主の中尊寺経蔵別当が年に数回やってきて、勧農、収納その他の祭りを行い、宿泊したところであったとする。簡略絵図の「経蔵別当御休所」は後筆であるから、これをその通り考えることはできないが、ここが骨寺村荘園支配の中心となった場所と考えることは十分可能である。

　ここで詳細絵図と簡略絵図の作成年代についてまとめておこう。詳細絵図は葛西氏との相論のため作成されたとすると、相論のあった年次により、おおよそ弘長三年（一二六三）から乾元二年（一三〇三）の間に成立したと考えることができる。いっぽう、簡略絵図は惣別当・最信の惣検注により作成されたとすると、惣検注のあった建長三年（一二五一）から最信の解任される建治三年（一二七七）までの成立とすることができようか。ここでは詳細絵図と簡略絵図の成立年代の幅としては、重なる期間がある。

　では二枚の絵図のどちらが先で、どちらが後の作成と考えられるであろうか。絵図に記載された金峯山に関して、簡略絵図では「ミたけたうよりして山王の岩屋へ……」とあるように、絵図が描かれた時点では「ミたけたう《（堂）》」は存在していたのに対して、詳細絵図では「ミタケアト《（跡）》」となり、すでに建物はなくなっている。ここから簡略絵図と詳細絵図との比較では、簡略絵図が時代的に前であり、詳細絵図はその後であることがわかる。よって簡略絵図と詳細絵図はどちらも鎌倉時代中期以後のものであるが、簡略絵図が鎌倉時代中期で先に作成され、詳細絵図は同中後期で、簡略絵図の後に作成されたものと考えられる。

2　骨寺村の在家と首人

所出物日記と在家日記

骨寺村絵図に関連し、骨寺村の在地の様子を知ることができる史料がある。文保二年（一三一八）三月日の骨寺村所出物《しょしゅつもつ》日記（『平泉町史』五五号）と、年月日未詳の骨寺村在家日記（同八六号）である。後者は年月日が記されていないものの文中に行栄の名前が見え、彼は永和二年（一三七六）二月二十五日（同八三号）の行栄譲状を作成しているので、在家《ざいけ》日記の成立は南北朝時代と推定できる。ここでは二枚の骨寺村絵図のほかに、主にこれら二通の荘園支配に関わる文書と組み合わせて、中世骨寺村の様子を復元してみたい。

骨寺村の二枚の絵図については、前述のようにどちらも鎌倉時代中期以降のものだが、簡略絵図が鎌倉時代中期、詳細絵図がその後同中後期の成立と考えられる。これに二通の荘園文書を組み合わせると、骨寺村所出物日記は文保二年の鎌倉時代後期であるので、詳細絵図の成立時期により近いと言える。よって時系列で並べると、鎌倉時代中期の簡略絵図、鎌倉時代中期から後期にかけての詳細絵図と文保二年所出物日記、南北朝時代の在家日記の順とすることができる。

在家について

骨寺村在家日記はその名の通り、「かたきしの在家一けん」など六軒の在家と一軒の半在家が記されている。在家に関する研究史は膨大であり、逐一紹介することはできないが、さしあたりここでは、所領内に居住して公事《くじ》（年貢以外の諸税）を負担する百姓が所有する屋敷を在家、その負担を在家役《ざいけやく》としておく。また詳細絵図においても「在家跡」と記され、文保二年の骨寺村所出物日記にも「在家別」に歳末《さいまつ》立木《たちき》が課されており、骨寺村では役を負担する上層農民を在家と称していたことがわかる。

在家の数としては、骨寺村在家日記に記載された在家六軒と半在家一軒が南北朝時代の骨寺村の在家数を示している。鎌倉時代末、文保二年の骨寺村所出物日記では、「四郎五郎」「平三太郎入道」「平三二郎」「首人分」「手子四郎跡」の五軒が「田屋敷」と記され、これ以外の「田」や「作田」とは明確に区別されていることから、「田屋敷」は在家を指すと考えられる。とすると文保二年段階での在家数は「四郎五郎」ほか五軒となる。

さらにこの所出物日記に近い時期に成立した詳細絵図によって考えてみる。この詳細絵図には「在家跡」と記された所が二ヵ所あり、また家屋の描き方として大小の差はあるものの、それだけではない明確な違いが存在する。それは柱と屋根だけで家屋を表現しているものと、そのほか網代壁をプラスして表現しているものである。後述のように、網代壁があるものは全部で四軒あり、これが在家に相当すると考えられる。二軒の「在家跡」がそれぞれ在家だった時点で、この網代壁の四軒が同時に存在したかどうかは不明である。よって詳細絵図の段階では四軒の在家が存在し、またその前段階では四軒から六軒の在家が骨寺村に存在していたと言えよう。

しかし在家跡であっても、文保二年の骨寺村所出物日記には「手子四郎跡《い》」として役が計上されているので、収取単位として在家数は決められていたと考えられる。その意味で文保二年の在家数は五軒であった。以上から骨寺村の在家役を負担する在家は、鎌倉時代末期の文保二年には五軒、南北朝時代には六軒半であった。

在家役としては、文保二年の所出物日記によると在家一軒あたり、所当籾が一石八斗、口物《くちもの》と呼ばれる付加税が三斗、節料《せちりょう》（節会の費用）の白米と鰹の代米として六升、その他の「細々小成物《こなりもの》」（成物とは田畠からの収穫物）代として四〇〇文から五一〇文、さらに「宮宮御祭立物用途」「山畠粟」「栗所干栗」などがその年により数量を決められ、「歳末立木」が一二束となっていた。また在家日記によると、これも在家一軒あたり年貢が二貫文、立木が一二束、「そなえ」（節料に相当か）が三枚、油が五盃、米が五盃、「むしろ・こも・もわた」が五ほう、漆が一盃、佃《つくだ》（荘園領主らの直営地）の耕作が一〇〇歩であった。また半在家は、年貢が一貫文、そなえが三枚、佃が二八歩のほかは課されていない。よって在家（半在家は除く）には、田の年貢や節料、漆・栗・栗などの山や畠の生産品、むしろ・こも・もわたなどの家内生産品、佃の労働、お宮のお祭り用途など、実にさまざまな貢納物が割り当てられていた。在家は在家役を領主へ納入する収取の単位であり、村のお祭り用途を負担する共同体の中核を担っていた。

詳細絵図と文保二年の所出物日記は鎌倉時代中後期で同時代と考えることができるので、両者の在家（屋敷）についてまとめ、詳細絵図の図像と所出物日記とを一体的に考えていきたい。詳細絵図の家にいま仮に番号をふり、檜山河の北側（絵図右側）の西から①〜⑥、同南側の西から⑦〜⑨、馬坂新道南側の西から⑩・⑪とする（図8―2参照）。詳細絵図の家は網代壁の家屋のほかに、柱の数により家の大きさを描き分けており、描かれた（絵図に見えている）柱が五本・四本・三本の区別がある。このうち網代壁の家は①・②・③・⑩の四軒、柱が五本見える家は⑥と⑪の二軒、柱が四本の家は⑧の一軒、柱が三本の家は④・⑤・⑦・⑨の四軒あり、総計一一軒の家屋と、そのほか二ヵ所の「在家跡」の記載が見える。

いっぽう、文保二年の所出物日記を見てみると、在家である「田屋敷」は、前述の通り「四郎五郎」「平三太郎入道」「平三二郎」「首人分」「手子四郎跡」の五軒である。このうち「手子四郎跡」はすでに「跡」であるから、これは詳細絵図に記された二ヵ所の「在家跡」のどちらかに相当し、「四郎五郎」ほかの四軒は同絵図の網代壁の四軒であろう。この所出物日記の「田屋敷」のつぎに記載のある「佐藤五郎」「佐藤二郎」は、「田屋敷」は持っていないものの、年貢を二貫文ほど納入することが記されており、年貢高が多いことから詳細絵図の柱五本の家二軒にあたるであろう。

　そのつぎに記載された「十郎太郎父」は寺の作田四段を耕作して代一貫文を納入し（『平泉町史』五八号、嘉暦三年六月十五日経蔵別当行盛譲状）、さらに「三河房」も馬坂の作田を耕作して代一貫文を納入している。またこれに続く「藤平太入道」「蓮明房」「四郎太郎」「弥平太」ら四人は作田を耕作して、代七〇〇文から二〇〇文を納入している。これら「十郎太郎父」以下あわせて六人の百姓となるが、このうちの五人が柱四本の家一軒、柱三本の家四軒に居住していたのであろう。残る一人は骨寺村外の他村からの出作《でさく》と思われる。さらに言えば、それは「三河房」だった可能性がある。というのは右の嘉暦三年六月十五日の経蔵別当行盛譲状は譲状といいながらも、実は借金の抵当に入れられた物件の一覧だが、先の六人のうち三河房のみが入っていないからである。彼は骨寺村の居住者ではなかった可能性があろう。

首人について

　詳細絵図の在家①は、大石によれば「ひときわ大きな家」であり、これは簡略絵図の「経蔵別当御休所」にあたる。領主の中尊寺経蔵別当は、年に数回ほど骨寺村にやってきて「経蔵別当御休所」を宿泊所として、勧農や収納、その他の祭りを行い、そこが骨寺村の中心で、荘園であれば政所にあたるとされる（大石直正、一九八四）。しかし前述のように、近年の研究では簡略絵図には多くの後筆が含まれており、この「経蔵別当御休所」も後代の書き入れとされている。よって詳細絵図の①の家を即座に「経蔵別当御休所」とすることはできない。ではどのように考えたら良いであろうか。

　建長三年（一二五一）の惣検注では中尊寺領の除田と定田が確定されたが、除田のうち荘官層の報酬として認められたのは、村名を欠くものの某村の「地頭分《じとうぶん》」「首人免《おびとめん》」などであり、また辻脇村では「名主分《みょうしゅぶん》」「首人免」である。どちらにも「首人免」が計上されており、骨寺村の場合、簡略絵図に記された「首人分三段」とは、明らかに首人の報酬としての首人免である。中尊寺領では、首人が領主と村人との間に立って勧農や収納などの業務を行う、寺領の荘官的な役割を果たしていたと推測される。文保二年の所出物日記に「首人分田屋敷分」が記され、簡略絵図にも「首人分」として三段が計上されているにもかかわらず、所出物日記に記された所出物、つまり領主である経蔵別当への納入物は、地絹一切の代七〇〇文のみとなっている。一般在家の所出物である所当籾・口物・節料・細々小成物などは、首人分には記されておらず、これらが骨寺村の荘官的立場の首人に対する給《きゅう》分《ぶん》、つまり給与分となっていたことは明白である。

　よって詳細絵図の①の家は、大石が明らかにしたように骨寺村の中心となる場所であり、荘官的立場の首人の在家であろう。それを領主たる経蔵別当が来村の折の御休所としていたと考えることも十分可能である。しかし南北朝時代の在家日記には首人分の記載がなくなっている。すなわち寺領の荘官的立場であった首人は、鎌倉幕府の滅亡により権威のよりどころを失った中尊寺・毛越寺両寺惣別当制の崩壊とともに、この荘官的立場も失ったものと考えられる。

3　骨寺村の水田

田積について

骨寺村には中世、どのくらいの田があったか。まず鎌倉時代後期について、文保二年（一三一八）の所出物日記と嘉暦三年（一三二八）六月十五日の経蔵別当行盛譲状によって考えてみる。当時、田屋敷と呼ばれた在家は五軒あり、在家は前述のように田の上がりである所当籾以下さまざまな現物を納入していた。いっぽう、作田《さくでん》（在家以外の耕作田）を耕す作人たちは、田からの上がりは代銭により納入していた。

この代銭納とされた作田について、右の行盛譲状には、十郎太郎の代銭は寺田一貫文、佐藤五郎は二貫文、佐藤二郎は二貫文、佃分は一貫文、三河房馬坂は一貫文、藤平太入道は七〇〇文、蓮明房は六〇〇文、四郎太郎は五〇〇文、弥平太は二〇〇文と記され、これらを合計すると九貫文（北俣一貫文は瀬原村なので除く）となる。十郎太郎が代銭一貫文を納めることになっていた寺の作田は四反と記されているから、これを基準にすると代銭九貫文は三町六反に相当する。また所出物日記の在家には、四郎五郎と平三太郎入道が所当籾一石八斗と見え、これに公田官物率法《こうでんかんもつりっぽう》での反別三斗を準用するとそれぞれ六反となる。また平三二郎は所当籾一石二斗とあるから、同じく四反となる。さらに手子四郎跡は跡として代銭納二貫文と記されているので八反、このほか首人分は簡略絵図には三反と記載されていた。これら在家の田の合計は二町七反となり、先ほどの作田三町六反と合わせると、六町三段となる。鎌倉時代末期の骨寺村の田積としては六町三反ほどであったことになる。

さらに南北朝時代の骨寺村の田積は、在家日記が示してくれる。まず作田と祭田については、「六所田」は三反、「こまり田」は二反と記載されている。そのほか一〇〇刈＝一反とすると、瀬原村にある北俣の「わつ田分」を除き、「いいおか」「梅木田」「かはた」が各六〇〇刈なので各六反、あわせて一町八反、「れい田」一〇〇〇刈は一町、「山王田」七〇〇刈が七反、「うなね田」五〇〇刈が五反、「若みこ」一〇〇〇刈が一町となる。これらを合計すると五町五反となる。また在家について、「かたきしの在家」から「寺崎在家」まで在家六軒はそれぞれが年貢二貫文と記されており、作田ではあるが六〇〇刈（六反）が一貫文と記されているので、これを準用すると在家一軒二貫文は一町二反に相当する。また半在家が一軒あるので、これは六反に相当する。これら在家六軒・半在家一軒分を合わせると七町八反となる。よって在家の田七町八反と作田五町五反とを合わせると、一三町三反となる。

骨寺村の水田面積は、鎌倉時代末期には六町三反であったものが、南北朝時代には一三町三反と、おおよそ二倍に増加している。在家の水田は鎌倉時代には一軒あたり六反の在家が多かったが、南北朝時代には同一町二反と二倍になっている。神田や祭田でも鎌倉時代の簡略絵図と在家日記との比較では、宇那根田が二反から五反、山王田が三反から七反、六所神田が二反から三反、霊田が二反から一町、若御子神田が二反から一町となって、一・五倍から五倍へと増加している。この間に骨寺村の開発が進んだものか、領主の支配が行き届くようになったと考えるべきか、今後の課題となる。

詳細絵図の田の比定

　さてつぎに詳細絵図（図8—2）をもとにして、骨寺村の鎌倉時代末期の状況を考えていく。近年、広田純一と菅原麻美は詳細絵図に描かれた水田が現在のどの水田に比定できるか推定している（広田純一・菅原麻美、二〇一七）。いま広田らが付けた田の番号により論を進めていくと、詳細絵図の主に「本寺川北岸の小規模不整形水田」をA、「本寺川南岸に接する小規模不整形水田」をB、「中沢の小規模不整形水田」をC、「本寺川上流」の方形田をDとして、田一区画ごとにそれぞれA1〜A7、B1〜B7、C1〜C3およびDとしている。これにより詳細絵図に田の形が描かれている一八区画すべてに番号が振られている。

　詳細絵図と同時期の所出物日記によると、水田には、在家の田屋敷と呼ばれたもののうちの田の部分、在家に含まれない作田（寺田を含む）および佃の別がある。このほか佐藤五郎の田のように、単に「田」と呼ばれる田もあるが、嘉暦三年六月十五日の経蔵別当行盛譲状（『平泉町史』五八号）には、これも「つくり田」と記されており、基本的に単に「田」とあるのは作田のことである。

　再度詳細絵図を見ると、前述の網代壁のある屋敷（①〜③・⑩）＝在家では、必ず屋敷と田が接する形で描かれており、まさに「田屋敷」と呼ばれるにふさわしく屋敷と水田とがセットで表現されている。つまり②屋敷とA2の水田は田屋敷としてひとつの在家であり、同じく③屋敷とA3の水田、⑩屋敷とC2の水田がそれぞれ一在家である。

　また①屋敷は前述のように骨寺村の荘官的存在の首人の在家であり、これに附属する方形田Dについて、伊藤信はすべて佃であるとし、大石はすべて佃とは考えられないが寺田も含めた直営田《ちょくえいでん》的な性格の田であるとした。さらに吉田敏弘によれば、方形田Dの位置は簡略絵図の「六所神田二反」の場所に相当するという（吉田敏弘、一九八九）。詳細絵図の方形田Dは「三反」と記載されるものの、図像から見て「三反」では小さすぎる。「直営田的な性格の田」である行盛譲状に見える佃四反（代一貫分）と寺田四反もこれに含まれていると考えれば、方形田Dは六所神田二反と合わせて一町となる。

　この比定に基づき、現在の空中写真からおおよその面積を測ってみると、方形田の区画（広田氏らによる水田D）は約一町二反であった。これは小論で推定した一町と近似する。方形田Dは、中尊寺の荘官的存在である首人の在家屋敷を中心とした、一町の方形田であり、ここには骨寺村の共同体の中核的役割を果たした六所宮の神田二反、中尊寺の寺田四反、領主である経蔵別当の佃四反が含まれていた。ちなみに詳細絵図のすべての田の面積を同じように測ってみると、七町三反となり、所出物日記などから推定した六町三反にも近いことがわかる。

おわりに

本章で述べたことをまとめる。中尊寺経蔵の別当家に伝わる二枚の骨寺村荘園絵図のうち、詳細絵図は郡地頭の葛西氏との堺相論に際して作成された絵図で鎌倉時代後期のものとされ、簡略絵図は諸説あるが、鎌倉時代中期の成立と考えられる。その際、作成の契機となるのが宝治元年から建治三年まで中尊寺・毛越寺両寺惣別当だった最信による寺領へのたびたびの検注であり、簡略絵図はこの検注に際して作成されたものと考えられてきた。さらに私は、簡略絵図は実際に検注を行う検田使が骨寺村の現地に立ち、その場で除田の対象となる神田等を記入したものと考える。

骨寺村の在家数は鎌倉時代末期には五軒、南北朝時代には六軒半が存在した。在家役は水田からの稲のみではなく、畠・山などの生産品や領主佃での労働力提供、共同体のお祭り用途などがあった。これら在家の住人と作田を耕作する作人の住居は、詳細絵図に大小の家屋として描き込まれており、そのなかでもひときわ大きい在家は従来、領主である中尊寺経蔵別当の御休所とされてきた。近年の史料批判により、ここは即座に「経蔵別当御休所」とは言えないものの、骨寺村の荘官的存在の首人の在家であり、骨寺村における領主支配の中心的場所であったと考えられる。

また骨寺村の水田面積は、鎌倉時代末期には六町三反であったものが、南北朝時代には一三町三反と、おおよそ二倍に増加する。詳細絵図では在家の水田と家屋が接するように描かれており、この絵図で特徴的に描かれている方形田は経蔵別当の直営田的な性格の田とされてきたが、さらにここには骨寺村の共同体の中核的役割を果たした六所宮の神田・領主である経蔵別当の佃・中尊寺の寺田がふくまれていたと考えられる。

このように二枚の骨寺村絵図とその関連文書は、中世東北における在地社会のあり様を如実に示しているとともに、そこに生きた人々の開発の歴史の一端をも示す、実に貴重な史料である。

〔参考文献〕

池田　寿「陸奥国骨寺村絵図に関する一考察」『古文書研究』四四・四五合併号、一九九七年
一関市博物館『奥州平泉中尊寺経蔵別当領中世荘園骨寺村』二〇〇八年
〃　『骨寺村荘園遺跡村落調査研究総括報告書』二〇一七年
伊藤清郎・大石直正・斉藤利男「荘園関係基本用語解説」『講座日本荘園史1　荘園入門』吉川弘文館、一九八九年
伊藤　信「辺境在家の成立―中尊寺領陸奥国骨寺村について―」『歴史』一五、一九五七年
入間田宣夫「骨寺村の成立は、いつまで遡るのか―骨寺村絵図研究の過去・現在・未来（一）―」『一関市博物館研究報告』一九、二〇一六年
遠藤　巌「平泉惣別当譜考」『東北大学国史談話会雑誌』一七、一九七四年

大石直正「中尊寺領骨寺村の成立」（東北学院大学『東北文化研究所紀要』一五、一九八四年）
小岩弘明「骨寺村の『日記』に記される公事を再検証する」『一関市博物館研究報告』一八、二〇一五年
鈴木弘太「『陸奥国骨寺村絵図』を復元する」『骨寺村荘園遺跡村落調査研究総括報告書』一関市博物館、二〇一七年
広田純一・菅原麻美「骨寺村荘園遺跡における田越し灌漑システムの実態と骨寺村絵図（詳細絵図）に描かれた水田の推定」『骨寺村荘園遺跡村落調査研究総括報告書』一関市博物館、二〇一七年
平泉町『平泉町史　史料編一』一九八五年
誉田慶信「骨寺村の御霊信仰」『中世奥羽の仏教』高志書院、二〇一八年、初出二〇一五年
三浦澄応編『中尊寺寺宝手鑑』一九〇四年
宮本尚彦・村岡ゆかり「陸奥国骨寺村絵図模写記録」『東京大学史料編纂所研究紀要』三、東京大学史料編纂所、一九九三年
吉田敏弘「骨寺村絵図の地域像」『絵図のコスモロジー　下巻』地人書房、一九八九年
〃　『絵図と景観が語る骨寺村の歴史』本の森、二〇〇八年

コラム

「骨寺村荘園絵図」を歩く

―農と仏神の織りなす風景―

菅原光聴

中尊寺大長寿院に伝来した二枚の「陸奥国骨寺村《むつのくにほねでら》絵図」（「詳細絵図」と「簡略絵図」）は、中世の中尊寺経蔵別当領である骨寺村が描かれた絵図として知られる。骨寺村が所在した、岩手県一関市厳美町の本寺地区は平成十八年（二〇〇六）、国の重要文化的景観に選定され、また世界文化遺産「平泉」の拡張資産としてその暫定リストにも記載されている。

西を上にして絵図を見たとき、まず強い印象を受けるのは、上方（西）に大きく描かれる「駒形《こまがた》」（簡略図では「駒形根《こまがたね》」）の堂々とした山並みである。「駒形」、つまり現在の栗駒《くりこま》山（岩手県側では須川岳《すかわだけ》と呼ばれる）が村にとって、いかに大きな存在であったかを十分に感じ取ることができる。そして実際に現地でこの霊峰に臨んだとき、ますますその感を強くする。

その「駒形」の下方（東）に描かれる台地には「山王石屋《さんのうのいわや》」（簡略図では「山王」）に続いて「骨寺堂跡」（簡略図では「骨寺跡」）、「六所宮《ろくしよのみや》」など、信仰の拠点が点在している。近世の地誌で「平泉野《へいせんの》」と呼ばれている台地であり、それをさらに下方（東）に広がる在家《ざいけ》（課税単位の家）と田地が分布する日常空間から見ると、「駒形」をバックとしたステージのように見える。

「山王石屋」は、「駒形」と「平泉野」の間に屹立《きつりつ》するように大きく描かれている。山王山は、本寺地区の西約四キロに位置する岩山で、祠《ほこら》までの登拝道は悪路で現在は参拝困難となっている。

「六所宮」は、「詳細図」では山王石屋をへて駒形（栗駒山）を遙拝する構図のように見える。現在、この六所宮の比定地とされる場所には駒形根神社が建っている。「六所宮」と駒形根神社との関係については諸説あるが（入間田宣夫、二〇一四・二〇一五）、霊峰栗駒山に対する信仰が今に息づいている場所である。

「骨寺堂跡」は、絵図上では六所宮の左方（南）に礎石のみの堂舎跡として描かれている。村名の由来となった遺跡で、納骨信仰の施設とも推定されているが詳細は不明である。一関市教育委員会による確認調査が続けられているが、現在のところ比定地の確定には至っていない。

地図左方（南）の「石ハ井河」（簡略図では「岩井河《いわいがわ》」、現在の磐井川）と右方（北）の山野に挟まれた空間には、山野からの湧水や「檜山河《ひやまがわ》」（中川・本寺川）、「中澤《なかざわ》」など用水のある場所に在家や田地が描かれている。またその要所には、「宇那根社《うなねしや》」（簡略図では「うなね」）、「金聖人霊社《きんしようにんれいしや》」（簡略図にはなし）、「若御子《わかみこ》」（詳細図には宮の図像のみ）などの諸社が描かれている。一四世紀の中尊寺経蔵別当である行栄が作成した「骨寺村在家日記」（『中尊

中尊寺修正会（経蔵、中尊寺提供）

骨寺村荘園中尊寺米納め（中尊寺提供）

寺文書』）には、「まつり田」（祭田）として「れい田」（霊田）、「山王田」、「うなね田」（宇那根田）、「六所田」、「こまか田」（駒形田）、「若みこ」が記されており、中尊寺経蔵別当への年貢（所当・公事）を納める田の他に、村の信仰や祭と直結した田地が営まれていたことが分かる。

『吾妻鏡』によると、藤原清衡は陸奥・出羽の村ごとに伽藍を建立し、仏性《ぶっしょう》燈油《とうゆ》（仏事に充てる費用）を寄進したという（文治五年九月二十三日条）。その具体的な姿を、仏神をまつる堂社と田野が織りなす骨寺村絵図の様子からも十分に感じ取ることができる。

また、「藤原清衡中尊寺経蔵別当職補任状案」（『中尊寺文書』）には中尊寺における正月の修正会《しゅしょうえ》、春秋二季の彼岸会《ひがんえ》、毎月の文殊講《もんじゅこう》の厳修にあたっては、骨寺村の田畠からの産物を供すべきことが記され、「聖朝安穏《しょうちょうあんのん》」（国の平和）の祈祷に骨寺村が関連づけられて、その重要性が強調されている。

地元では、平成十七年（二〇〇五）より本寺地区地域づくり推進協議会による「骨寺荘園お田植え体験交流会」や「稲刈り体験と荘園めぐり」などの行事が毎年企画され、平成十八年（二〇〇六）より始まった「骨寺村荘園中尊寺米納め」では、地元を始め荘園米オーナーなど一〇〇名を超える参加者が行列を組み、歳末の中尊寺経蔵へ荘園米が奉納されている。正月元日から八日まで行われる中尊寺の修正会では、古例に復してこの奉納米を供米としている。法要の最後に結衆《けっしゅう》（若手の僧侶）によって仏堂内に撒かれる供米（散米）は、五穀豊穣と万民豊楽《ばんみんぶらく》の祈りを象徴的に表している。

絵図に描かれた骨寺村の風景は、現在の本寺地区に有形・無形に受け継がれ、仏神に対する豊穣の祈りが日々の生業に直結していた寺領荘園のありようを今に伝える貴重な遺例となっている。

〔参考文献〕

平泉町史編纂委員会編『平泉町史　史料編一』平泉町、一九八五年
吉田敏弘『絵図と景観が語る骨寺村の歴史』本の森、二〇〇八年

東北芸術工科大学東北文化研究センター編「特集　骨寺村に日本の原風景をさぐる」『季刊東北学　第二十一号』柏書房、二〇〇九年
入間田宣夫「骨寺村絵図に描かれた駒形根と六所宮について（覚書）」『一関博物館研究報告　第十七号』一関市博物館、二〇一四年
〃「骨寺村絵図に描かれた駒形根と六所宮について（覚書・続）」『一関博物館研究報告　第十八号』一関市博物館、二〇一五年
一関市博物館編『骨寺村荘園遺跡村落調査研究総括報告書』一関市博物館、二〇一七年

執筆者一覧 （＊五十音順にて配列）

上島　享	（うえじま　すすむ）	1964年生まれ	京都大学大学院文学研究科教授
沖本　幸子	（おきもと　ゆきこ）	1974年生まれ	東京大学大学院総合文化研究科准教授
菅野　成寛	（かんの　せいかん）	1952年生まれ	→別掲
菅野　澄円	（かんの　ちょうえん）	1970年生まれ	中尊寺執事
菅野　文夫	（かんの　ふみお）	1955年生まれ	岩手大学教育学部教授
佐藤　健治	（さとう　けんじ）	1967年生まれ	文化庁文化財第一課文化財調査官
菅原　光聴	（すがわら　こうちょう）	1969年生まれ	中尊寺執事長
冨島　義幸	（とみしま　よしゆき）	1966年生まれ	京都大学大学院工学研究科教授
藤里　明久	（ふじさと　みょうきゅう）	1950年生まれ	毛越寺貫首
北嶺　澄照	（ほくれい　ちょうしょう）	1962年生まれ	中尊寺仏教文化研究所主任
堀　裕	（ほり　ゆたか）	1969年生まれ	東北大学大学院文学研究科教授
劉　海宇	（りゅう　かいう）	1970年生まれ	岩手大学平泉文化研究センター教授

監修・編者略歴

菅野　成寛
一九五二年、岩手県平泉町に生まれる
一九七五年、大正大学文学部卒業。その後、中尊寺仏教文化研究所主任を経て
現在、平泉文化研究所所長、岩手大学平泉文化研究センター客員教授

〔主要編著書〕
『中尊寺と平泉をめぐる』（小学館、二〇一八年）
柳原敏昭編『東北の中世史一　平泉の光芒』（共著、吉川弘文館、二〇一五年）

平泉の文化史2　平泉の仏教史
歴史・仏教・建築

二〇二〇年（令和二）七月十日　第一刷発行

監修・編者　菅《かん》野《の》成《せい》寛《かん》
発行者　吉川道郎
発行所　株式会社　吉川弘文館
郵便番号一一三―〇〇三三
東京都文京区本郷七丁目二番八号
電話〇三―三八一三―九一五一（代）
振替口座〇〇一〇〇―五―二四四番
http://www.yoshikawa-k.co.jp/
印刷＝株式会社 東京印書館
製本＝誠製本株式会社
装幀＝河村　誠

ISBN978-4-642-06846-8

菅野成寛監修
平泉の文化史 全3巻

① 平泉を掘る ―寺院庭園・柳之御所・平泉遺跡群― 及川 司編 2600円

② 平泉の仏教史 ―歴史・仏教・建築― 菅野成寛編 2600円

③ 中尊寺の仏教美術 ―彫刻・絵画・工芸― 浅井和春・長岡龍作編 〈続 刊〉

東北の古代史 全5巻

〈企画編集委員〉熊谷公男・柳原敏昭

①北の原始時代 阿子島 香編

②倭国の形成と東北 藤沢 敦編

③蝦夷と城柵の時代 熊谷公男編

④三十八年戦争と蝦夷政策の転換 鈴木拓也編

⑤前九年・後三年合戦と兵の時代 樋口知志編

各2400円（税別）

吉川弘文館